統計学はときに
セクシーな学問
である

デビッド・シュピーゲルハルター 著

石塚直樹 訳

SEX BY NUMBERS
The Statistics of Sexual Behaviour

DAVID SPIEGELHALTER

ライフサイエンス出版

First published in Great Britain in 2015 by PROFILE BOOKS LTD
3 Holford Yard Bevin Way   London WC1X 9HD
www.profilebooks.com

Published in association with Wellcom Collection
Wellcome Collection
183 Euston Road   London NW1 2BE
www.wellcomecollection.org

Copyright © David Spiegelhalter, 2015

The moral right of the author has been asserted.

All rights reserved. Without limiting the rights under copyright reserved above, no part
of this publication may be reproduced, stored or introduced into a retrieval system, or
transmitted, in any form or by any means (electronic, mechanical, photocopying, recording
or otherwise), without the prior written permission of both the copyright owner and the
publisher of this books.

Japanese translation rights arranged with Profile Books Limited
c/o Andrew Nurnberg Associates Ltd, London
through Tuttle-Mori Agency, Inc., Tokyo

序
日本の皆さまへ

　私が日本を訪問した際にはたいへん親切におもてなしいただいたので，素晴らしい時間を過ごせました。ですから，私の本が日本語に訳されて，日本で出版されると聞き，非常に喜ばしく思っています。

　本書を執筆した理由は，メディアがセックスについて常に浅薄な，あるいは衝撃的な内容で取り上げていて，一方，リアルワールドで進行していることに関して学識的な議論がほとんどなされていないことを，不幸なことだと思っていたからです。

　私たちは，ビッグデータやその解析がもつ力に対して，大きな期待をかける時代に生きています。にもかかわらず，英国や米国の最近の選挙結果は，広範な世論調査が国全体の意向をとらえ損なっていることを明らかにしています。

　この事実が，重要なのはデータの量ではなく（多ければ，それに越したことはありませんが），データの質であることを明白に示しています。これが，ホテルの評価のように星を付けで統計学的な見解を評価することに力点を置いた理由です。ただ，部屋の清潔さや Wi-Fi の有無の代わりに，私の評価は研究の質，対象の適格性，回答の信頼性に基づいています。

　科学が「ポスト真実」だとますます攻撃される時代において，科学者や統計学者は控えめに振る舞うことより，さらに謙虚になって，仕事の限界を十分に認めることが不可欠です。ただし，私たちはすべてを知っているわけではないからといって，私たちが何も知らないという意味ではありません。私たちのもつ知識の不確実さを理解したとき，私たちは，私たちが知っていることについて，より一層確信がもてるでしょう。

　本書を執筆することはきつい仕事でしたが，その成果は喜ばしく，英国のマスコミからとても良い書評を受けました。しかし，メディアは，全ページにわたりセックスについて書かれ，少しも性的ではない本書に関して，実際には何を読みとるべきかを理解していなかったことは明らかです。私は，多くのメディアのインタビューを受け，そのたびに，人々はなぜ特定

の方法で振る舞うのか，なぜ以前よりセックスの回数が減っているのか，なぜ若い女性に同性間性行動が増えているのか，などと質問されました。

私は，それらの質問には答えられません。私は統計学者で，進行している事実に魅了されていますが，人々がそのように行動する理由を説明することには非常に慎重であれという教育を受けてきました。それは，心療内科医，社会学者，あるいは歴史学者の仕事です。

本書で示されているように，何が起きているのかを十分に明らかにすることは困難です。事象が起きた理由はそのままにしておきましょう。私たちはみな，誰が何をしたか，なぜそうなったのかの説明が最後にきちんとなされる犯罪の話を好みます。しかし，本書はフィクションではなくリアルですから，私たちは単純な話の流れには懐疑的でなければならないと考えています。

繰り返しになりますが，石塚直樹氏により日本の統計がいくつか追加され，本書が日本で読まれることを非常にうれしく思っています。私は，すべての読者が少なくとも驚きを感じる統計に出会えることを祈っています。

デビッド・シュピーゲルハルター

翻訳者序

　2011 年 3 月。東日本大震災直後の約 1 か月間は，被災地には及ばないにしろ東京に暮らしていた私も，深夜の緊急地震速報をテレビや携帯電話から聞き，かつ繰り返す余震の影響で揺れていない時でさえ船酔いのように体が揺れている感覚を覚えました。大地震はふだんの生活を一変させました。本書のテーマであるセックスどころではない命の危険を身近に感じました。その後は"復興"へと世の中の関心事は移っていきましたが，当然ながら甲状腺癌の健診など，地震後のさまざまな健康状況への影響の評価は，ケアとともに，福島県出身の恩師大橋靖雄先生のみならず，日本で統計を仕事にする者にとって大きな関心事でした。

　ところで，本書の第 14 課には，新生児の性比に影響することとして，セックスの頻度や妊婦のストレスが統計的に示され，さらに世界中でどのようなことがセックスの頻度や妊婦のストレスに影響していたかが報告されていた事例を紹介しています。そこに 1995 年の阪神淡路大震災の影響が挙げられていることに驚きました。しかし，そこには東日本大震災の影響に言及されていませんでした。それは単に，この本が英国で刊行された 2015 年までに解析結果が報告されていなかったに過ぎません。2015 年 12 月にその震災の影響は報告されており，その論文には私の学位審査を担当してくださった藤田保健衛生大学の橋本修二先生が研究チームとして加わっていました。

　本書はセックスを題材にして統計の数値の読み方を伝える点で，翻訳しながら私自身も改めて何度も感心した良書だと思います。正当に評価できるように計画的にデータを集め，それを解析し，その結果を次に役立てるということが現在の統計学のフレームワークです。しかも，やたら数式が登場する数学としての統計ではなく，数値を羅列するだけの単なる統計というのでもなく，ニヤニヤしながら楽しんで読める統計です。

　さて，本書を知った契機は，2016 年夏に英国・バーミンガムで開催された，参加がかなわなかった国際臨床生物統計学会 International Society for Clinical Biostatistics (ISCB) 総会のプログラムをみた時です。プレナリーという，最

もメインとなる講演テーマが "The Statistics of Sex" であることに驚き，しかも演者がケンブリッジ大学のシュピーゲルハルター先生であることで2度驚きました。彼はこれまで2回来日し，日本の生物統計家に強烈なインパクトを残していきました。まだ線型混合モデルが理論的な展開だけで解析できるソフトはあるのか？と言っていた1992年に，ベイズを用いた非線形ロジスティックモデルで救急車の中から伝えられた情報をもとに，先天性チアノーゼの新生児治療の準備をするシステムを開発しているという話にブッ飛んだことを覚えています。現在はケンブリッジ大学の教授ですが，長くケンブリッジにある Medical Research Council Biostatistics Unit でベイズ統計学に基づいた WinBUGS の開発と研究に従事してきた生物統計の専門家として知られています。2014年に Knight Bachelor，いわゆる Sir の称号を受け，2017年は世界最古の統計家の職能集団である王立統計協会 Royal Statistical Society の会長に就任したスパースターです。

　シュピーゲルハルター先生は，その気さくな人柄とユーモアから本国の英国だけなく米国でも非常に人気のある先生です。その先生の著書を手にとって即座に日本の多くの人に伝えたいと思ったのですが，翻訳はかなり難航しました。恥ずかしながら，BDSM なんて知りませんでした。知人から本名で出版する気か？とも問われました。また，せっかくのウィットに富んだ英語を陳腐化せずにどこまで伝えられるのか，悪戦苦闘でした。それでも，大橋先生がライフサイエンス出版を紹介してくださり，一般層を代表しての妻・薫の「こんなの全然わからない」という言葉にびくびくしながら，夫婦ともに忍耐を要するレビューのプロセスを繰り返し，さらに翻訳の先輩でもある友人のエーザイ株式会社・酒井弘憲氏のレビューもあり，最後までたどり着いた次第です。楽しみながら読めて，統計学の基礎も理解できる翻訳本が完成したと思います。

　あなたは本書から，統計学あるいはセックス，どちらを学びますか？

石塚直樹

目　次

はじめに　クリントン大統領は不倫をしていましたか？
セックスを数値に落とし込むとは ·· 1

オーラル・セックスは「セックスした」と言えるのでしょうか？　2

ドアの向こう側で起きていることを知るのは難しい――性情報の格付け　4

　★★★★（レベル4）：信頼できる数値　6

　★★★☆（レベル3）：ほぼほぼ正確な数値　6

　★★☆☆（レベル2）：かなり間違っている可能性がある数値　8

　★☆☆☆（レベル1）：信頼できない数値　8

　☆☆☆☆（レベル0）：捏造された数値　10

セックスの統計は何を教えてくれるでしょうか？――統計には限界がある　11

ということで，クリントン氏はルインスキー氏と性的関係があったのですか？　12

第1課　セックスの回数　"平均値"と"中央値" ······························ 15

セックスの回数はどのくらいですか？　16

セックスの回数が減った理由　19

難産だったNatsal調査　22

セックスの回数の調査方法　23

ということで，セックスの回数はどのくらいですか？　27

　［訳者のピロートーク］平均値は万能ではありません　28

第2課　セックスパートナーの人数　"平均値"の謎 ·························· 31

異性のセックスパートナーはこれまでに何人いますか？　32

なぜ男性は女性よりパートナーの人数を多く報告するのでしょうか？　34

人々の回答を信頼できますか？　37

セックスをしていなかった人は何人でしょうか？　40

二股をかけている人は何人でしょうか？　42

父親はだれですか？　44

パートナーとの関係はどのくらい続きましたか？　45

　［訳者のピロートーク］生存時間を表現する方法　49

第3課　男女間のセックス　アルフレッド・キンゼイの偉業 ················ 53

アルフレッド・キンゼイ　57

ヴァギナル・セックス　59

体位　61

vii

オーラル・セックス　62

アナル・セックス　67

行動を変える理由はなんですか？　70

BDSM　72

他の性行動　73

キンゼイの宿命　75

[訳者のピロートーク] データの集計方法と解析方法　78

第4課　同性間のセックス　MSMとディジット比 ……………………… 81

マグヌス・ヒルシュフェルトはどのような人ですか？　82

同性間性行動の回数　84

キンゼイ・スケール　86

同性愛者の割合はどのくらいでしょうか？　87

セクシャル・アイデンティティ(性自認)　90

同性間性行動の有無　92

性自認と性行動はどのように違うのでしょうか？　96

同性間性行動の種類　99

性自認を決める要因は何でしょうか？　101

ヒルシュフェルトの偉業　106

第5課　孤独なセックス　マスターベーションの頻度と健康障害 ……………… 107

マスターベーション・大ピンチ　108

ピンチからの挽回　113

インターネット・ポルノがもたらした新たなピンチ　118

第6課　性行動のはじまり　初体験の年齢と10代の妊娠・出産 ……………… 121

ジェネレーション・ギャップの誕生　122

初体験は何歳でしたか？　123

10代の妊娠・出産　134

第7課　性行動への欲求　対象・頻度と性的興奮度 ……………………… 141

いつ性的な欲求を感じますか？　144

どのくらい頻繁にセックスのことを考えますか？　148

誰を魅力的だと思いますか？　150

性的興奮度の測定　153

性的興奮の影響　154

態度・姿勢　155

第8課　パートナーの決定：カップルの成立　婚前セックスと出産 ················ 161

結婚前のセックス　162

結婚前の妊娠　163

過去の私生児　168

現在の私生児　171

いつ結婚しますか？　172

赤ちゃんとセックス　177

第9課　子どもを望まないセックス　避妊法の今昔とその失敗率 ················ 181

禁欲を測定することに関する問題　184

ピルを服用することの重要性　185

現在の避妊　186

避妊の効果　189

中絶　193

第10課　子どもを望むセックス　年間出生率と受胎時期 ················ 195

1回のセックスで妊娠する可能性　197

男性は何人の赤ちゃんをつくれるのでしょうか？　201

予定外の妊娠　202

いつ受胎したかで差があるのでしょうか？　212

第11課　性行動がもたらすもの　快楽と健康 ················ 215

サイズは問題になりますか？　216

射精までの時間　218

セックスの健康上の利点　219

より刺激的に　222

セックスの満足度　224

どれくらいの人が性的な問題を抱えているのでしょうか？　227

性的な障害とは何でしょうか？　233

性的な障害を治療できるのでしょうか？　235

ix

第12課 セックスとメディアとテクノロジー 性行動への影響 ········· 239

メディアにはセックス記事が溢れているのでしょうか? 240

テレビ番組中のセックスは若者の行動に影響するでしょうか? 242

ポルノグラフィーを観るのは何人でしょうか? 244

人々は何を見ているのでしょうか? 246

ポルノグラフィーにはどのような影響があるのでしょうか? 247

どの程度セクスティングは流行っているのでしょうか? 250

セックスの調査はメディアではどう報告されるのでしょうか? 253

第13課 マイナスの側面:性感染症 罹患率と感染リスク ············· 257

何人が性感染症に罹患したのでしょうか? 258

感染する可能性はどのくらいでしょうか? 263

第14課 男児か女児か 産み分けの精度を上げるには ············· 267

女児より男児のほうが多く生まれるのでしょうか? 268

女児より男児の数が実際に多かったのはいつでしょうか? 271

戦争の終わりにどうして男児が多く生まれるのでしょうか? 272

なぜセックス回数が多いと男児が多く生まれるのでしょうか? 276

なぜ男子が多い国があるのでしょうか? 278

産み分けの精度を上げることは可能でしょうか? 279

第15課 結論:性行動の興味深さ ································ 281

付録 Natsalの調査方法 ···································· 285

参考資料 ··································· 291

転載画像出典一覧 ····························· 315

謝辞 ······································ 316

索引 ······································ 318

＊第 13 課で割愛した見出しを下記に示します。
　そのため，原書中の図 57，図 62，表 5，表 6 は掲載していません。

【原書 p.257 〜 272】
ロンドンにはセックスワーカーは何人いますか？
セックスのために料金を支払った人は何人いますか？
セックスワーカーの市場はどのくらいの規模ですか？
何人の女性がセックスで取引をしていましたか？
どのように売春を制御していますか？
【原書 p.281 〜 286】
何人が自分の意思に反したセックスをしていましたか？
レイプに関する統計をどのように比較しますか？

古今を通じてセックスで奮闘しているすべての人に本書を捧げる。

そして，引き分け……

はじめに
クリントン大統領は不倫をしていましたか？
セックスを数値に落とし込むとは

● オーラル・セックスは「セックスした」と言えるのでしょうか？

　1998 年 1 月 26 日，ビル・クリントン氏が「私はその女性と性的関係をもっていない」と発言したことは有名です。その後，彼は，その女性〜モニカ・ルウィンスキー氏からオーラル・セックスを受けていたことが明らかになりました。実際に，彼は彼女と性的関係をもったのでしょうか？　もたなかったのでしょうか？

60% オーラル・セックスがセックスしたことにならないと考えた米国の大学生の割合

　何をもって「セックスをした」とみなすかは，あくまで主観的意見のように思えるかもしれません。しかし，同年 12 月，クリントン氏が偽証容疑で弾劾された際に〜これは歴代の米国大統領としては 2 人目のことですが〜このスキャンダルは，全米を揺るがす大問題となりました。同じ月に，性・ジェンダー・生殖に関するキンゼイ研究所の調査を速報することにした米国医師会雑誌（JAMA : Journal of the American Medical Association）[A] の編集者ジョージ・ルンドベルグ氏は，その 1 か月後，上院の弾劾審理直前の1999 年 1 月にその論文を掲載しました[1]。この論文は，上院の弾劾審理を8 年近くさかのぼる 1991 年，インディアナ大学で 1,000 人以上の学生をランダムに抽出し，自らの性行動に関して答えることに同意した 599 人（全体の 58%）から実際に回答を得て研究したものです[B]。

[A] たとえば 2006 年発行のセル，2007 年発行のネーチャーに IPS 細胞の論文が掲載されているように，ノーベル賞級の研究論文が掲載される専門誌としてネーチャー（Nature），サイエンス（Science），セル（Cell）が有名です。これらの雑誌が有名な理由は，掲載された論文が他の論文に引用される頻度（インパクト・ファクター）が他の専門誌を圧倒しているからです。その意味で，基礎研究が応用的な論文より引用されるのは当然ですが，応用研究を掲載する医学雑誌にも御三家があり，それらがニューイングランド・ジャーナル・オブ・メディシン（New England Journal of Medicine：NEJM），ランセット（Lancet），そして米国医師会雑誌（JAMA）です。得体の知れない商業雑誌ならともかく，このような一流雑誌のひとつである JAMA にキンゼイ研究所の論文が掲載されたことからも，事実の重大さ，関心の大きさを理解していただけるでしょう。私も実は驚きました！（訳者注）

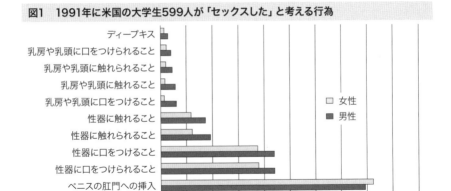

図1　1991年に米国の大学生599人が「セックスした」と考える行為

　性行動において，学生たちは「どのような行為をセックスとよぶか」と問われました。図1はその回答を示しています。「ペニスの腟への挿入（以降，本書ではヴァギナル・セックスとします）」については，ほぼ全員が「セックスである」と考えていました。しかし，「そうとは思わない」と回答した少数の男子学生たちは，セックスの過程において何かさらに特別な驚くべき行為を期待してしたのでしょうか。また，彼らとは逆に，極端なところでは乳房にキスしただけでもそれをセックスであると考えている学生も少数いました。性器に触れられれば「セックスである」と考えていた学生が約1/7いて，また40％はオーラル・セックスだけで「セックスである」と答えました。つまり，60％はセックスではないと考えていたということです。ですから，半数以上の学生はクリントン大統領の無実の主張に賛同していることになります。

　統計家もひとりの人間ですから，私生活や社会においてセックスが果たす特別な役割について大きな関心をもっています。セックスは，公とプライベートの間の不思議な境界にあります。クリントン氏のスキャンダルのようにセックスはニュースの見出しにもなりますが，（通常は）プライベートで行われていることです。私たちは他人の性生活について際限なく推測

B 回答率はそれほど高くないかもしれません。それでも，他の研究結果と比べるうえで，この数値を覚えておくことにしましょう。

することはできますが，実際にどのようなことが起きているかを知ろうと
すれば，大きな難題に直面します。

　それでも私たちが性行動について知りたいと思う理由はいくらでもあり
ます。セックスによって私たちの住むこの社会は形作られています。人口
の変化を研究する人口統計学者たちは，だれに何人の赤ちゃんが生まれる
かの予測を可能にするために，性行動や避妊，中絶について知りたいと思っ
ています。のちに紹介しますが，性行動は人口の性比に影響を及ぼすこと
さえあります。医師や健康学者（ヘルス・リサーチャー）は，人々が何を
しようとしているのか，どのような予防措置をとっているのか，知りたい
と思っています。心理学者は，性行動の質と人々の生活満足度を知りたが
ります。精神科医は障害を特定し治療することを望み，製薬企業は新しい
治療法を開発し販売促進することを望んでいます。

　また，それ以外の人たちは，自分の性生活が一般的なのかそうでないの
かということに関心があるのかもしれません。自分はあまりにも多いのか？
それとも足りないのか？　正常なのか？　初体験は早かったのか，遅かった
のか？　あるいは少なくとも，自分の経験は他人と比べてどうなのか？[c]

　私たちの性行動は，私たちの生き方に重大な影響を与えます。社会があ
なたをどうみるか，あなたがだれと結婚するか，結婚生活が続くか，健康
はどうか，子どもがいるか，これらはすべてセックスに関わっています。
私たち人間は好奇心旺盛です。ですから，政府の統計から迷信・井戸端会
議まで，セックスについて語られた数値が本当に何を物語っているかを疑
問に思うのは，当然のことなのです。

● ドアの向こう側で起きていることを知るのは難しい
　　──性情報の格付け

何であれセックスの結果を楽しむ（あるいは苦しむ）には，まず経験し
なければなりません。「どのくらいの頻度でセックスが行われているか」は，
とても単純な質問のように思えますが，少し考えるとそれにはさまざまな

---

[c] 当然，私たちは，自身のパートナーも含めて，だれもが自分より多くのセックスをして
いるという事実を知る可能性があることに向き合わなければなりません。

解釈があることがわかります。私たちはすでに，人々が何を「セックスである」とするかについても，幅広くさまざまな考えがあることをみてきました。それほど昔ではありませんが，同性間のセックスが社会的に非難されただけではなく，実際に違法であった時代は去りました。現在は同性間のセックスも含めて検討できます。しかし，「ひとりエッチ」はどうですか。あなたがマスターベーションをセックスに含めるか含めないかにかかわらず，本書では，以後，これをセックスと位置付けます。

　また，性行動を数値化する際に，（違法な）16歳未満と（合法な）70歳以上を対象として含めるべきでしょうか。そして，国や文化によっても異なるし，季節も重要です。クリスマス休暇が特にお忙しい時期になるかもしれないことは後で述べます。

　ということで，「どのくらいの頻度でセックスが行われているか」という単純な質問は，すでに単純ではありません。これは私たちが「一体どうやって答えを見つけ出すの？」と自問する前から，すでにそうなのです。

　厳密にいえば，科学的なアプローチは，ランダムに選択された寝室に監視カメラを設置することかもしれません。ただ，これは驚くほど大部分の時間，退屈なものをみなければなりませんし，むしろシャワー室や小部屋での突然の情熱の盛上りを見逃してしまうでしょう。だからといって，私たちはヘッドカム（頭上搭載カメラ）を何人かの意欲的なボランティアに装着してもらうことができるでしょうか。残念ながら，この実験に喜んで参加してくれるボランティアが人々を代表するサンプルになる可能性はほとんどなく，さらに研究開始前に研究機関の倫理委員会の審査を通過するかどうかにも疑いがあります（しかし，非常に奇妙な研究を後述しますが，それらもだれかが承認しているのですよね）。そして，たとえ研究が承認されたとしても，監視されていることで，被験者が消極的であっても露出症的であっても，いつもと違う行動をとるかもしれません。行動をつぶさに観察することが行動自体を変えてしまう，いわゆる「ホーソン効果」です。オーウェルの小説『1984』に出てくる，国民を監視下に置き支配している独裁者ビッグ・ブラザーを思い出してみてください。

　ほかにさらに信頼性の高い方法がありますが，そのどれもが完ぺきではありません。だれかがどこかでどのような性行動をセックスとみなそうと，この本の一貫したテーマは過去に見出しを飾った多くの数値の疑わしさで

す。世の中には，繰り返し用いられ続けている使い古しの数字が多数あります。そのため，私はしばしば数字の信頼性を示す格付けを行わなければなりません。それでは信頼性の高い順にみていきましょう。

★★★★（レベル4）：信頼できる数値

　私たちは，出生数，治療件数，その他の「公式統計」によって，セックスの結果としての具体的なエビデンスを得ることができます。出生や結婚や中絶の届出は法的義務であるため，これらの数値は信頼できるはずです。たとえば，イングランドとウェールズでは，

- ▶ 2012 年の新生児の 48％は正式には「非嫡出子」
- ▶ 1973 年，16 歳女子の 20 人に 1 人が妊娠
- ▶ 出生時の性比は女児 20 人に対し男児 21 人
- ▶ 離婚が最も多いのは結婚 7 年目
- ▶ 1938 年，20 歳以下の花嫁の半数が挙式時に妊婦

　これらを★★★★の数値とします。この数値は正確なので，大筋で信じることができます。これらの細かい数値を後でみていきましょう。

★★★☆（レベル3）：ほぼほぼ正確な数値

　だれもが（まだ）自身の性生活についての立ち入った質問に強制的に答えさせられるということはないので，私たちは決して私事に関する★★★★のデータを得ることはできません。そのため，私たちは何千人もの人々に自身の行動や意見について質問しなければならず，さらにその回答が十分に信頼に足るように適切に扱わなければなりません。

　どのように調査対象が選ばれるかで大きな違いが出ます。16 歳前に性体験がある人の割合を知りたいとします。1,000 人の若者のうち 300 人がそうだと答えたとします（これは現在の英国の推定値です）。この 1,000 人全員が選ばれる可能性が平等になる母集団からランダムに選ばれたのであれば，統計理論によって，95％の信頼度で 16 歳前に性体験がある若者の潜在的な真の割合が 27 〜 33％であることを示せます[D]。すなわち，この比較的小さな誤差は，だれに質問するかという偶然誤差によるものです。しかし，1,000

[D] 統計的に $P = 0.3$，$N = 1,000$ において $\pm 1.96 \times \sqrt{(P(1-P)/N)}$ に基づいています。

人の若者が土曜日の深夜のクラブ帰りに回答したり，若い男性向け雑誌のオンライン調査で答えたりしたら，どれだけの誤差が出るのでしょうか。

　誤差は大きいとしかいえません。純粋なランダム誤差のかわりに，系統的バイアスもあります。そして，セックスに関する統計でとても重要なのは，この種のバイアスなのです。

　ここで簡単な質問をしましょう。あなたは性生活を営んでいます。あなたにとって特筆すべき性生活でも，あるいは人に話せないほど風変わりな性生活だったとしても，あなたの回答は研究者にとって貴重なデータになります。守秘義務を遵守するといわれたら，次のような場合でも，セックスの頻度，セックスの方法，これまでのパートナー数，マスターベーション経験の有無とその頻度などの質問に，笑顔で答えられますか？

　1. 市場調査員の街頭インタビュー
　2. 郵送されたアンケート
　3. 雑誌のウェブサイトでボランティアを求めているアンケート
　4. 少額の謝礼が出るオンラインの消費者モニターの仕事
　5. 市場調査会社からの電話アンケート
　6. 研究者からの自宅でのインタビュー依頼

　製薬会社やコンドームメーカーが調査資金を出していれば事情は異なりますか？　あるいは「あなたの回答が健康サービスの改善案に寄与する」と言われたらどうですか？　たとえば15ポンドの報酬があれば違いが出ますか？

　これらの方法はすべて試みられてきました。しかし，誰かがあなたの参加を促さなければ，あなたはデータとして欠損になってしまいます。そして，回答したくないような項目があれば，結果的にバイアスをかけることにもなります。

　しかし，「性行動とライフスタイルに関する全英調査 The British National Survey of Sexual Attitudes and Lifestyles（Natsal調査）」のように，ランダム・サンプリングを使って，個人から情報を得る試みを繰り返し実施して，真の報告に最大限に近づけられると証明されている方法を用いた，すぐれた調査もあります。その調査結果の大半は，★★★☆の数値として評価することができるでしょう。合理的に信頼でき，誤差は本質的な真実との差がないと考えられます[E]。

はじめに　クリントン大統領は不倫をしていましたか？　　7

たとえば，私たちが後で議論する Natsal 調査の統計では，

▶ 平均的な女性の初体験は，1940 年頃に生まれた女性では 19 歳だったが，1980 年頃に生まれた女性では 16 歳になった。

▶ 16 〜 44 歳の平均的な男女のカップルは，調査前 4 週間に 3 回のセックスをしていた。

▶ 25 〜 34 歳の約 70％の人が調査前 1 年間にオーラル・セックスをしていた。

▶ 16 〜 24 歳の女性の 5 人に 1 人が他の女性との性体験をもつ。

★★☆☆（レベル 2）：かなり間違っている可能性がある数値

次のレベルの数値は，ランダム・サンプリングを用いていない調査に基づく傾向がありますが，広範囲にわたる体験を網羅するように回答者たちを得る努力が払われてきました。アルフレッド・キンゼイ Alfred Kinsey（おそらく最も有名な性科学者）は，1940 年代の米国で 15,000 件にのぼる詳細な性の体験談を熱心に収集しました。キンゼイの有名な統計情報は自身に悪評をもたらしました。第 3 課で紹介しますが，次の内容を含んでいます。

▶ 男性の 37％が同性愛経験をもち，オーガズムを得ていた。

▶ 夫の 50％が婚外セックスをしていた。

▶ 新婦の 50％は処女ではなかった。

▶ 男性の 70％が売春婦とのセックス経験があった。

▶ 農場で育った男性の 17％が動物との性交渉の経験がある。

私はキンゼイの結果の多くを★★☆☆と評価します。つまり，きわめて粗い概算値として使用されるかもしれませんが，その詳細は信頼できません[F]。

★☆☆☆（レベル 1）：信頼できない数値

さらにレベルが下がって，たとえ真実に基づいた鮮明な体験を描いてい

[E] 相対的に ±25％の範囲内の正確さがあると判断できれば，12％の割合なら実際には 9 〜 15％の範囲になるため，★★★☆とします。

[F] このすべてを無視してもかまいません。真の回答は主張された数値の倍から半分になるかもしれないことを意味していると考えています。割合 P はオッズ $P/(1-P)$ とし，オッズの尺度で倍と半分を適用すべきです。たとえば，★★☆☆の割合で 50％はオッズ 0.50/0.50 ＝ 1 になります。倍と半分はオッズが 0.5 と 2 になり，割合に戻すと 0.33 と 0.66 になります。真の回答は 33 〜 66％でしょう。

ても，あまりにもバイアスが大きいため，一般化できる統計としては基本的に役立たない数値です。古典的な例では，シェアー・ハイト Shere Hite が実施した調査で，1970 年代，1980 年代の女性運動において非常に意義のあるものでした。彼女は，1976 年に『女性のセクシュアリティに関するハイト・レポート』として，10 万部のアンケートを全米女性機構の支部，妊娠中絶の権利を主張するグループ，大学の女性センターなどの女性グループに配布し，続いて女性誌にアンケート回答者を募る広告を出し[2]，3,019 の回答を得ました。これはかなり選択されたグループからの 3% という低い回答率ですが，特筆すべきはハイトがこの統計を重視しなかったことです。それにかえて，多くの女性がセックスについて男性の機械的なアプローチに不満をもっていたこと，そしてオーガズムは挿入よりマスターベーションによって容易に得られることについて，多数の引用に基づいて議論しました。この報告書は，1970 年代において女性のセクシュアリティに関する見解に対して強力な影響を与えました。

　さらにハイトは，1978 年に『男性のセクシャリティに関するハイト・レポート』（119,000 のアンケートに対し 7,239 の回答）を公表し[3]，1987 年には 100,000 のアンケートに対する 4,500 の回答に基づいて『女性と愛 Women and Love』を発表しました[4]。このときに初めて，ハイトは統計を大々的に取り上げました。それらには，以下の内容が含まれています。

▶ 女性の 84% が精神的にパートナーとの関係に満足していなかった。
▶ 女性の 95% が男性から「精神的および心理的嫌がらせ」を受けたと報告した。
▶ 結婚後 5 年以上経過した女性の 70% が浮気をしていた。

彼女は厳しい批判を受けました。TIME 誌は彼女の写真を表紙に載せましたが，レポートについては「男性への罵詈雑言」と表現し，ハーバード大学統計学部長のドナルド・ルービン Donald Rubin [G] は「ごくわずかな人しか回答しておらず，このレポートは回答することを選んだ奇妙なグループを除き，いかなるグループをも代表するものではない。」と述べています[5][H]。

[G] ルービンは因果推論モデル，特に欠損値を含む観察データに対する方法論で有名な統計学者です。さらに本書でも登場する傾向スコアもそれに関連してルービンがポール・ローゼンバウム Paul Rosenbaum と 1983 年に提案したものです。ちなみに，このような因果推論を計量経済学分野で考えたのが 2000 年のノーベル経済学賞ですが，分野が違うとノーベル賞にはなりません。（訳者注）

残念ながら，ハイトは明らかに間違っているのに，その統計数値を「代表している」と主張し続けました。このことは，「多くの女性たちが，男性パートナーを話好きで愛情があるとは思っておらず，また男性がセックスの技巧ばかりに気を取られていると考えている」というハイトの本質的な，おそらく合理的な結論を嫌悪する人々に批判する武器を与えてしまいました。それでも，統計的な批判は限られた影響力しかもちませんでした。この冗長な身の上話集（『女性と愛』は小さい文字で印刷しても900ページ以上）は女性たちの共感を呼び，ベストセラーになりました。

　ハイトのメッセージは妥当と思われますが，私は彼女の統計を★☆☆☆「不正確」として分類します[I]。思い浮かぶ他の★☆☆☆の統計には，「ロサンゼルスの単身者は年に130回のセックスをしている」「売春業界は2012年の英国経済に57億ポンドの貢献をした」があります。

☆☆☆☆（レベル0）：捏造された数値

　われわれはいま最下の位置にいます。議論のきっかけや，話のネタにはなるものの事実の裏付けにはならない数値です。この種の数値はパブ，ラジオ，あるいは英国議会で聞くことができるでしょう。例として，以下のようなものがあげられます。

▶ 男性は7秒ごとにセックスのことを考える。
▶ 人生でキスに費やされる平均時間は20,160分である。
▶ 英国には，人身売買された「性奴隷」が25,000人存在する。
▶ 1オンスの精液を消費することは，40オンス（約1,200mL）の血液を失うことと同じである。

[H] 彼女の統計は説得力がなく他の調査と一致していないだけではなく，真実であるにはあまりに整い過ぎていました。たとえば，「結婚後5年以上経過した女性の70%が浮気をしていた」という彼女の結論では人種について詳細が示されていて，白人（70%），黒人（71%），ヒスパニック（70%），中東（69%），アジア系米国人（70%），その他（70%）という割合でした。特にとても小さいサブグループがいくつかある場合には，このような割合が極めて近い数値になることは本質的に不可能です。

[I] 真の回答は良くても主張の倍以上か半分以下を意味するとして★☆☆☆と解釈します。したがって，平均4人のセックス・パートナーの報告は実際には8人以上か，2人以下でしょう。割合をオッズの尺度に変換すれば，割合50%と主張された場合には真の回答は66%以上，33%以下であることを意味します。

これらを☆☆☆☆と評価します。つまり，刺激的ですが，まったく信頼できません。「性交渉は1963年に始まった」（『僕にはちょっと遅すぎた』）というフィリップ・ラーキンの詩の一文はもちろん人々を惑わすような記述ですが，これは詩人ですから大目に見ておきましょう[6]。

● セックスの統計は何を教えてくれるでしょうか？
──統計には限界がある

私は統計家ですから，この本にはかなりの量の数値とグラフが含まれています（タイトルによって気付いたかもしれません）。ウソ発見器にかけられていると信じたとき，セックスした人数は実際にはもっと多かったと人々が認めるかどうか（女性は認めました），性的興奮が嫌悪反応を減らしたかどうか（減らしました）など，とんでもない実験があります。しかし，統計はすべてを言い表すことはできないので，1920年代と1930年代の性生活について高齢者から聴き取りもしています[7]。そのような「定性的」データは統計に彩りをもたらす以上のことをします。いかなる数値も，強力でユニークな個人的体験のコレクションを要約するのには不十分だということを，私たちに思い起こさせてくれます。

> **1902**年 セックスに関する調査結果が最初に公表された年（YMCAのメンバーを対象にしたマスターベーションに関する調査）

性についての統計に関する研究には多彩な歴史があります。ウィリアム・アクトン William Acton は1860年代にロンドン中を歩いて売春婦の人数を調べました。ブロックマン Brockman は1902年に初のセックス調査の本を出版し，そのテーマは YMCA 内でのマスターベーションについてでした。そしてマグヌス・ヒルシュフェルト Magnus Hirschfeld は1903年にベルリンの金属労働者に性的指向を尋ねました。それから，キンゼイが全米に衝撃を与えた研究，シェアー・ハイトによる女性のセクシャリティの分析があり，さらに HIV / エイズの時代に入ると，重大な調査の資金を集める闘いが始まりました。これらの人々は勇敢でした。ときに身の危険を冒し，

つねに人々に非難されたり評判を落としたりするリスクにさらされていたのですから。

　これらの研究者は自身を客観的な科学者と考えていましたが，今考えると（後知恵で考えると），彼らは明らかに自身の仮説に何も疑問を持たず，その仮説と，しばしば性の政治学における強力な課題に突き動かされていました。ですから私も，白人で，中年で，中流階級の男性であることを白状しなければなりません。それから，信条や先入観は，潜在的なもの，明白なもの，ともにあふれ，おそらく英国人の現状と文化をかなり象徴しているでしょう。すなわち，同意したパートナーとなら，さまざまなセックスも受け入れられるが，セックスの強要には耐えられないということです。

　本書は，（かなり）普通の行動に焦点を当てています。私は概して，子どもの虐待，近親相姦，獣姦（キンゼイの調査データは別として）を含む現在の違法行為を避けています。もちろん，同性愛者や異性愛者のアナル・セックスなど，以前には心の病気の産物と考えられていた行動は含まれています。また，性行動に専念しているので，感情や身体反応にはあまり注意を払っていませんが，ペニスの大きさや膣内における射精までの時間といった統計は外せません。セックスに伴う問題に関する統計や，示唆された治療法のいくつかについても検討していきますが，アドバイスを望むときには他を当たってください。また，何が性的指向を決めるのか，ポルノの閲覧が性的暴行を引き起こすのかなど，「原因」に関する，より一般的な質問に答えようとする試みに対しても懐疑的です。

　私は喜んで統計に限界があることを認めます。

● ということで，クリントン氏はルインスキー氏と性的関係があったのですか？

55% クリントン氏は性的関係をもたなかったと答えた米上院議員の割合

　1999年1月，米上院がクリントン大統領に対する弾劾投票を準備していたとき，40％の学生がオーラル・セックスを「セックスした」と考え，

60％が「そうではない」としていることを示す論文が出版されたことを思い出してください。新聞の報道禁止は守られず，メディアはやりたい放題でした。その1か月後，上院がこの問題について採決したとき，意見は学生たちと同程度に割れました。つまり，45人の上院議員は，クリントン氏が偽証罪で有罪であるとし，「実際にルウィンスキー氏とセックスをした」と主張しました。55人は有罪とはせずに，「『セックスをしていない』という証言は嘘ではない」としました♩。こうしてクリントン大統領は罷免されず生き残り，その後政界の重鎮になりましたが，1999年にキンゼイ研究所の論文を急ぎ出版した米国医師会雑誌の編集者ジョージ・ルンドベルグ氏はそれほど幸運ではありませんでした。彼は解雇されてしまったのです[8]。

　この「セックスとは何か」という議論はすべて，今や少し杓子定規に思えるかもしれませんが，かなり重大な観点です。性行動の調査を行う際には，「『性的』パートナー」とみなされるものについて明確にすることが重要なのです。地域社会を通じて伝播する性感染症のリスクを知りたい場合には，何人が何かに感染するリスクに曝されているかを知る必要があります。したがって，現代の調査では，「セックスをする」ことは感染症をうつす可能性がある活動として定義されます。Natsal調査では，異性のパートナーとは，調査対象がオーラル・セックス，アナル・セックス，またはヴァギナル・セックスをする相手としています。ですから，この現代の定義によるとクリントン氏とモニカ・ルウィンスキー氏は性的パートナーだったということになります。

　連邦地方裁判所のスーザン・ウェバー・ライト判事は，「ルウィンスキー嬢と性的関係を結んでいたかどうかについてのクリントン氏の陳述は，同様に意図的な虚偽である」と認め，9万ドルの罰金を科しました。クリントン氏はその後，弁護士資格を5年間失効され，めんどうな出来事の発端となったセクハラ訴訟を解決するために85万ドルを支払いました。ところで，クリントン氏はセックスをしたのでしょうか？　この判断はあなたにお任せします。

♩投票した上院議員が本当に信じていることを表していると信じたいのですが，投票はほぼ党間で完璧に分かれました。

はじめに　クリントン大統領は不倫をしていましたか？　13

第1課
セックスの回数
"平均値"と"中央値"

● セックスの回数はどのくらいですか？

　一見，この質問は単純なように思えます。しかしながら，セックスを研究するという困難さの根本に関わっているので，信頼できる答えを得るために研究者たちがどのように苦労してきたかを学ぶ良い教材になります。

23% 25〜34歳の英国人のうち，過去4週間で男女間セックスをしていないと答えた人の割合 (Natsal調査-3：★★★☆)

　それでは，英国で最も評判の高い調査から始めましょう。2010 年にデータ収集が始められた National Survey of Sexual Attitudes and Lifestyles（Natsal 調査）の 3 回目の調査です[A]。女性回答者には調査前 4 週間で男性とセックスした回数を，一方，男性回答者には調査前 4 週間で女性とセックスした回数を尋ねました。このとき，「セックスする」とは膣（ヴァギナル），口腔（オーラル），肛門（アナル）の性交渉を意味していると明確に説明したので，乳房にキスすることを「セックスする」と考えていた男性はその思い違いを修正されたはずです。実際には，回答者はインタビュアーから直接質問されたのではなく，コンピュータを使用して行われました。

　図 2 は，Natsal 調査-3 による 25 〜 34 歳の男女の詳細なデータを示しています。ただし，横軸は 25 回を上限としています。理由は，男性 1 人の「100回」という回答までを含めてしまうと，横軸が右に長くなり左のほうに密集するので，全体が左に詰め込まれたようにみえてしまうからです。

[A] Natsal 調査チームは，郵便番号別の 1,727 地区中から 59,412 の宛名を抽出して，事前依頼の手紙とパンフレットを送付しました。2010 年 9 月〜 2012 年 8 月に，英国の独立した社会調査機関である NatCen Social Research 所属のインタビュアーが実在の住所 26,274 か所を訪問し，16 〜 74 歳のランダムに選択した個人に面談に来てくれるよう依頼しました。その結果，15,162 人のインタビューが実施されました。全体の回答率は 58％でしたが，それは訪問できた人数の 66％でした。インタビューは，コンピュータ支援の直接面談とコンピュータ支援の自問自答式を併用して行われました。インタビューは 1 時間前後で終了し，参加者は 15 ポンドの商品券を受け取りました。年齢階級内での精度を増すために16 〜 34 歳で多めにインタビューを実施し，その結果を，英国全体の傾向に合わせるため，性別，年齢，地域について調整されました。この調査は 1990 年から 10 年ごとに実施されています。

図2　過去4週間の男女間セックスの回数別割合

25〜34歳の女性2,434人、男性1,500人から回答を得た2010年のNatsal調査-3より（25回以上と回答した12人を除く）

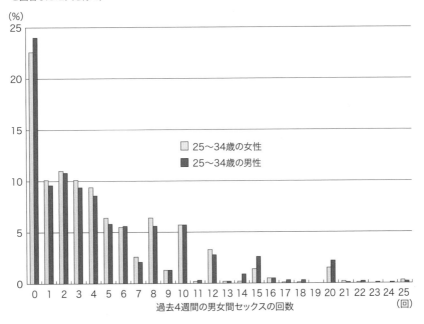

過去4週間の男女間セックスの回数

　さあ，このグラフをもとに統計学の授業を始めましょう。まず棒の高さを比較することにより，女性と男性の回答がほぼ同数であることがわかります。男女の偏りがないので一安心です。次に10，15，20回などのキリの良い，また8，12回などのほぼキリの良い数値にデータが集まっていることに着目してください。それはセックスに関する個々人の記憶が曖昧なことを示唆しています。おそらく1週間あたりのセックスの回数から4週間分を計算して答えているのでしょう。

　特に顕著な特徴は，"モード（最頻値）"として知られている最も多い数値で，それがゼロであることです。25〜34歳のほぼ1/4は，調査前4週間に異性とセックスをしていないと回答しました。もちろん，これらの何人かは異性とのセックスに「アクティブ」ではないのでしょう。Natsal調査では，このことを「前年から異性パートナーがいない」と定義しています。このグループを除くと，残りは異性とのセックスにアクティブですが，この4週間では異性とセックスをしていない回答者となり，25〜34歳では約6人に1

第1課　セックスの回数　17

人となりました。彼らはおもに独身者なのでしょう。

　一方，非常に回数の多い人たちの性行動を知るのも興味深いことですが，私たちが知りたいのは平均的な（average）人々のことです。仮に 25 〜 34 歳の男性回答者 1,500 人を，調査前 4 週間にセックスをした回数に応じて並べていったとします。その列の一方の側は，「1 回もしなかった」と報告した人々の集団となり，反対側は 100 回と誇らしげな男性 1 人になります。ちょうど真ん中になる数値は "中央値" という統計用語でよばれ，この場合，3 回に並んだ男性たちが "中央値" に並んだことになります。"四分位数"，すなわち（下位）25％点の男性は 1 回，75％（上位 25％）点の男性は 7 回に位置します。同じ統計が女性にもあてはまるので，平均的な 25 〜 34 歳は，調査前 4 週間で 3 回セックスしたということになります。

　"中央値" とは「平均的な人が何をしているか」を示していますが，私たちは「平均的に人が何をしているか」を知ることもできます。これは紛らわしいようですが，"中央値" から "平均値" に見方を変えることを意味しています。"平均値" とは，すなわち全員のセックスの回数を合計して人数で割ったものです [B]。1,500 人の男性が合計 7,230 回と回答したので，"平均値" は 1 人あたり 4.8 回となります。女性の "平均値" は 4.4 回と若干低くなりました。これは必ずしも矛盾ではありません。一部の女性には 34 歳以上のパートナーがいて，一部の男性には 25 歳未満のパートナーがいるためです。

　極端に回数の多い人が存在する場合，"平均値" を使って平均的な値を求めると誤解を招く可能性があります。たとえば，マイクロソフト社のビル・ゲーツ氏が部屋（または小さな国）に入ってくると，その部屋（またはその国）の平均所得は劇的に変化しますが，"中央値" はまったく変化しません。同様に，セックス産業の従事者などの極端に多い回答は，"平均値" に過度に影響を及ぼす可能性があります。調査前 4 週間で 100 回のセックスをした人を含めると，25 〜 34 歳男性の "平均値" は 4.7 回から 4.8 回となり，たった 1 人の男性の努力によって数値は変化してしまいます。ですから，一般的に "中央値" のほうが平均的な値のより良い尺度になります。

[B] たとえば，調査前 4 週間で回数が 1，3，11 回の 3 人の男性がいたとします。中央値は 3 回（真ん中の回数）になり，"平均値" は合計の 15 回を男性の人数 3 で割った 5 回になります。

● セックスの回数が減った理由

 過去4週間のセックス回数の"中央値"における1990年と比較した2010年の減少分 (Natsal調査-3：★★★☆)

　前年に異性パートナーがいた人に焦点を当て，Natsal調査-3の回答者の全年齢層まで広げ，「男女間セックスでアクティブ」として検討してみます。**図3**はNatsal調査-3の要約統計量を示しています[1]。16〜74歳の年齢層全体では，男女ともに"中央値"は3で，四分位数は1と6であるため，英国の性的にアクティブな平均的な成人において，セックスの回数の"中央値"は1か月に3回，下位25％点は1回以下，上位25％点は6回以上と報告されています。

　図3の明らかな特徴は，年齢とともに回数が着実に減少していることですが，低下はそれほど急激ではありません。若い人はショッキングでがっかりするかもしれませんが，55歳以上になることが，ガーデニングにしか興

図3　性的にアクティブな男女における過去4週間の男女間セックスの回数

Natsal調査-3より。折れ線は，回答の範囲で上位25％，50％，下位25％の人々が報告した回数を示しています。40歳の男性が過去4週間に女性と5回のセックスをしたら，同年代の性的にアクティブな男性の上位50％には入りますが，上位25％には届きません。

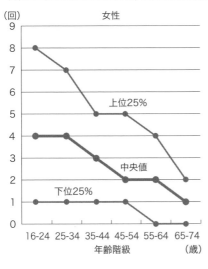
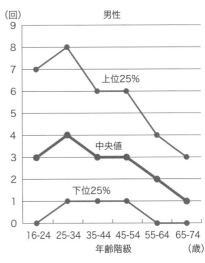

味を示さなくなったり，ぎっくり腰にならずに靴下を履こうと頑張ったりすることを必ずしも意味しているわけではありません。高齢層でも盛んにセックスをしているようです。55〜64歳の女性の64%が，「前年にセックスパートナーがいた」と回答しています。1か月でのセックスの回数の中央値は2回，上位25%点では少なくとも4回でした。同年齢層の男性では女性よりやや多く，76%にセックスパートナーがいて，セックスの回数の中央値は女性と同様でした。

　ここで浮上してくる疑問は，年齢に伴う頻度の低下が高齢化そのものによるものかどうか，あるいは高齢者はパートナーとの関係が長期にわたる傾向にあるため，出会った頃のエネルギーや情熱が少し冷めてしまったせいなのかどうか，ということです。これは確かに若いカップルにも起こりうることのようです。Natsal 調査-3 において，16 〜 34 歳の男女の回答で，交際期間が2年未満のカップルは調査前4週間で "中央値" は7回，一方，すでに5年間付き合っているカップルは "中央値" が4回で，ほぼ半分に減っています。

　新たに異性との交際を始める高齢者はそれほど多くはないので，35 歳以上でセックスの回数が減少していることが，加齢や交際期間の長さと，どの程度関連しているのかを解明することは容易ではありません。さまざまな考えがありますが，私は，年齢だけではなく，子どもがいることやその他のことに対する責任や，おそらく真の意味でのパートナーとの親密さの深まりも影響していると思います。

　しかし，十二分に気づいている人もいるように，年をとることで健康状態が悪化することはよくみられます。これが性交渉減少の原因でしょうか。そういう人もいたでしょう[2]。Natsal 調査-3 では，セックスが年齢とともに健康な人でさえ減少することを示しましたが，健康に問題がある人では年齢に関係なくセックスの減少と性的満足感の低下がみられました。そして，特に残念なことに，6 人に 1 人が健康状態は性生活に影響を及ぼすと回答し，さらに健康状態が悪いか極めて悪い人になると同様の回答が 2/3 に増えます。ただ，実際にかかりつけ医や専門家に助けを求めようとした人は，影響を受けた人々のわずか 1/4 でした。この種のやせ我慢は本課以降もさらに出てきます。

　Natsal 調査-3 のデータは，2010 年に何が起きているかを示した，いわばスナップショットで，セックスの回数は増加しているのか減少しているの

表1 16〜44歳の男女間で性的にアクティブなグループに おける過去4週間の男女間セックス回数の"中央値"		
(Natsal-1, Natsal-2, Natsal-3より)		
調査年	女性	男性
1990	5	5
2000	4	4
2010	3	3

かという問いも想起しました。過去のNatsal調査を振り返ると，**表1**に示すように明らかな答えがみえてきます。すなわち，10年ごとに着実に低下していました。

表1に示すような低下率では，単純ですが，極めて微妙で，その低下率をそのまま当てはめていくと，2040年までに平均的な人々はまったくセックスをしなくなるという予測もなりたちます。実際にそうなるとは思いませんが，重大な次の疑問が残されています。「なぜセックスの回数が減少しているのでしょうか。」

セックスの回数が減少した理由のひとつとして考えられるのは，パートナーのいる人々が減り，だれかと肉体的な関係をもつこともなく独りで住む人が増加していることがあげられます。同居するパートナーがいることは確かにセックスの回数の増加に関連します。2000年に行われたNatsal調査-2によれば，パートナーと同居する16〜44歳の女性では，セックスの回数の"中央値"が月6回でした。既婚女性では4回，離婚・離別・死別した女性では月1回，そして平均的な独身女性は調査前4週間にまったくセックスをしていないと回答しました。しかし，同居するパートナーがいる人々でも，セックスの回数は2000年には中央値が5回でしたが，2010年には4回に低下していました。これは，**表1**で示した低下の多くが，どういうわけか，単に現代の日常生活によるものだということです[c]。

2013年11月にNatsal調査-3の結果が発表された際に，チームのひとりが不用意にも「人々が高品質の新しいタブレット・コンピュータに熱中し

---

[c] 年齢，交際期間，時代の影響は，3つすべてが一緒に増加するので分けることは困難です。第3課のアナル・セックスのところで，この難問が再登場します。

第1課 セックスの回数　21

過ぎたためだろう」とコメントしました。そのため，新聞は記事に「セックスはお断り，私はiPad中」というような見出しをつけ，ベッドに座って，互いよりもスクリーンをじっと見つめている男女カップルの写真を掲載しました。最近の動画サイトのTEDxで，Natsal調査チームのひとりであるキャサリン・マーサー Catherine Mercerが，「限られた時間でしなければならないことが増えれば増えるほど，セックスは優先するべきことのリストから落ちてしまう。」と語りました[3]。深夜に仕事のメールに対応することは，「就寝時でも，すべての人やすべてのことに結びついてしまうため，パートナーに集中できない」ことを意味するといえます。セックスの回数が減っている理由は正確にはいえませんが，私たちがとても多忙で過度に関係し合っているという彼女の示唆は納得できます。

現代生活が与えるプレッシャーは電子工学に関連することばかりではありません。Natsal調査チームのリーダーのひとり，ケイ・ウェリングス Kaye Wellingsは，中年女性は「子どもや病気の親の世話，フルタイムの仕事でくたくたに疲れ果てている」ことが理由で，セックスをしていなかったと語りました。セックスへの関心を失うことは，心身を疲労させる日常生活の単純な結果である可能性があります。

● 難産だったNatsal調査

730万ポンド　2010年に行われたNatsal調査-3の費用（訳者注：1ポンド140円で換算すると10億2,200万円）

ビクトリア朝時代の人々のような性に対する厳格な態度によって，Natsal調査は中止させられそうになりました。1980年代後半には，HIV感染の深刻な懸念がありました。ウイルスに感染することは当時，死刑宣告と同程度に考えられていました。その伝播は，複数のパートナーがいる同性愛者での性交渉，コンドームなしの気まぐれなセックスなど，一般的に受容できない性行動に絶対的に依存していました。

この種の性行動がどれだけ行われているのか，その結果としてHIV感染がどの程度の速さで拡大していくのか，だれもがわかりませんでした。何

らかの調査は明らかに必要不可欠で，Natsal 調査チームは医療と社会科学の専門家集団の混成チームとして迅速に編成されました。若い男性歌手から構成されるボーイ・バンドのように編成過程で一部の専門家の抵抗にあったものの，専門家集団としてのプライドを抑えて[4]，1988 年に実施可能性調査を成功させたのち[5]，1989 年 2 月には調査開始準備をすべて終えていました。チームが配置につき計画が策定されました。そして，残ったのは研究費に関する政府の最終的な承認だけでした。

　しかしその後，何の音沙汰もなく，何か月も連絡がありませんでした。1989 年 9 月 10 日になって，サンデータイムス紙 Sunday Times の 1 面に「サッチャー首相がセックスに関する調査を中止する」という見出しが踊りました。この記事をすっぱ抜いたジャーナリストのマイク・ダーラム Mike Durham は，のちに「マーガレット・サッチャーとエイズとセックスがひとつの見出しになるなんて，自分の幸運を信じられなかった」と語りました[6] [D]。首相官邸は，この調査はプライバシーの侵害であり，有用な結果が得られる可能性が低いため，公的資金を投入するのは不適切だと主張したのです。

　幸いにも，医学責任者のドナルド・アチソン Donald Acheson の陳情運動ののちに，ウェルカム・トラスト Wellcome Trust 財団が数週間後に調査を救うために介入し，90 万ポンド（訳者注：1990 年初めは 1 ポンド ≒ 240 円。日本円で 2 億 1,600 万円）の資金を提供してくれました。したがって，マーガレット・サッチャーの不承認にもかかわらず，Natsal 調査-1 は 1990 年を皮切りに，2000 年に Natsal 調査-2，2010 年に Natsal 調査-3 と続きました[E]。

● セックスの回数の調査方法

　研究費の調達も非常に困難ですが，研究者はだれに尋ねるのか，どのような質問をするのか，そして，どのように尋ねるのかも決定しなければなりません[8]。完ぺきな世界では，大規模な個人のランダム・サンプル（訳者

[D] 複数の閣僚がこの調査に熱心ではなかったようですが，保健省はその責任を首相官邸に負わせることができ，非常に幸運でした。一方，自分のリーダーシップに不安を感じ始めていたマーガレット・サッチャーは，"道徳的価値の要塞"とみなされ，予算を認めなかったことを自らの功績として満足していたようです。

第 1 課　セックスの回数　　23

注：ランダムに抽出された標本，対象）を調べることができ，全員が回答し（または少なくとも回答者の性行動に偏りがない），正確な回答が得られるような適正な質問がなされ，すべての回答者が真実を述べるでしょう。しかし，それほど簡単なことではありません。実際には，それは達成不可能な理想であるため，潜在的に生じるバイアスを理解し，セックスの調査をより信頼できるものにするために膨大な努力が払われてきています[9]。

　最初の質問をみてみましょう。さて，だれに尋ねますか。ランダム・サンプリング（無作為抽出法）や確率サンプリングの前提は，だれもが平等に質問を受ける可能性があることです。Natsal 調査は最善を尽くすものの，一部の福祉施設，刑務所，軍隊は含まれなかったために，特に独身男性が少なくなっているでしょう。（それでも，私は Natsal 調査の結論を★★★☆と評価します。）しかし，この種のランダム・サンプリングに続き，人が訪問して聴き取りを行うことは難しく，かつ非常に費用がかかるため，調査結果は必然的に評価レベルを下げることになりますが，研究者はより時間のかからず，より安価な方法でセックスの回数を知ろうとしました。

　選択肢のひとつはアンケートを大勢に送信し，戻ってきたものを分析するという方法です。これを最初に思いついたのはシェアー・ハイト Shere Hite ではありません。キャサリン・ベメント・デービス Katherine Bement Davis が 1929 年に米国で「女性 2,200 人の性生活の要素 Factors in the Sex Life of Twenty-Two Hundred Women」を発表し[10]，それによると，971 人の既婚女性のうち 81％が 1 週間に少なくとも 1 回，9％が 1 日に少なくとも 1 回セックスをしていました。当時としては衝撃的で革新的な研究

E 1990 年の Natsal 調査-1 では 16 ～ 59 歳の少なくとも 1 人が住む 29,802 の住所が確率サンプリング（無作為抽出法）で選択されました。12％が連絡不能で，25％が回答を拒否した後，自分の性的な経験について，合計 18,876 件の面接調査と自記式の調査用紙への記入が行われ，63％の回答率を得ました[7]。2000 年の Natsal 調査-2 ではさらに限定した 16 ～ 44 歳の年齢階級でコンピュータを用いた自問自答式のインタビュー・システム（CASI: computer-assisted self-interview）が用いられました。質問内容は基本的に Natsal 調査-1 と同様でした。11,161 の面談が行われ，65％の回答率を得ました。このどちらにも代表されていない男性とサンプルは全人口にマッチするように再度重み付けをされました。Natsal 調査-2 では，大部分の研究費を英医学研究局（MRC：Medical Research Council）が負担しました。ですから，公的な資金を獲得することができたのです。Natsal 調査-3 には MRC とウェルカム・トラスト財団が共同で資金提供を行い，さらに追加の研究費を経済社会研究局と保険省が出しています。

でしたが，ハイト同様，これも★☆☆☆あるいはせいぜい★★☆☆のエビデンスです。女性団体と大学卒業生名簿を介して 20,000 人に依頼しましたが，回答者はわずか 2,200 人と発表されているだけです。そして，それは高等教育を受けた女性たちに大きく偏っていました。

アンケートを送付する代わりに，生物学の標本採集のように出かけていき，回答者を探し回るという方法もあります。これはアルフレッド・キンゼイ Alfred Kinsey が用いました。1940 年に実施した米国の既婚男性を対象にしたキンゼイの調査[11]では，年齢とセックス回数とに強い相関を見つけました。調査前 4 週間のセックス回数の中央値が，21 〜 25 歳では 10 回，51 〜 55 歳では 4 回という回答でした。これは Natsal 調査の約 2 倍で，まだ iPad のない時代とはいえ，多過ぎるように思えます。

さらに代替方法として，調査を宣伝して反応を待つだけという手段もあります。これは女性雑誌「コスモポリタン Cosmopolitan」のような雑誌で使用される古典的な「書込み」で，その進化形はインターネット調査になります。たとえば，「タイムアウト Time Out」誌の読者調査[12]によると，パートナーがいる人々では 1 か月のセックス回数の中央値は 10 回，一緒に暮らしていると 7 回，結婚していると 5 回，独身が 1 回と報告されています。読者層が若いことを考慮しても，Natsal 調査の約 2 倍です。サンプルサイズは 10,042 人と大きいのですが，「タイムアウト」誌は，「サンプルはコンピュータ・オンラインでセックス調査に答えることを選んだ人から構成されている」と認めています。セックスの回数がそれほど多くはない人々は調査を受けることを選ばない可能性があります。

しかし，セックスに関する一般的な統計で頻用され始めている調査方法は，インターネット・パネルです。市場調査会社は，新しい調査のたびに外出して通りを歩く人々を呼び止めていましたが，今では固定した回答者（アンケートモニター）集団を組織しており，調査のたびに小額の謝礼や現金化できるポイントを提供して繰り返し依頼しています。世論調査会社 YouGov などのパネルにボランティアとして登録することは簡単です。あるいは，Amazon の Mechanical Turk に登録すると，謝礼が 1 回あたり 50 セント前後の「アダルト」に関するアンケートに即座に答えることができます。

130 回 Trojan全米セックス調査 (★☆☆☆) による, ロサンゼルスに住む人々の1年間の平均セックス回数

　この種の一例として, 米国のコンドーム製造会社が実施した「Trojan 全米セックス調査」があります。この調査は, 2011 年に米国で独身者が年間に平均 130 回, 既婚者では 109 回のセックスをしていると発表し, 非常に注目されました。年間 130 回のロサンゼルスは最もセクシーな都市で, フィラデルフィアはそれより少ない 99 回でした。少し調べてみると, これは, 全米の 1,000 人のモニターに対する 10 分間のオンラインアンケートに加えて, 各都市それぞれ 200 人からの情報に基づいていることが明らかになりました[13]。これらの数字は, 質問項目を記入することで何セントかもらいたい人には当てはまるかもしれませんが, 彼らはいずれの集団も代表しているわけではなく, 注目されたにもかかわらず★☆☆☆にしかなりません。

　Natsal 調査のチームは, インターネット・パネルが (非常にコストのかかる) 面接者によるインタビューに代わりうるかを見極めようと, 2012 年に 3 つの異なる市場調査パネルで, それぞれ 2,000 人以上の登録者を集めて実験を行いました。果たして, インターネット・パネルからの結果は互いに, また Natsal 調査-3 のデータからも, 大きく異なっていることが判明しました。パネルでは十分な回答者数を確保することも難しく, Natsal 調査はウェブ・パネルの信頼性は十分ではないと結論づけました[14]。それゆえ, ウェブ・パネルに基づいた研究は良くても★★☆☆とします。

　Natsal 調査は, 可能なかぎり代表的なサンプルから正確な回答を得るために多大な努力を払いました。その研究の一部と他の研究者による研究成果について 285 ページの付録に概説しました。医学研究のための調査の重要性を強調した, 研究協力への依頼状の文面が非常に重要であり, 適度な報酬で十分であることを理解していただけるでしょう。Natsal 調査は, 公式な★★★★のデータとの一貫性も検討しています。たとえば, デリケートな質問ですが, 中絶したことを認めた人の割合は, Natsal 調査では国全体から計算された期待値よりも低く, Natsal 調査-1 と 2 では中絶の回答数と期待値の割合は約 85 %, Natsal 調査-3 では約 67 %でした[15]。ただ, 出生率はほぼ期待値どおりでしたので, デリケートな情報についての回答は過小報

告になる傾向があることが示唆されました。

　私見では，Natsal 調査や他の良い調査の回答者が，特に年齢の高いグループほど，より性的にアクティブな方向に少し偏っている可能性があるように思います。もしそうなら，セックスの回数は若干過大評価されます。しかし，相殺する要因もあります。性感染症（STD）に罹患するリスクの高い性行動をしている人々とは接点をもつことが難しく，回答者は社会的に望ましくない行動を隠している可能性があるからです。私の独断では，結果にはある程度のバイアスはあるかもしれませんが，10〜20％の相対的な差があったとしても，★★★☆のデータと考えています。

● ということで，セックスの回数はどのくらいですか？

　はじめの質問に戻りましょう。男女間セックスは，年に，週に，そして1日に何回行われているのでしょうか？　Natsal 調査 -3 は，16〜74歳の男女間セックスの平均回数が，月に4回をわずかに上回っていると述べています。そこから言えることは，過去1年間にパートナーがいた16〜74歳の男性の 82％は年平均50回。英国のこの年齢層の男性は約2,250万人，そのなかで自分は性的にアクティブだと言う男性が1,850万人います。すると，毎年平均50回，英国では毎年9億回のセックスが行われていることになります。これには同性間の性行動や自慰行為を含めていません（各年齢別にこれらの同性間セックス，自慰行為も考慮した詳細な分析では，年に約10億回に上ります）。

　毎年，英国において男女間で行われている年9億回のセックスとは，毎日約250万回，1時間に10万回，1分間に1,800回（睡眠時の単独の行動は数えないため，起きている時間内で約2,500回/分）という計算になります[F]。

　英国では毎年約77万人の子どもが生まれていますが，中絶，流産を考慮に入れると，約90万件の受胎があることを意味します。したがって，これらの受胎は，約9億回のセックス，つまり学術的にいうところの生殖活動（coital acts）がほんのわずかな実を結んだことになります。つまり，1,000回の男女間セックスごとに1つだけが受胎し，1,000回のセックスのうち999回は「生殖とは無関係」です。

単純な結論は，99.9％のセックスは快楽のためだけのもので，受胎につながる0.1％もおそらく同様に素晴らしいものだと思います。

F 平均的な射精1回分は約300万の精子を含む3mLで，英国の公式なティースプーンの半量です。この行為の英国全体の総計は，精液が1分あたり約5L（1英ガロンを少し超える程度）になります。しかしながら，これは少し誇張されていると考えています。

[訳者のピロートーク]
平均値は万能ではありません

　日常生活では，集められたデータの特徴を平均値で表現することが一般的になっています。ニュース報道でもごく普通に平均が登場していますし，子どものころから学校のテストの点数も平均点が何点だったのかが話題になります。それでもセックスの回数や生涯のパートナー数のように平均値では「平均的」な人の数値とはかなり異なってしまうことがあります。これは所得でも同様なことがあり，特にプロ野球の平均年俸では，チームによって大多数の選手が平均年俸より低いというようなことが起こり得ます。これでは個々の選手にとって平均年俸はまさに他人事になってしまいます。特徴はヒストグラム（棒グラフ）を描くと分布が左右対称にならず，大きい方向に裾をひいているような形状の場合です。このような場合には中央値のほうがはるかに「平均的」な人の特徴を示すことになります。

　なぜ，中央値が平均的なのか？　たとえば5人に順位をつけると，同意順位（タイ）がなければ1, 2, 3, 4, 5位となります。その平均順位は $3 = (1+2+3+4+5)/5$ となります。すなわち，中央値が順位において平均になるのです。そのため，2グループ以上で何かの比較をする場合にも，各グループの平均値で比較する方法とは別に各グループの平均順位を比較する方法も，統計学の世界では知られています。

一方，左右対称で，釣鐘形の形状で知られている分布が正規分布です。これは実験の誤差の分布としても仮定されます。それ以外にも平均値を繰り返し計算した場合の分布や，独立な事象を複数回繰り返した際の成功（性交とお間違いなく！）回数もこの正規分布に近づくことが知られています。これは中心極限定理として統計の世界でも最も有名な定理のひとつです。この特性は対象の分布よりも誤差の分布として統計量の推定に広く用いられています。この正規分布の応用として最も日本人に馴染みのあるのが偏差値です。偏差値は平均50，標準偏差10の正規分布に規格化したものです。偏差値60は上位約16％，70で上位約2％になります。40人学級なら上位6，7番目と1番目に相当します。しかし，1つの設問の出来不出来が大きく点数に影響して，ピークが2つあるような場合やセックスの回数やパートナー数のように正規分布と大きく異なる場合には適切な指標ではありません。もっともセックスの回数を偏差値として表現すること自体が無粋ですね。

　では，平均値や中央値を知ればそれで十分かというとそうではありません。日本の高等学校では数学Ⅰで統計の基本的な考え方を理解するとともに，それを用いてデータを整理・分析し傾向を把握できるようにすることを目標として「データの分析」が教えられています。そのポイントのひとつがデータの散らばりです。平均値や中央値にデータが集中している場合と，広がっている場合の違いを知ることが重要です。この散らばり具合を要約する指標として，四分位数，分散および標準偏差が登場します。四分位数はデータを大きい値から小さい値に並べた場合に人数ごとに均等に4分割した際の上位25％点，下位25％点のことです。これは漢字から意味を理解するのは容易です。

　では，分散や標準偏差はどうでしょうか？　分散は日本語の意味として散らばることであることは確かなのですが，標準偏差に至っては何が標準なのかって思ったことはありませんか？　この分散と標準偏差は，ともに平均値からバラツキの平均値を表現したものと理解してください。ただし，平均値より大きい値はズレ（偏差）がプラス，小さい値はズレがマイナスになるので，平均値を計算すれば打ち消し合ってゼロになってしまいます。そこでズレの二乗を合計し（偏差平方和），平均（厳密にはサンプルサイズのnではなくn−1で割ります）

を求めたのが分散です。分散は二乗したままなのでオリジナルのデータの単位と異なります。たとえば，4週間のセックスの回数なら回²になります。そこで，分散の平方根としてオリジナルのデータの単位と同じにしたのが標準偏差です。したがって，何かの誤差を測定したような場合には平均値が負の値になることはありますが，分散や標準偏差は絶対に負の値になることはありません。分散がマイナスになれば絶対に計算間違いをしているのです。

標準偏差が小さいことは四分位数が中央値に近いことに対応し，標準偏差が大きければ四分位数が中央値と離れた値になります。図3に示された4週間の男女間セックスの回数では，年齢とともに中央値が低下していくことを示していますが，同時にバラツキも小さくなっていることがわかります。若い世代では中央値より1回少ない程度は依然として平均的な頻度の範囲といえそうですが，高齢になると1回少ないだけで下位25%に相当します。

統計はその数値をみる立場で注目するポイントが異なります。経済指標など全体の像として平均を示すことは，全体の予算を把握するためにも統治者の立場からは当然の関心事です。一方で，サンプルになる可能性のある立場の人にとっては自分の相対的な立ち位置が重要であり，平均値を教えられても困ります。たとえば，がんの治療成績として生存率が取り上げられます。これは診断されてから，あるいは治療開始から死亡するまでの時間から計算されます。この時に，平均生存期間は医療経済的には重要ですが，平均値までに多くの患者さんは亡くなってしまうので中央値である50%生存期間のほうが適切な指標であり，医療の世界では5年生存率などとともに用いられています。

世の中がダイバーシティー（多様性のことで，お台場にある商業施設ではありません）について取り上げるなら，平均値や中央値だけではなくバラツキにさらに注目するのが時代の要請なのでしょうか？

第 課
セックスパートナーの人数
"平均値"の謎

● 異性のセックスパートナーはこれまでに何人いますか？

　ここで，Natsal調査の定義に従って，これまでの人生でヴァギナル・セックス，オーラル・セックスまたはアナル・セックスをした異性の人数を数えてみてください。ひとりもいないか，または容易に思い出せるように名前を書いた薄いリストをお持ちかもしれません。あるいは手（ひょっとすると足）の指を折って数える必要があるかもしれません。さもなければ，おそらく，ぼやけた合成写真のように顔や身体の記憶を呼び起こして大ざっぱに推定した人数になるでしょう。

> **14人** Natsal調査-3で男性が回答した，それまでの女性セックスパートナーの平均人数。この数字は女性が答えた男性パートナー数の2倍でした。

　図4は，1970年ころに生まれた人々を代表して，Natsal調査-3から35〜44歳の男女の回答を示しています。最も多い回答は"1"です。この年齢の6人に1人がそれまでにセックスをした異性は1人だけです。中央値（分布のちょうど半分の位置）は，男性で8人，女性で5人でした。棒グラフ

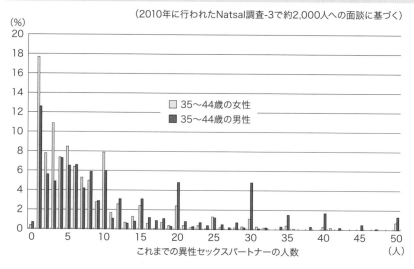

図4　35〜44歳の男女における，これまでの異性セックスパートナーの人数別割合
（2010年に行われたNatsal調査-3で約2,000人への面談に基づく）

中の複数の高い柱に注目してください。10人以上の人はキリの良い数値を回答した傾向が強く，20，25人などが高くなっているのは回答者が記憶よりもむしろ概算で答えたことを示唆しています。分布の右端は切れていますが，男性の6％，女性の1.4％が異性セックスパートナーは50人以上，男性2人と女性1人が500人と答えています。これはおそらく非常に大まかな推測でしょう。

図5は，6つの異なる年齢階級でこれらの分布を要約し，中央値，25％点と75％点を示しています。ご自身はどこに該当するでしょうか。また，これらの数値を信頼できるかどうか，吟味したくなったかもしれませんね[1]。

1930年ころに生まれた女性と1970年ころに生まれた女性の行動変化を示すために，より高齢まで対象範囲を広げた結果，10人以上のパートナーがいたと回答したのは65〜74歳の女性で8％，25〜34歳の女性で30％でした。10人以上のパートナーとは，人生の早い時期にセックスを体験したという事実とは逆の成果で，女性が社会的地位および学歴がより高いことを意味しています。これについては第6課で検討します。つまり，社会経済的に高い集団に属する女性は，性行動の開始が比較的遅かったとしても，その後，パートナー数を増やし続けるのです。

図5をみて，パートナー数の"平均値"のかなり奇妙な動きに気づかれ

図5　それまでの異性セックスパートナーの人数に関する年齢階級ごとの要約統計量

Natsal調査-3より。たとえば，30歳の女性で11人であれば，それは75％点を上回っていて，同じ年齢階級のなかで上位25％以内に入ります。2人なら，分布の25％点上に位置します。

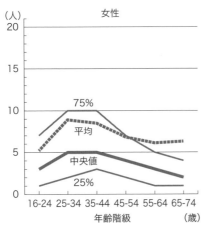
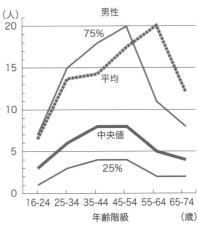

第2課　セックスパートナーの人数　33

たのではないでしょうか。奇妙な動きは，特に高齢の男女で分布の上端に生じています。しかしながら，この動きは数学的にありえないことではありません。これは，プレイボーイで有名な米国の俳優ウォーレン・ビューティやジャック・ニコルソンのような，膨大なパートナー数を報告して統計量をゆがめる少数の人を含めたことにより生じた不適当な影響を表しています。しかし，セックス調査の大きな謎のひとつである統計の"平均値"には何か意味があるはずです。これまで紹介してきた統計のなかには，私たちの信頼を揺さぶるものもあるかもしれません。

● なぜ男性は女性よりパートナーの人数を多く報告するのでしょうか？

　すべてのセックス調査で，男性は女性より異性セックスパートナーの人数が多かったと報告されています。たとえば，Natsal 調査 -3 の男性は，平均（平均値）14 人のパートナーがいたと回答しており，これは女性の平均7 人に対してちょうど 2 倍でした。2010 年のイングランドの健康調査では，男性では平均 9 人と報告され，やはり女性の平均 5 人に対して約 2 倍になっていました [2]。この傾向は，男性特有の何かしらの事情があっての結果だと思うかもしれません。しかしながら，まさに単純な数学的事実にしかすぎないのです。男性と女性が同数で外部との交流がないグループでは，特定の期間における異性パートナーの平均人数は同じにならなければなりません。

　この意味はすぐには理解しにくいかもしれませんので，図示してみましょう。**図 6** は，男女 5 人ずつ同数のグループ内で性的関係のあった男女を直線で結んだものです。学生に教えるときには，これを，手をつないだり一緒に踊ったりするカップルだと説明したらよいでしょう。パートナーがいない人もいますが，一部の男女は楽しそうに手をつないで踊っています。各直線は男女 1 人ずつを結んでいるので，直線の総数は性的関係の合計となります。この場合は 10 本で，女性の性的関係の合計数と，男性の性的関係の合計数の両方を表します。したがって，これら 2 つの合計数は同じでなければならず，男性と女性は同数ですので，セックスパートナーの平均人数は男女ともに同じになるはずです。

　これは，「平均」が"平均値 mean"，すなわち性的関係の合計件数を男性（ま

図6 直線で「性的関係がある」ことを示した男女5人

各個人の総セックスパートナー数も明示されています。数学的に算出されるように，パートナーの平均人数は男女ともに2人です。しかし，"中央値"は男性で2人，女性では1人となります。

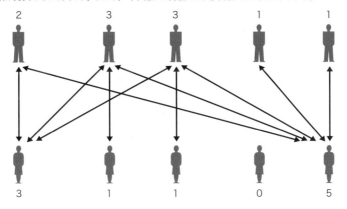

表2　16～44歳の年齢階級におけるそれまでの異性セックスパートナー数の中央値

(Natsal調査-1, Natsal調査-2, Natsal調査-3より)

年	女性	男性
1990	2	4
2000	4	6
2010	4	6

たは女性）の総人数で割ったものを意味すると仮定しています。**図5**では，異なる種類の「平均」，すなわち"中央値"も使いました。"中央値"は列のちょうど真ん中にあたるパートナー数の男性（または女性）を示しており，"中央値"を境に片側半分にパートナー数が少なく，残りの半分は多いという意味になります。セックスの回数を議論したときと同様，"中央値"は平均的な人の経験，"平均値"は平均的な経験を表します。

中央値が男女で異なるのは極めて合理的です。**図6**では，男性のパートナー数の中央値は2人，女性の場合は1人であり，いずれの場合も3番目に高い人数でした。3度のNatsal調査における16～44歳のパートナー数の中央値を**表2**に示しました。

1990年のNatsal調査-1と2000年のNatsal調査-2のあいだには，パー

トナー数の明らかな増加がみられました。これは，より多くのパートナーをもちたいという意欲の高まりを反映しているのかもしれませんが，おそらく1980年代にHIV/エイズがもたらした恐怖から解放されつつあったことを示すものでしょう。2000〜2010年では増加は認められませんでした。

　セックス調査にかかわる研究者たちによって，パートナー数の平均値のもつ謎について，多くの自己分析がなされてきました[3]。この問題は，他の人にデリケートな質問をする際の困難さの核心にふれるため，想定されるあらゆる状況が検討されました。重要な状況として，調査の参加者に関する次の3つの可能性が示されました。①年齢範囲が限られているため，若い女性と性的関係のある高齢男性の一部は除外されている。②男性の早死にによって高齢者での男女比の不均衡が存在する。③セックスパートナー数が少ない高齢男性は調査への参加を拒否する傾向が高い。これらは，パートナー数が少ない男性が調査対象から外れてしまうことを示唆しています。

　妥当性のある仮説によってこれらを調整しようとしても，不一致は完全には説明できません。その答えはおそらく，海外在住あるいは性産業の従事者，どちらかの理由で調査対象にならなかった女性たちが，男性と多くの性的関係をもったということです。こうした性産業で働く女性たちも含めると，女性のセックスパートナー数の平均値は押し上げられるでしょう。というのは，ケイ・ウェリングス Kaye Wellings は「私の知るかぎり，売春婦は含まれていません。最初の調査で1人のインタビュアーが売春宿に行きましたが，だれも答えてくれませんでした。」と話してくれました。米国の調査は，この不一致[4]は性産業の存在により完全に説明できるとしましたが，Natsal調査チームは否定しています。

　平均値は中央値よりも極端な値の影響を大きく受け，また，非常に多くのパートナーがいたと回答する男性がいたことも述べてきました。しかしながら，この事実は平均値に何らかの影響を及ぼしはしますが，極端な数値を取り除けば，それほど大きな影響にはなりません[5]。この男女の不一致はまた，男女が異なる方法でこれまでのパートナー数を推定していることに起因しています。つまり，特定の個人を想起して数えたか，おおまかな見積（たとえば年2人）で考えたか，あるいは総合的な印象で答えたかです[6]。男性たちは漠然と答えただけか，さもなければ男女ともに言えることですが，社会的規範に合わせようと，あるいはセルフイメージを向上さ

せようと，意識的かどうかは別にして，男性は数字を誇張し，女性は過少に報告したのかもしれません。Natsal調査チームは，セックスパートナーの人数について，男性が年4％ほど過多に女性が年4％ほど過少に報告していたら，これらの不一致が説明できることを示しました。

しかし，ケイ・ウェリングスの行った定性的な研究は，男性が切り上げ，女性が切り捨てといった既成概念を支持するエビデンスをほとんど示せませんでした。代わりに，最も有力な説明は質問の解釈に関連すると述べています。明確に提示されたパートナーの定義を遵守してもらおうとしていたにもかかわらず，男性は女性では含めないであろう出来事までも広く数えている可能性が示されました。特に女性が含めなかったのは，後悔していたり強制されていたりしたために，むしろ忘れたい情事です。ウェリングスはまた，オーラル・セックスしかしていない浮気の場合，女性は浮気相手をパートナーとして数えず，「夫に言えないことはインタビュアーにも語らなかったのでしょう。」と報告しています。

以上の要因はある程度の説明にはなるかもしれませんが，私の個人的な印象に基づく説明は，数値をひねり出す際には，「きちんと数える」場合と「大雑把に推定する」場合の2つの方法があり，特に欺こうという明らかな意図はなくても，男性は過大に回答する傾向があり，女性は過少に回答する傾向があるというものです。この男女の不一致は短期の記憶でははるかに小さくなり，たとえば，前年のセックスパートナーの平均人数は男性で1.5人，女性で1.3人ですが，それまでの生涯で蓄積された人数を報告してもらうときには留意したほうがよいでしょう。ただ，より正確に回答してもらうための秘訣は何かあるのかもしれません。

● 人々の回答を信頼できますか？

ウソ発見器にかけられていると信じた米国女子学生が報告したセックスパートナー数の増加分

人々はつねに正確に答えるとは限りません。特に自分の行動について尋ねられたとき，その行動が他の人から同意を得られない可能性のあること

第2課　セックスパートナーの人数　37

が明らかな場合や，内容が守秘されるかどうか疑いをもっている場合には
なおさらです。この「社会的望ましさによるバイアス social desirability bias」
は故意でも自覚されたものでもないかもしれません。つまり，私たちは必
ずしもすべての経験に対して意識的思考を示せるとは限らず，そうした場
合には後知恵で構築し直しているのかもしれません。また，これは性行動
に関する質問に限ったことではありません。2008 年に英国では，16 歳以上
の人々が 1 週間に平均 12 単位のアルコールを飲んだことを認めました [A]。
しかし，同期のアルコール販売量から 1 週間に平均 20 単位であったことが
示されました [7]。アルコール販売量の 40％が流し台に廃棄されていないこ
とはだれもが確信できるでしょう。この不足分のいくらかは記憶力の悪さ
か，いい加減な概算のせいかもしれませんが，ほぼ間違いなく，そのほと
んどは「社会的望ましさによるバイアス」として知られるものの影響を受
けています。

　私たちがデリケートな質問に答えるときには，自身が自身の聴衆となり
創出した自己イメージが記憶されている可能性があります。少々奇妙な実
験を紹介すると，40 人の女子学生に，多少エッチな内容ではあるものの，
いやらしすぎない小説を読んで，どのくらい楽しめたかを評価してもらい
ました。事前に女子学生はランダムに 2 群に振り分けられ，次の 2 つを思
い浮かべてイメージする時間がとられました。一方のグループは学生の友
人 2 人との会話を，他方のグループは親戚の年長者 2 人との会話をイメー
ジしました [8]。

　小説を読む前に友人をイメージしたグループは，祖父母や叔父などの親
戚をイメージしたグループより「かなり楽しめる小説だった」と評価しま
した。これは些細な実験にすぎませんが，多分に説得力がありそうです。
あなたが今度，性の冒険に乗り出そうとするときにまず，腕組みしながら
見つめている好意をもっている叔母さん（またはマーガレット・サッチャー
でも）をイメージして，そのイメージが楽しみにどのような影響を与える
かを確認してみてください。

　ですから，ジェンダーのもつ規範に合わせることを人々にやめさせるに

[A] 1 単位には 10 mL の純粋なアルコールを含みます。ワイングラス小で 1.5 単位，強めの
ラガービール 1 パイントは 3 単位になります。

は何ができるのでしょうか？

　たとえば，ウソ発見器にかけられていると信じているときには，人々はより正直に答える気になるかもしれません。意地の悪い研究者が，単位を欲しがっている米国の心理学系の学生200人以上を対象に性行動に関するアンケートを利用した実験を行いました。学生たちは，回答記入時の状況を変えて3群にランダムに割り振られました[9]。1/3の学生は密室において匿名で回答しました。もう1/3の学生は実験を監督する別の学生が回答内容を閲覧できると説明されました。この説明は「暴露脅威 exposure threat」状況とよばれるものです。残りの1/3の学生は，ロール状の紙の上にカラーペンで波形が描かれる，にせのウソ発見器を装着されました。これは「偽パイプライン bogus pipeline」実験として知られています。

　結果はご想像のとおりでした。「暴露脅威」状況にある女子学生はセックスパートナー数を平均2.6人と答えましたが，「匿名」のグループは3.4人，にせのウソ発見器を装着されたグループは4.4人でした。これは，男子学生の回答した4.0人とほぼ一致しました。詳細な結論を得るには十分な集団のサイズではなかったのですが，男子学生も状況により同様のパターンで影響は受けたものの，女子学生ほど大差はありませんでした。

　同様の実験が次々行われ，それらの実験すべてで，回答者たちが調査チームは自分たちのデータに対して敬意を払い守秘義務を負い真剣に取り組んでいると信じた場合にのみ，回答は信頼できるという，かなり直観的な見解が示されました。人が大勢いる部屋の中で「セックスのために代金を払ったことのある人は手を挙げてください」と質問しても，正確な応答を引き出すことはほとんどありません。Natsal調査チームのリーダーのひとりであるアン・ジョンソン Anne Johnson は，インタビュアーが回答者と個人的な人間関係を築くことは，調査が真摯に行われるためには不可欠であるという印象をもっています。インターネット・パネルでは，同様な方法を用いても回答者の参加意欲を高めません。けれども，回答者は個人的な回答を入力した機器がインタビューの終わりに「封鎖」され，だれも自分の回答をみることができないと保証されることを必要としています。人々は自身が統計に反映されることを期待しているかもしれませんが，個人的な生活が公開されることを望む人はほとんどいません。

● セックスをしていなかった人は何人でしょうか？

　異性のセックスパートナーをもたない理由は多数あります。むしろ，同性のパートナーを好むからかもしれませんし，意識的な選択あるいは環境の産物かもしれません。さらに，後悔や安堵感の源になるからかもしれません。しかしながら，単純な統計からは何もわかりません。

　図7は，異性のセックスパートナーをもたない人々に関するNatsal調査-3の結果を示しています。65歳以上の女性の半数以上が調査前1年間にセックスパートナーがいなかったと報告しましたが，一方，同年齢階級の男性での報告は40％でした。これらの割合は，30代では10％未満と低いです。この数値は2000年以降ほとんど変わっていません。

 60歳のアイルランド人のうち，セックスパートナーをもったことがないと回答した人の割合

　異性のセックスパートナーをもたない人の割合も示されています。この割合は，40歳までに男性の約2％，女性の1％にまで低下し，一部に同性のセックスパートナーしかもたない人々も含まれています。この数値は，ほ

図7　過去1年間とそれまでの生涯で異性のセックス・パートナーがいなかった人の割合

（2010年のNatsal調査-3と2004年のアイルランドの調査から）

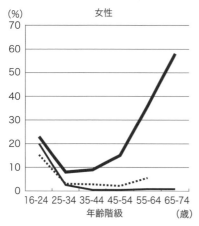
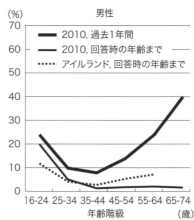

ぼ確実にセックスをしたことのない人口を過小評価しています。というのは，Natsal 調査には福祉施設などの入所者たちが含まれていないうえに，高齢で，宗教的理由の独身者の参加割合が低くなっている可能性があるからです。

図 7 には，2004 年に実施された「性的健康と人間関係に関するアイルランド調査 Irish Study of Sexual Health and Relationship」の，少々異なる折れ線も示されています B。アイルランドの 35 ～ 44 歳のうち 2%がセックスの経験がなく，まさに英国と同様でした。しかし，この割合はその後，高齢になるほど増加して，55 ～ 64 歳では男性の 7%，女性の 5%にのぼりました。ただ，これもおそらくかなりの過小評価となっています。

これらは 1945 年ころに生まれた人々のデータで，それ以前のアイルランドでは宗教的理由による独身率がさらに高かったのです。1920 年代，アイルランドの平均結婚年齢は女性 29 歳，男性 35 歳で，一生涯結婚しなかったのは女性の 24%，男性の 29%，その多くは尼僧や司祭です。アイルランドの研究者は，カトリックの道徳教育が，ヨーロッパ中で非婚率が最も高くて同様に出生率も最も高い国を創出したと結論づけました。結婚をせずに，おそらく宗教的な理由から独身であった人々の割合が高かった時代を英国でも経験しています。1600 年代は人口の 20 ～ 25%が結婚していず，1700 年代に 10%前後に減少しましたが，ビクトリア時代になって再び上昇しています 10)。

セックスをしない理由は多数考えられます。環境によって不本意ながら禁欲的な人々，自ら選択して宗教的に独身でいる人々，そして"無性愛者 asexual"を自認している人々に分類することが重要です。Natsal 調査 -2 であまり広報されていない調査結果のひとつは，女性の 0.6%（160 人中 1 人）が「だれに対しても性的魅力をまったく感じたことがない」と回答したことです。エビデンスはわずかですが，無性愛者というマイノリティの存在が徐々に可視化されています C。多くのセックス調査には，妊娠や疾病の伝

B この調査は 2004 年に 37,674 世帯に電話をし，18 ～ 64 歳の 12,510 人に依頼して，7,441 人でコンピュータ支援の電話インタビューを終えました。回答率は 60%です。

C たとえば，無性愛者の認知・教育ネットワーク The Asexual Visibility and Education Network (AVEN) のウェブサイト www.asexuality.org を参照してください。

第 2 課 セックスパートナーの人数 | 41

播に関連しうる行動について明らかにするために資金が提供されています。それはつまり，セックスをしない人々は，沈黙していますが，重要な集団であることを意味しています。

● 二股をかけている人は何人でしょうか？

　人が肉感的感覚から適度な人数のパートナーと交際していたことを認めることと，同時期に複数のパートナーと巧みにつきあっていたと吐露することはまったく別の問題です。第7課では，同性愛関係や，互いに認め合った人々の性行動に対する受容は着実に増していますが，同時に，不倫や「特定のパートナー以外 extra-dyadic」の関係に対して，不寛容さも徐々に強くなっていることを検討します。専門的であまり批判的にならないような呼称をつけようとしています。

12%　16〜44歳のうち前年に同時に複数のパートナーがいた人々の割合 (Natsal調査-2：★★★☆) [11]

　アンナ・カレーニナからチャールズ皇太子まで，文学や実生活にはパートナー以外との情事が数多く存在します。ただ，根っからの統計家である私たちは，興味深い話であっても物語ではなくて，婚外セックスが実際にどのくらい行われているのかを知りたいのです。しかし，ご想像のとおり，この手の情報を得られる単純な統計はありません。これらの性行動に伴う社会的な非容認を考えると，質問のしかたによって，かなり異なる回答が得られることになります。すなわち，「浮気」，「不倫」，「不実」といった言葉は批判的な響きがあるので，合理的に信頼性のある回答を得るには，夫や妻以外または特定のパートナー以外の人とセックスをしたかどうかを率直に尋ねることが勧められます [12]。

　1940年代，アルフレッド・キンゼイは婉曲な言い方はしませんでした。「最初に夫や妻以外の人とセックスをしたのは何歳のときですか」と率直に尋ねました。その際，米国人男性の50％，女性の26％が婚外セックスをしていたと答えています。この結果に対して，シェアー・ハイトは，1970年代

の既婚女性の50％に浮気の経験があると主張しました[13]。さらに1980年に，コスモポリタン誌は35歳以上の既婚回答者のうち69％がパートナー以外との情事を報告したと掲載しました[14]。

　これらの数値は高いように思われます。1992年に行われた「全米国民健康と社会生活調査 The US National Health and Social Life（NHSLS）」で報告されたものはかなり低く，過去に婚外セックスの経験があったと回答したのは既婚女性の15％，既婚男性の25％で，前年に限っては4％未満でした。ただ，NHSLSの回答者すべてが個別にインタビューされたわけではなく，これが違いを生じさせました。（パートナー以外との情事であるか否かにかかわらず）前年に複数のパートナーがいたかどうかの質問で肯定したのは，機器を用いて自問自答を行った回答者の17％に対し，部屋で集団インタビューを受けた回答者ではわずか5％でした[15]。

　最近行われた900人以上を対象にした別の調査でも非常によく似た結果が得られています。キンゼイ研究所のオンライン・アンケートに回答したボランティアが対象でしたが，良くても★★☆☆の評価になります。その結果とは，特定の相手がいるにもかかわらず，女性の19％，男性の23％が「不貞」を働いていたのです[16]。研究者は，男性は「否定的感情にとらわれた状態にあるときに後悔するような性行動をする傾向が強い」が，女性は「性に対する姿勢や性的な価値に関してパートナーとの関係から得られる幸福感が弱まり，（安定のために）パートナーを代える可能性が低下する」と浮気をする傾向があると報告しています。別の言い方をすると，男性は何かイライラしているときに，女性は単に退屈と感じているときに，軽率なことをする傾向があるようです。

　Natsal調査-2は，16〜44歳では女性は9％，男性は15％に前年に同時期に複数のパートナーがいたことを明らかにしました。これらの統計は医学的に重要です。なぜなら，同時に複数のパートナーをもつことは感染症を伝播させる可能性が高くなるということが明白だからです。これらの出来事は，回答者によって必ずしもすべてが不倫であるとはみなせません。「特定のパートナー以外」という言葉は可能性の多さが考えられるからです。すなわち，人々は，一夜だけの情事，感情だけの関係，あるいは性的関係だけ，一般的ないちゃつきなど，極めて多彩な印象をもっている可能性があります。

第2課　セックスパートナーの人数　　43

婚姻関係以外のセックスを非難することは，結局のところ社会的態度であり，だれもがそれに同意するわけではありません。これらは統計には反映されない非常に複雑な問題です。けれども，これらの研究すべてを通して，信頼できる一貫性のある統計値が生み出されるように思えます。それは，男性は，女性よりもパートナー以外の情事を今後ももつ可能性が50％ほどあるということです。

● 父親はだれですか？

　特定のパートナー以外での関係が慣習的に非難される理由のひとつは，父親がだれかという疑問を投げかけてしまうことです。血のつながった父親ではないという単純なミスマッチを表す専門用語は，かなり臨床的な用語で父性の不一致 paternal discrepancy（PD）といいます。ミック・ジャガーやシェイクスピアの「冬物語（Winter's Tale）」のレオンテス，あるいは本当の父親がユダヤ人ではないかと疑っていたリヒャルト・ワーグナーたちを悩ませたように，「本当に父親ですか？」というネタはつねにゴシップの定番でした。もちろん，父性の不一致は，精子提供，法的養子縁組のほか，親戚や友人の子を非公式に受け入れ自分の子として養育することなどを通し，言い逃れのための口実というより，寛大さの結果であるともいえます。かつてのヨーロッパではよく聞く話で，マオリの文化などではいまだに行われています[17]。

過去には，髪や肌の色，骨格や鼻の形の違いによって疑念が生じたのかもしれませんが，いまでは対象となる父親と子の遺伝子検査を行うことにより，実子かどうかの判定が可能になりました。遺伝子検査の受検者の約30％に父性の不一致が検出され，情緒的な意味合いだけでなく，重大な経済的問題が生じる懸念があると結論づけられています[18]。

　しかし，統計値の好ましくない使用例のひとつは，子全員において実の

父親ではない割合として引用される場合です。これは選択バイアスの極端な例です。検査を受けた子どもたちは，そもそも検査を必要とする事情をもっているので，人口のランダム・サンプルではありません。一方，最近の調査結果は，一般人口における父性の不一致率は約3.5%であると結論付けています[19]。とはいっても，それでも30人に1人となります。

● パートナーとの関係はどのくらい続きましたか？

出会いのときはこの人と結婚したいと強く望んでいても，関係が悪くなれば別離を迎えます。かつて離婚はほとんど不可能でした。1901年にイングランドとウェールズで離婚できたのはわずか512組でしたが，**図8**はその後，離婚件数がどのように変化したのかを示しています。2001年には141,135組も離婚しているのです[20]。1940年代後半に戦時中の結婚が急増したこともあり，1969年の離婚改革法と1973年の婚姻法によって，1970年代初めに離婚件数の膨大な増加が生じました。これらの法律によって，離婚するには，たとえば片方が，ブライトンのホテルで相手が自分以外と同室だったことを発見し"罪"を証明するかわりに，夫婦が2年間別居していればよくなったのです。

図8　1862年以降のイングランドとウェールズの結婚と離婚の件数
（英国国家統計局より）

42% 英国において離婚が予想される夫婦の割合

1985年以来、離婚件数は比較的一定でしたが、最近は減少しています。その間に、結婚件数のほうも減少しました。以前なら多くのカップルが結婚して、その後、離婚したのですが、今は同棲により性格の不一致を見極めているようです。

図8には毎年の結婚件数と離婚件数が示されていて、ここ10年で、毎年の離婚件数は結婚件数の約1/2になっています。しかし、この事実は離婚が予想される結婚全体の50％を意味するのではないため、少々複雑です。2012年当時の既婚夫婦約11,000,000組のうち118,000組が離婚し、その割合は毎年既婚夫婦の約1％です。これは平均的な数値ですが、この割合は結婚年数によって大きく左右されます。

図9は、離婚する夫婦の割合を示しています。離婚率が最も高いのは結婚後約7年です。結婚後6年経った夫婦のうち、約30組に1組（3.2％）が7年目に離婚します。映画のタイトルで「7年目の浮気」が有名ですが、これは実際に統計的にも根拠がありました。おそらく7年目以前に離婚したいという気持ちがわいていたと思われます。しかし、7年を過ぎても結婚生

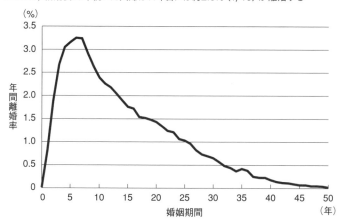

図9 結婚年数別の年間離婚率

たとえば、結婚後10年続いた夫婦は11年目には約2.5％（1/40）が離婚する[21]

活を継続できれば，結婚が破綻する可能性は年々着実に低下していきます。その理由は，より強固な関係が維持されているから，連帯に再発見があるから，あるいは皮肉なことに，離婚の価値を見出すにはあまりに安定してしまっているからかもしれません。

　結婚期間はどのくらいでしょうか。よくある間違いは，離婚した夫婦で結婚期間の"中央値"を調べることです。これは 11 年です。しかし，これもまた選択バイアスの一例です。結婚に失敗した夫婦だけをみて，まだ結婚を継続中の夫婦をすべて無視しています。**図9**の離婚率を用いて，国家統計局は結婚後 20 年では 60％が結婚生活を継続し，34％は離婚し，残りの6％はどちらかが死亡すると計算しています[22]。また，夫婦が一方の死亡または離婚するまでの平均期間は，驚くことに 32 年と推定されています。互いの些細な習慣になれるまでには，まさに時間はたっぷりあると言えます。

　結婚生活の存続がここ数十年で危うくなっていることは，何度も繰り返し言われています。それは真実ですが，それほど劇的なものではありません。1972 年に結婚した夫婦は，15 年後の 1987 年に約 22％が離婚しました。その 25 年後，1997 年に結婚した夫婦は，離婚者のもつ社会的価値の低下（スティグマ）が軽減するなかで，同様に 15 年後の 2012 年には約 1/3 が離婚していました。ただし，ここ 10 年間に結婚した夫婦はもう少しうまくいっているようです。離婚の可能性は，若い人と結婚した人，離婚歴のある人などのほうが高くなります。あなたが離婚する可能性は，オンライン上にある数多くの計算ソフトのひとつで，たとえば「全米家族成長調査 National Survey of Family Growth」（NSFG）のデータに基づいたものなどを利用して確認できます。カトリック教徒ではなく離婚を認めている 20 歳のシングル・マザーであれば，10 年後に離婚する可能性はなんと最大で 91％にもなります[23]。

　最近の結婚しない風潮は，同居に関する公的な登録がないために，国勢調査のデータから同棲で何が起きているかを確認する必要もあります。その結果，同棲カップルよりも夫婦のほうがわずかに安定していることがわかります。つまり，1991 年に結婚した夫婦は 10 年後の 2001 年に約 5 組中4 組が結婚生活を継続していましたが，同期間で，同棲カップルは約 5 組中3 組しか継続していません（同時期に半数近くが結婚しましたが）。すると，不安定な同棲カップルの多くは，若い人，子どものいない人，あまり健康で

ない人，あまり教育を受けていない人，失業している人と想定されます[24]。

2005年の末以来，英国で，同性どうしのカップルの結婚に代わる形態として民事的な同性パートナーシップが認められるようになり，その数は2012年末までに60,000件となり，2004年に想定された件数の少なくとも5倍に達しました。2012年にそのうち7,000件が破綻し，その内訳は男性カップル（平均年齢40歳）と女性カップル（平均年齢38歳）でほぼ同じでした。これらは男女間の結婚より年齢がかなり高く，同性パートナーが認められた最初の年，2012年にはさらに高年齢でした。それは長年築いてきた関係がついに結実したからであり，当時の平均年齢は男性54歳，女性46歳でした[25]。

しかし，同性の関係にもやはりもろさはあります。2011年末までに届出があった53,000件のパートナーシップのうち2012年に794件が破綻しましたので，破綻率は1年で約1.5%でした。当時，平均的な民事的パートナーシップが2～3年間続いていたことを考えると，**図9**に示されているように，その破綻率は男女間の結婚で算出された離婚率に非常に近いように思えます。しかし，男女間の結婚とは異なり，2種類のパートナーシップがあるので，比較すると女性間では破綻率が男性間の約2倍となっていました。2014年には同性結婚が合法となりましたので，同性間でも男女間と同様の数値になるとの予想もできるかもしれませんが，それを言うにはあまりに時期尚早でしょう。

私は統計が大好きです。しかし，人間関係を形成したり解消したりすることから生じる希望，失望，トラウマ，回復の可能性を伝達することにおいては，特に統計は不適当と思われます。しかし，すべての恋愛関係がロマンチックな愛情から生じているわけではありません。米国の大学生を対象にした研究によると，長期的な関係にならないカップルの約半数は「セックスをするだけの友（セフレ）」の関係にあります。それは責任のない肉体的な接触のある「付き合い」としても知られています[26]。2人の関係には何が起きるのでしょうか。125人の学生を対象にした小規模な研究では，36%がセックスをすることをやめたが友人関係を保っていて，28%はセフレの関係を続け，26%は性的関係を終わらせ，10%はロマンチックなパートナーになったとのことです。性的関係が完全に終わるほうが，真剣なロ

マンスになるよりはるかに可能性が高いという結果になりました[27]。

ですから，これらの性的関係は真面目な交際を始める前の試しではありませんでした。彼らの付き合いは，セックス，友情，そしてうまくいけば快楽のためであることは明らかだったからです。Tinderのような出会い系アプリの成長に伴い，セックスパートナーに対する考え方はますます柔軟になっています。そのお陰で，統計は今どきに追い付くのに四苦八苦なのです。

[訳者のピロートーク]
生存時間を表現する方法

図9の結婚年数による離婚の割合は，統計学の世界ではハザード関数として知られています。何かのイベント，たとえば故障や死亡などが起きるまでの時間の分布を考える場合に，がん治療で典型的なものが生存時間分布（死亡するまでの時間ですが，死亡時間分布とは言いません）になります。最初は全員が生存しているので100％から始まって，時間の経過とともに死亡する患者さんが増えることで生存率が低下し，理論的には最終的に生存率がゼロになる曲線で表現します。同じ分布でも生存曲線として図I-aで表すことも，ハザード曲線として図I-bとして表すことも可能です。

本文中でも紹介していますが，この曲線を描く際に問題となるのが，

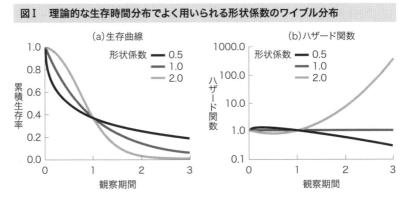

図I　理論的な生存時間分布でよく用いられる形状係数のワイブル分布

データを集計する時点で生きている患者さんです。死亡するまでの時間の分布を調べたいので，そこまで生存しているという情報だけを使うことになります。どの時点で死亡したのか不明なことを打切りcensored と言い，死亡時間が観察されていることを完全 complete（さすがにセックスをテーマにしたこの本だからといって uncensored ではありませんし，mosaic なんて言いませんよ！）。この complete データだけなら平均値を計算するのは容易ですが，censored データと混在している場合に平均値を計算することは容易ではありません。特にもっとも長く生存しているデータが complete ならバイアスが生じてしまいます。もちろん，分散や標準偏差は計算結果として示されることはありません。このようなデータの解析方法としてカプラン・マイヤーKaplan-Meier 法が知られています。これなら，計算上は観察期間が 1 人でも 5 年以上経過していれば 5 年生存率は計算できますし，生存率が 50％を下回る時点を生存時間の中央値として推定することも可能です。ほとんどの臨床試験結果や治療成績は観察された生存曲線が描かれ報告されます。

　さらに，その時点まで生存しているという条件付きの死亡するリスクをハザード関数として示すことがあります。これは，どの時点で死亡するリスクがもっとも高いのかを示すものです。たとえば**図9**では，結婚生活 10 年の夫婦が離婚するリスク 2.39％ですが，20 年になると 40％近く低下して 1.43％になります。がん治療では，食道がん，胃がん，大腸がんといった消化器系のがんでは術後の手術成績として 3 年生存より，5 年以上の生存で格段にリスクが低くなります。しかし，すべてのがんで同じではなく，ほとんどリスクが変化しない場合や，高齢の進行がんではリスクが上がる場合もあります。

　また，2 つの集団の違いを表現する方法も生存時間では独特なアプローチになります。通常の平均値が計算できるデータなら，単純に 2 群の差を推定するだけです。ある特定の共通の観察期間における何かの副作用などの発現割合の違いなら，リスク差，リスク比，オッズ比として表現することがあります。オッズは本書でも紹介されているように，発現するリスクを P とすれば，$P/(1-P)$ がオッズです。オッズ比は 2 つの集団のオッズの比です。それが生存時間になる観察期間

が個別に違ったり，打切りデータが混じったりすると平均の差，リスク差，リスク比，オッズ比のいずれも計算できなくなります。そこで登場するのがリスク比と概念的には同じハザード比で表現することになります。**図9**のハザード関数が2つの集団で示された場合に，その形状が何であろうとあくまで平均的な違いを比として表すのです。

　ハザード関数は工業の分野では故障率曲線と言われます。単純に名称が違うだけです。特に製品が時間の経過とともに故障率が変化することを表し，**図9**とまったく上下が逆転したバスタブのような下に凸の曲線が有名です。これは初期故障で故障が多くて，最後は摩耗故障が増えるということを示しているとされています。

第課

男女間のセックス
アルフレッド・キンゼイの偉業

1950年10月の秋の朝，世界で最も著明な統計家3人が，インディアナ大学のセックスリサーチ研究所のアルフレッド・キンゼイ Alfred Kinsey を待っていました。3人は，研究所に向かう途中から，時間つぶしにギルバート＆サリヴァンの「陛下のエプロンドレス号（H. M. S. Pinafore）」というコミックオペラの陽気な劇中歌を口ずさんでいましたが，怒りながら急に部屋に入ってきたキンゼイの「静かにしろ」という言葉で，この即興は突然終演となりました。3人の訪問は最初から前途多難の様相を呈していました。

　この統計家たちは，後にハーバード大学で統計学部を設立したフレッド・モステラー Fred Mosteller，42歳のスコットランド人で農事試験と調査の世界的なエキスパート，さらにギルバート＆サリヴァンの楽曲にも造詣が深いビル・コクラン Bill Cochran，そして天才のジョン・テューキー John Tukey [A] でした。キンゼイはその当時，男性の性行動を研究したことから，国際的な名声を得ており，3人はそのデータ収集方法を知りたいと考えていました。そのため，3人はそれぞれ，キンゼイのインタビュー方法を用いて，自分たちの性遍歴を収集したのでした。それはまるで突飛な芝居の一コマのようでした。

　その当時にふさわしく，3人はまずタバコを勧められ，その後，性生活のあらゆる側面について矢継ぎ早に質問されました。回答は「非常にでたらめな方法で記入される記録用紙」上に遠慮がちに記されたのでした。**図10**は，最大500の質問に対する回答をいつでも利用できるように企画された調査用

[A] ジョン・テューキーは天才であり，博識家でした。キンゼイの時代には，彼はテネシー州オークリッジのウラン濃縮施設にいて，「ビット（bit）」という用語を生み出すとともに，フォークダンスの振り付けをし，水素爆弾の開発に使用された初期のコンピュータでジョン・フォン・ノイマン John von Neumann と一緒に仕事をしていました。1958年，彼は「ソフトウェア（software）」という用語を初めて文献上で用いました。高速フーリエ変換（FFT）という手法を開発し，箱髭図や幹葉表示のプロットを提案し，無数の学術論文を執筆しました。彼は頭の中で計算するのと同時に，彼の学生でもあるリチャード・ファインマン Richard Feynman（訳者注：後のノーベル物理学賞受賞者）を超える偉業を語ることができました。しかしながら，ファインマンも読むことと同時に計算もできました[1]。テューキーは古典的な「ハム・サンドイッチ」の問題を解いたのです。ハム1枚とスライスしたパン2枚があれば，どのような形状だったとしても，ハムとパンの両方の面積が正確に二分割されるように，真っ直ぐに包丁を入れて切ることが可能であるか？という問題です。彼はこれが本当に可能であることを示しただけでなく，それをn次元のサンドイッチでも応用できることを示しました。ただし，n次元のサンドイッチが想像できるならばの話ですけれど。何年か前に私はあるディナーでテューキーと会う機会がありました。彼は大男で朝食用のパイを食べていました[2]が，若い研究者に対してとても優しく接していました。

図10　記入済みのキンゼイの調査用紙[3]

1枚の用紙からいつでも500項目の質問に対する回答が読み取れる——ただし，コードがわかればの話ですが……。

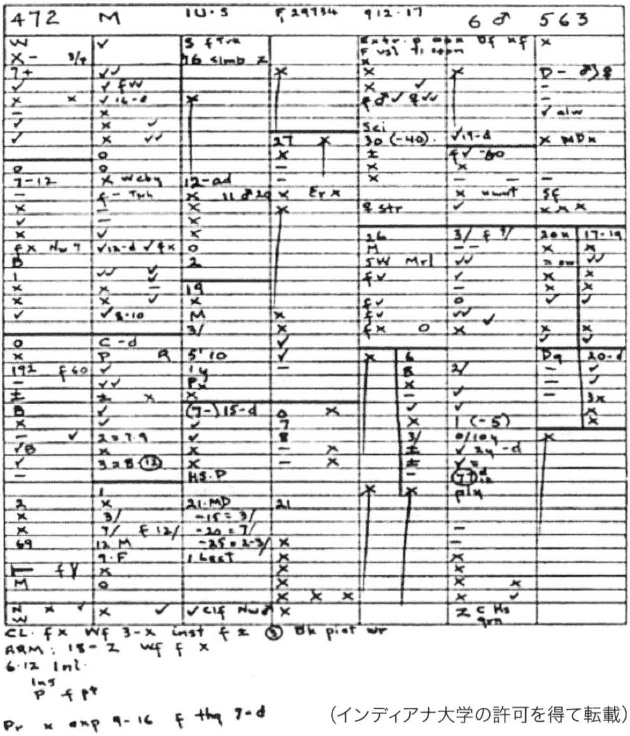

（インディアナ大学の許可を得て転載）

Copyright ©2017, The Trustees of Indiana University on behalf of the Kinsey-Institute. All rights reserved.

紙の一例です。質問はどこにも書かれておらず，複雑なコーディングには質問ごとに異なる意味をもつ記号が含まれていました。たとえば，「lx (31) cx w Pr → √upset」は「31歳で売春婦と婚外セックスをして，とても動揺した」ことを示しています[4]。

15,970件

アルフレッド・キンゼイとその同僚が1953年までに収集した性遍歴の数

明確に否定されるまで，だれもが性行動のあらゆるタイプを経験している

第3課　男女間のセックス　　55

と仮定されました。それで，標準的な質問は「女性とのセックスや他の性行為のために初めて料金を支払ったのは何歳の時でしたか」といったものでした。ジョン・テューキーは，フォークダンスを教えている間に出会ったエリザベスと3か月前に結婚したばかりだったので，「あなたが結婚してから，妻以外の女性と初めてセックスしたのは何歳の時でしたか」という質問への彼の回答は容易に想像ができます。

インタビューは本題との関連が疑われる質問で打ち切られることは決してなく，男性は「どちらの睾丸（ボール）が下がっていますか？」「ズボンのどちら側に陰嚢を収めていますか？」^B と決まって質問されました。1979年に，キンゼイの共同研究者であるゲバード Gebhard とジョンソン Johnson が「これら2つの事柄は，泌尿器科医と仕立屋のほうがよりうまくやってくれただろう」と告白しています。

キンゼイと彼のチームは1950年10月までに約15,534件，現在の確認では15,537件のインタビューを実施しました。キンゼイの保管記録のどこかに統計家3人のプライベートな遍歴が潜んでいます。調査対象の回答はインタビュアー自身の手でパンチされました（訳者注：当時は記録媒体として，厚手の紙に穴を開け，穴の位置や有無から情報を記録するパンチカードが多用されていました）。そして，キンゼイはコーディングの体系を書き表すことを決して許しませんでした。キンゼイの死後，コードの意味やデータの読み取り方法は，「飛行機墜落や自動車事故で死ぬことがありうる」数人の頭の中だけに保持されました[6]。その後，これらはようやく書き表され，現在はオンラインで自由に入手可能になっています[7]。

現在は彼のインタビュー方法は否定されていますが，アルフレッド・キンゼイはそれでも統計学的性科学の創始者であると考えられています。彼の姿勢は，次の有名な引用文に要約されています。「われわれは事実の記録者であり報告者である。そして，われわれが記述した人々の行動の審判員ではない。」

---

^B そのような好奇心のために，3,305人の白人男子大学生のうち，21％が左，67％が右，12％が半々と回答しました[5]。しかし，回答者は，確かめてみなくても知っていたのでしょうか？

● アルフレッド・キンゼイ

キンゼイ（図11）は宗教的に非常に厳格な家庭に育ち、青少年のころ、自慰行為がみつかると懲罰を受けるので、それをとても恐れていました。その強迫観念からか、アイリス（西洋菖蒲）、クラシック音楽のレコード、タマバチ科のハチの熱心なコレクターとなり、ハチにいたっては何千もの標本を収集し、それらの特徴を暗号により記録していました。インディアナ大学の動物学の教授になったころ、長年にわたる、セックスに関連する生物学への興味は、「結婚の過程」、すなわち本質的に性教育を教えることに結実しました。性教育は当時、あるいはそれ以降も英国では考えられなかったことですが、米国の大学では徐々に一般的になりつつありました。彼はある学生のセックスに関する個人的な質問に答えたことを契機に、タマバチの特徴の記録用フォーマットをアンケートに適用して、1941年にはロックフェラー財団から「性の問題に関する研究のための委員会 Committee for Research in the Problems of Sex」（CRPS）と堂々と名付けられた委員会を通じて研究費を獲得しました。

図11　アルフレッド・キンゼイ

（インディアナ大学の許可を得て転載）
From the Collections of the Kinsey Institute, Indiana University. All rights reserved.

キンゼイは、異常あるいは常軌を逸しているなどとは考えずに極端な性行動を収集し、あらゆる種類の行動を探求することに執着しました。特に同性間の性行動を、人の「タイプ」を特徴付けるものとしてではなく、単純に行動のひとつとみなしました。彼はランダム・サンプリングが実施可能とは考えておらず、その代わりに興味深い対象の集団を探し出しました。たとえば、フィラデルフィアにある未婚の母のための救世軍ホームを尋ね、100％の協力を得るために「ある程度のプレッシャー」をかけた可能性があります。キンゼイは、ゲイの世界に自身を浸透させるために特別な努力をしました。彼自身、「私たちは彼らと一緒に夕食に、コンサートに、ナイトクラブに、劇

第3課　男女間のセックス　57

図12　キンゼイの描いた男性6人の性行動を表した図

1948年に年齢および教育レベルが異なる男性6人について「性的絶頂への到達（オーガズム）」を示したキンゼイの説明。たとえば24番の人は，最終的に12年間の教育を受け，11～15歳時の「オーガズム」はおもにマスターベーションで，ときに動物との性交渉もあった。

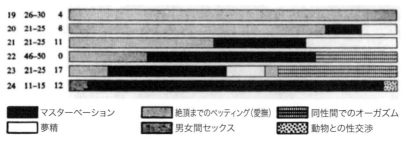

（インディアナ大学の許可を得て転載）

Copyright ©2017, The Trustees of Indiana University on behalf of the Kinsey-Institute. All rights reserved.

場に，それからビリヤード，居酒屋に行き，友人たちを紹介してもらった」と書いています。また，刑務所でも被収容者の性遍歴を集めました。彼は実に100,000件を目標としていましたが，彼と彼の同僚たちは全米を巡り疲弊する日々を何年も費やして，最終的には18,000人分の性遍歴を集めたのです。

5,300件のインタビューに基づいた男性に関する著書[8]は1948年に，5,940件のインタビューに基づいた女性に関する著書[9]は1953年に公開されました。それらは驚くべき記録で，かなり冗長ではあるものの，いずれも魅力的な線画と膨大な数の表を含む800ページ以上の本でした。各表の製作には，当時のカード分類機なら丸1日はかかったでしょう。

キンゼイの調査結果の詳細は，この著書の別の章で紹介していますが，彼の名前を世に知らしめた見出しは次のとおりです。

▶ 米国では女性の50％，男性の90％が結婚前に初体験あり
▶ 女性の26％，男性の50％に婚外セックスの経験
▶ 女性の13％，男性の37％に同性愛の経験

そして男性12人に1人が動物との性交渉を行い，農村出身の少年では割合は2倍でした。「はじめに」の章で述べたように，たぶん寛大に評価して，これらは★★☆☆になります。

これら2冊はともに分析の基本単位として「性的絶頂への到達（オーガズム）」に基づいています。**図12**は，選ばれた6人の若い男性がそれまで

の生涯で体験したオーガズム全体を，性行動の種類別の内訳で示しています。これらは，1940 年代に米国で報告された性行動の幅広いレパートリーを露わにしました。現代の英国でもレパートリーはまさに多様ですが，若干異なっていることがわかるでしょう。

● ヴァギナル・セックス

64％　過去4週間にヴァギナル・セックスをしたと回答した 45〜54歳の英国女性の割合 (Natsal調査-3：★★★☆)

　おそらく私たちのほとんどが経験したであろう，「男性 1 人と女性 1 人によるセックス」[c]，すなわちヴァギナル・セックス（膣性交）から始めましょう。セックスの表現として，sex のほか，intercourse，coitus または非科学的な用語の類も使用されます。キンゼイは調査対象から，16 〜 40 歳の既婚男性の 99 ％以上がヴァギナル・セックスをしていて，60 〜 65 歳になると 83 ％，66 〜 70 歳で 70 ％に低下し，女性はわずかにそれより低率であると結論づけています。キンゼイの時代はほぼ全員が結婚しましたが，彼は，非婚男性の半数と非婚女性の 35 ％はセックス経験があると推定しています。

　60 年後の 2010 年の英国に飛んで，調査前 4 週間，1 年間あるいはこれまでにヴァギナル・セックスを経験した人に関する Natsal 調査 -3 のデータを見てみましょう（**図 13**）[10]。キンゼイ・レポートより低率ですが，おそらくより説得力があります。「過去 1 年間」の曲線に注目すると，ヒトの人生がいくつかのステージに分かれることに気づきます。20 歳前後の女性はおもに独身で，ほとんどの人が性的にアクティブですが，その後，より安定した関係を求め，おもに同棲または結婚するようになります。30 歳前後までに男女間セックスを経験する割合は 92 ％のピークに達し，その後約 10 年間は一定です。それから，2 人の関係は崩壊し始め，より多くの女性がシングルとなり，性的にアクティブな割合は年齢とともに明らかに低下してい

[c] このジョークを拙著「The Norm Chronicles」から拝借したことに気づいた人々はお許しのほどを！

第 3 課　男女間のセックス　59

図13 過去4週間,過去1年間,これまでの生涯でのヴァギナル・セックスの報告者の割合

Natsal調査-3による。たとえば,35〜44歳の女性の99%がこれまでにセックスの経験があり,89%が過去1年間に,72%が過去4週間にセックスをしたと回答しました。

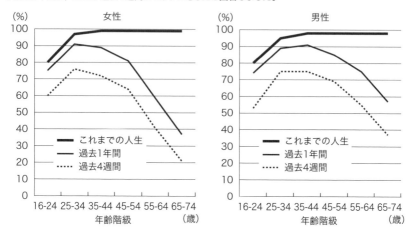

きます。病身や未亡人の女性が加わるとさらに低下し,65〜74歳の女性でセックスをしたという回答は,調査前1年間では約3人に1人（37％）,また調査前4週間では約5人に1人（21％）となります。これはあなたが予想した数値より多いでしょうか,それとも少ないでしょうか。

　このパターンは男性ではそれほど顕著ではありません。ピークはやや遅れて35〜44歳にあり,男性は離婚後や死別後に新しいパートナーを容易に見つける傾向があるようで,低下はそれほど急峻ではないのです。そしてもちろん,このカーブは同じ人々をフォローした結果ではありません。つまり,今日の30歳の人が70歳になったときには,状況は異なる可能性があります。それを確認するには待つほかありません。

　英国の調査は74歳までしか行われていませんが,2005年の「全米社会生活,健康および加齢プロジェクト US National Social Life, Health and Aging Project」（NSHAP）調査では75〜85歳が含まれています[11] D。必ずしもオーガズムに達するセックスだけではない広い意味での「性行動」の定義を用

D 「全米社会生活,健康および加齢プロジェクト」は,2005年に57〜85歳までの確率抽出法 probability sampling を用いたアプローチで,女性1,550人と男性1,455人にインタビューし,75％という驚くべき回答率を得ました。調査の名称に「セックス」という言葉がないことに注目してください。これは研究資金調達で問題を避けるのに役立ちます。

いると，その調査から，この年齢階級の女性17%と男性39%が調査前1年間に性的にアクティブでした。一方,若いグループでは約3/4がヴァギナル・セックスをしていましたが，この率はNatsal調査のデータに類似しているので，英国の高齢者でも同様の率であるとの仮定は妥当かもしれません。

● **体位**

　キンゼイは当然，セックスの体位にも関心をもちました。標準的な体位とされてきた正常位（missionary position）が他の哺乳動物ではきわめて稀にもかかわらず，文化的に強く決定づけられてきたことを指摘しました。それは，初期の文明社会の芸術品や工芸品にはみられず，実に西洋諸国からの旅行者がしばしば地元民の遊具中にみつけたものでした。それゆえ，「宣教師」という名前があります。「女性上位（騎乗位）cowgirl position」は，古代ギリシャと古代ローマで最も頻繁に描写されていて，婚前セックスにおいて他の革新的な体位でのセックスは稀だったにもかかわらず，1940年代に大学教育を受けた米国人男性の約1/3がその体位を行った[12]と記録されています。そして，結婚後のセックスはより多様になり，約27%の男性と女性が，時々あるいはほとんどの時間を互いに向かい合う「側位」を，12%の男女が「後背位」や「腹臥位」を行ったと，キンゼイの表には示されています[13]。

1980年のコスモポリタン誌の調査で，「女性上位」が好きな体位であると回答した女性の割合

　おそらく驚くほどのことではありませんが，次々と真摯なアカデミックな分析が実施されるには，体位に関する研究の人気はそれほど重要ではなかったため，この分野はかなり怪しい研究としてしばらく放置されていました。コスモ・レポートのひとつは，1980年の1年間にわたるコスモポリタン誌の切り抜きによる106,000件の回答に基づいていて，セックス，オーガズム，マスターベーションなどの体験について女性に質問したものです。回答者の61%が正常位，26%が女性上位，8%が後背位を好んだと報告されました[E]。

米国の大学生を対象にした1990年代の調査[14]でも，体位の好みに関して，次の表のように，きわめて類似した結果が得られていました。

	女性	男性
男性上位	48%	25%
女性上位	33%	45%
後背位	15%	25%

これらは，良くても★★☆☆の評価です。しかし，性別間ではっきりとした意見の相違を示すのには十分であり，男性の多数が男性上位になることを好んでいないのですが，女性は男性上位を好む傾向があります。幸せな妥協ができるよう，2人の交渉がうまくいくことを祈りましょう。

● オーラル・セックス

 % 平均的な射精に含まれる亜鉛の，1日の推奨摂取量に対する割合

オーラル・セックスは，ビル・クリントンとモニカ・ルウィンスキーの話題で大きく取り上げられましたが，2人はこの行為がここまでマスコミをにぎわすとは思いもよらなかったはずです。実際の聴き取り調査ではより口語的な言い回しが使われたかもしれませんが，30年前にキンゼイはどれほど多くの人がフェラチオ（男性へのオーラル・セックス）またはクンニリングス（女性へのオーラス・セックス）[F] を行ったかを調べています。

キンゼイの男子大学生のサンプルでは，35％が結婚前にオーラル・セッ

[E] コスモポリタン誌のサンプルはハイトのサンプルよりもはるかに大きいですが，これらの回答者は79の質問のアンケートに記入して返信することを厭わないコスモポリタン誌の読者を代表しています。そのため，106,000人の回答があったにもかかわらず，これらの評価はまだ★☆☆☆です。
[F] 「フェラチオ」はパティオ patio より，比 ratio のほうが韻は合い，「クンニリングス」は…。ジャズ演奏家チャールズ・ミングス。

クスをされていましたが，オーラル・セックスをしたことがあると報告したのは 16％しか過ぎませんでした。彼はこの違いを売春婦での経験を理由としましたが，実は既婚男性のサンプルでは，43％がオーラル・セックスをされ，45％がオーラル・セックスをしたと回答したため，両方のバランスがとれていました。既婚女性のサンプルでは，52％がして，58％がされるというかなり高率の回答でした。ただ，特に違法なものであったとしても，彼のデータにはかなりの限界がありますが，それでもこれは 1940 年代の米国での結婚に関する注目に値する統計でした。

　驚くほどのことではありませんが，キンゼイはオーラル・セックスを，教育を受けた人々が再認識したまったく自然な行為であると確信していました。こう述べています。「もう一度言いますと，かなりの知的な素養を通じて，生物学的に自然で基本的な行為に最初に戻ったのは『教育』レベルの高い人々なのです。」[15] しかし，彼の主張を裏付けるようなエビデンスは何もありません。

　第 1 に，口と性器の接触は，ボノボ猿（ピグミーチンパンジー）およびオオコウモリでも観察されますが，動物の世界ではきわめて稀です。それはギリシャ時代やローマ時代の性生活でもそれほど大きな役割を果たしていませんでした。好色家たち（訳者注：著者は「ギリシャ神話の半人半獣サチュロス」に例えています）を特徴づけはしましたが，それはエロチックなものではなく，卑しい行為とみなされました[16]。エロチックなイラストに関する民間に伝わる歴史では，英国で「フランス」方式として知られているものは，1700 年代後半までは登場しませんし，それ以降も 1920 年代まで影を潜めていました[17]。ただし，それはだれも行っていなかったことを意味するのではなく，むしろそれほどエロチックであるとは思われていず，たぶん一般的ではなかったのでしょう。おそらく，少なからず身体衛生上かなり好ましくないとされていたからでしょう。

　キンゼイの時代までに世の中は変わっていました。「性器へのキス」は，おもに女性のもつ恐怖を克服するために 1928 年からテオドール・ヴァン・デ・ヴェルデ Theodoor Van de Velde の祝婚マニュアル[18] に登場しました。「崇高な美しさと卑しい醜くさとのギリギリの境界線」に迫りましたが，マニュアルは，とりあえず夫に試みることを提案しました。しかし，ヴァン・デ・ヴェルデのマニュアルはベストセラーであったにもかかわらず，長年に

わたり守られてきたタブーを完全に払拭することはできませんでした。

　とても感動的な研究ですが，サイモン・シュレッター Simon Szreter とケイト・フィッシャー Kate Fisher は，1920 年代と 1930 年代に青年時代をすごした高齢者たちに，そのころの性生活について尋ねています[19][G]。80 人中 3 人だけがオーラル・セックスに関して何らかの肯定的な態度を示し，中産階級の人々は労働者階級の人々よりオーラル・セックスを非難することはなく，労働者階級の人々はこの概念に馴染みがないか，率直に拒絶するかのどちらかでした。

　　ジル：まあ，私はまだオーラル・セックスで人がどうなるかを知りません。私には不快に聞こえますし，実際に気分が悪くなります。私たちは決していたしませんでした。

　　ジェラルド：ああそうだな，むかむかするね……それから非常に危険で……ぎょっとします。不自然な習慣とされてきました。そして，まあ，それは正当な理由からで。そうでしょう。

回答者たちは，繰り返し衛生と清潔さの重要性を強調しました。

　　ノーマン：オーラル・セックス，私は現在，それについてはまったく知りません。いやその，もし私がだれかとオーラル・セックスをすることがあれば，その前に自身の巻き貝（訳者注：著者は，性器の例えとしてヨーロッパタマキビガイを使いました）を引っ張り出して，良く洗うと思います。

　シュレッターとフィッシャーは，当時だれもが他人は何をしているのかを考えもしなかったので，1912 年生まれでオーラル・セックスを受けることを楽しんでいたキャサリンのような人たちは，自分は冒険的ではなく，ほかの人々はさらにエキゾチックなことをしていると思っているだろうと述べました。キャサリンは自分がしていたことがどれほど稀なことであったのか，思いもよりませんでした。

　それでは，英国人はオーラル・セックスをまだ嫌悪しているのでしょうか。明らかにそうではなくなっています。**図 14** は，オーラル・セックスを「パー

[G] シュレッターとフィッシャーは，非居住型のデイケアセンターを通じて裕福な地域（ハートフォードシャー州）と工場の町（ブラックバーン）から，1901 ～ 1931 年に生まれた中産階級の人と労働者をそれぞれ 89 人募集しました。時間無制限のインタビューは 2,000 回前後行われ，回答者は 70 ～ 97 歳，おもに 80 歳前後でした。

図14 これまでのNatsal調査で過去1年間にオーラル・セックスをした，あるいはされたと回答した人の割合

最も濃い実線は，過去1年間に性的にアクティブであった回答者間での率を示している

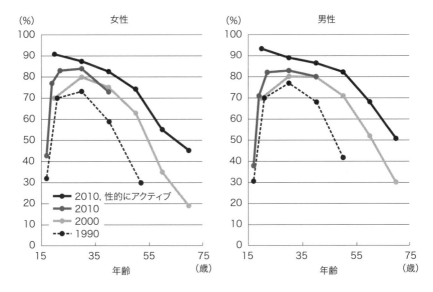

トナーの性器を口にすること」と考える人々を対象にしたNatsal調査で，調査前1年間にオーラル・セックスをした，またはされた人の割合を示しています。年齢によって明らかな違いがあります。25〜34歳の約80％が調査前1年間にオーラル・セックスをした，またはされたと回答し，60歳前後の人では半数にも満ちませんでした。オーラル・セックスの実施率は男女ともに1990年から2000年にかけて上昇しましたが，2000年から2010年ではわずかに減少しました。しかし，全体的には大きな変化がみられました。1990年代には，50歳前後の女性の30％のみがオーラル・セックスをしていると回答しましたが，2010年には2倍以上になりました。これは，1970年代に生まれた女性が新たな集団を形成したことになります。そして，米国ではキンゼイが唱えたように，Natsal調査は，オーラル・セックスがより高学歴の人々の間に広まり，より貧しい地域社会ではそれほど広まっていないことを見いだしました。

　しかし，年齢に伴って，性的にアクティブな人口が小さくなったからといって，オーラル・セックスをする率が低下するのでしょうか。これに答

えるためには，性的にアクティブな人々のなかで，どの程度の頻度でオーラル・セックスが習慣として行われているのかを調べる必要があります。点線はこれを非常によく示しています。オーラル・セックスの人気は年齢とともに着実に低下し，50歳前後の性的にアクティブなカップルの約半数だけがレパートリーの一部として行っています。若い人たちのなかにはオーラル・セックスのみをしている人もいるので，彼らは厳密にいえば「処女」のままなのかもしれません。このことは第6課で説明します。

　マイケル・ダグラスが自身の口腔癌の原因はオーラル・セックスであると主張したとき，オーラル・セックスの印象が悪くなりました[20]。彼の推論は説得力があるとは言えませんが，少なくとも基本的にオーラル・セックスは，この病気のリスクを高める可能性があります。実際に，ヒト・パピローマ・ウイルス（HPV）を伝播する可能性があり，多くの口腔癌はHPV感染と関連しています[H]。また，オーラル・セックスはヘルペス，クラミジア，梅毒，淋病も拡散させますが，特定の行動が疾患発症のリスクを高める可能性があるとしても，特定の個人に対し，それが原因だと言い切ることはできません。別の原因で病気にかかったのかどうかもわかりません。マイケル・ダグラスの主張は，特に長年にわたる飲酒，喫煙，薬物乱用を考慮すると，いくぶん誇張があります。それらはすべて癌のリスクを高めますから。

　最後に，ウェブ上で人気のあるセックスに関する統計は，3 mL という典型的な射精のカロリー数です。5 ～ 25 kcal の数値が引用されますが，精液の化学組成の詳細な分析[21]に基づく推定値はわずか 0.7 cal です[22]。ですから，飲み込んだとしても体重を増やすことはなく，米国で推奨されている亜鉛の1日摂取量の3%を含んでいるに過ぎません。

[H] HPV は生殖器のイボ（ウイルス性疣贅 ゆうぜい）に潜んでいて，多くの種類があります。高リスクのものは癌，特に子宮頸癌を引き起こします。HPV はセックスによって容易に広がるため，英国の10代の女子，また米国とオーストラリアの男子はワクチン接種を受けています。
（訳者注：子宮頸癌以外でも，頭頚部癌のうち，口腔癌，咽喉癌との相関が患者対照研究から示されています。）

● アナル・セックス

16% 過去1年間にアナル・セックスをしたと回答した25〜34歳の英国女性の割合 (Natsal調査-3：★★★☆)

キンゼイ・レポートはセンセーショナルでした。婚前のセックス，売春婦の利用，婚外の情事，動物との性交渉など，驚くべき事象について何百ページもの表とグラフが添付されていました。保守的な戦後の米国はショックを受け，あるいは，少なくともその著書の購入時には多くの人々がショックを受けたようなふりをしていました。ただし，キンゼイの性行動のリスト（**図12**）には，注目すべき欠点が1つあります。それは，アナル・セックスに言及していないことです。

どうしてキンゼイはこれを尋ねることに抵抗があったのでしょうか。もちろん，彼は抵抗しませんでした。質問のうちの1つは，「夫婦において，膣の代わりに肛門にペニスを挿入する，肛門での性交はどの程度頻繁でしたか？」でした。ここで，基本的な言葉の使い方に注目してください。「あなたは……したことがあるか」ではなく「どの程度頻繁に……」と聞いているのです。しかし，彼は「頻度を正確に推定するためには十分なデータは得られなかった」と，レポートに記述しただけです。

男性間のアナル・セックスは，たびたび強い否定的な意味合いを含んでいましたが，性的伝統のひとつとして理解されてきました。一方，異性間のアナル・セックスは，ギリシャとローマの美術や何千年も前からペルーの陶器に描かれてきましたが[23]，常軌を逸したことと考えられてきました。けれども，調べてみると，それまで考えられてきた以上のことがわかってきました。

最終的に1979年に出版されたキンゼイのデータによると，白人の男子大学生のサンプルの9%，驚くべきことに（さらに信じがたいことに，アナル・セックスをしていると回答した男性の相手側の女性の割合で）白人の女子学生のサンプルの26%が婚前に試みていたことがあると判明しました。一方，大卒の既婚者では12%の夫婦が試みたと回答しました[24]。ハイトは，女性回答者の10%がアナル・セックスを楽しんでいると記述し[25]，一方，

第3課　男女間のセックス　**67**

コスモポリタン誌の調査では 13 〜 15％が「日常として定期的に」行ったと報告されています[26]。1972 年のプレイボーイ誌の調査ででっち上げられた数値では，既婚の男女の 25％が調査前 1 年間にアナル・セックスをしていたとされています[27][I]。しかし，1992 年の全米国民健康と社会生活調査 US National Health and Social Life Survey（NHSLS）での割合ははるかに低く，30 代の約 10％が調査前 1 年間にアナル・セックスを試していて，男性全体では 31％，女性全体では 24％がこれまでに試したことがあると回答していました[J]。ですから，1990 年代までは矛盾するエビデンスが存在し，質の悪い調査ほどかなり高い割合が報告されていました。

それでは，英国のデータをみてみましょう。**図 15** は，調査前 1 年間に異性間でのアナル・セックスをしたことがあると報告した Natsal 調査での回答者の割合を示しています。Natsal 調査での定義は，「パートナーの肛門（直腸）に男性のペニスを入れること」です[29]。人は年齢を重ねるにつれて，また世代を経るに伴い，行動が時間とともにどのように変化していくかについて，このグラフは多くのことを伝えています。30 歳男性を例にあげましょう。1960 年ころに生まれたこれらの男性は，1990 年に約 6％が調査前 1 年間に女性とアナル・セックスをしたことがあると述べました。ちなみに，ほぼ同時期に米国で行われた NHSLS より若干低率です。1970 年ころに生まれ

[I] プレイボーイ誌の調査は，市場調査会社が集めた 2,026 人の成人を対象としたもので，母集団を代表していると主張されていましたが，ある程度のプレッシャーがかけられていました。「ランダム」サンプルは，性行動に関するグループ・ディスカッションに参加するように求められて，約 20％が承諾しました。参加時には，長いアンケートに記入することを求められ，「ディスカッションに動機づけられ，グループを離れることを望まずに，参加者のほぼ 100％がアンケートを完了しました。」したがって，★★☆☆の評価でさえ，寛大すぎるかもしれません。

[J] NHSLS は 1992 年に実施され，30 代と 40 代の女性を中心に 90 分の個別インタビューを行い，4,369 人の適格な世帯のうち 3,432 人という驚くほど高い回答率（79％）を得ています。それらの結果をまとめて好評を博した本「アメリカにおけるセックス（Sex in America）」[28] は，「アメリカの性行動や信念を包括的かつ方法論的に真剣に調べた唯一の調査」であると大胆にも主張し，ハイトやコスモポリタン誌のような「調査」はすべて誤りであり，役に立たないと述べました。著者らは，性行動は生まれながらの生物学的な機能ではなく，社会的環境によって形成されるという強い見解をもっていました。その 2 年前に行われた Natsal 調査のような調査は，米国ではほとんど行われませんでした。1991 年 9 月，上院議員のジェシー・ヘルムズ Jesse Helms は政府資金を差し止める改正案を提出しましたが，チームは慈善団体から必要な資金をかき集めました。この調査結果は★★☆☆または★★★☆になるでしょう。

図15 これまでのNatsal調査で過去1年間に異性間でのアナル・セックスをした経験があると報告した回答者の割合

アナル・セックスをこれまでに試みたことがあると，2010年に報告した回答者の割合も示す。■は1970年前後に生まれた人々のコホートにおいて，1990年に20歳前後，2000年に30歳前後，2010年に40歳前後の経験について示している。(Natsal調査-3提供)

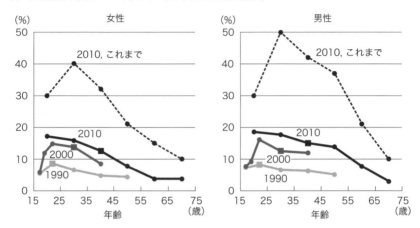

た同じ年齢層の男性は，2000年には調査前1年間に12%がアナル・セックスをしたと回答しました。1980年ころに生まれた30歳の男性は，2010年に調査前1年間に18%がアナル・セックスをしたと回答しています。30歳の女性の回答率もほぼ同様で，世代を超えて大きな増加がありますが，依然として少数派が選択しているにすぎません。Natsal調査チームはまた，アナル・セックスは，裕福な人のなかで，高学歴な人ほど，行わなくなる習慣であることを見いだしました。これはオーラル・セックスとはまったくの逆です。

点線は，一度でもアナル・セックスを試みたことがある人の割合を示しています。この回答は，2010年に25～34歳，すなわち1976～1985年に生まれた男性の約50%，女性の約40%から得られました。これは，2006～2010年の米国でのデータ，30～34歳の男性の48%，女性の37%が少なくとも1回はアナル・セックスを試したと述べたこととほぼ同様です[30]。

図15は，「これまでに試したことがある」人の割合が，調査前1年間に試した人の割合の2倍以上であることを明示しています。多くの人にとって，アナル・セックスは試みてはいてもセックスのレパートリーの一部にはなっていませんでした[K]。2つのグラフ中で点線を比較すると，女性よりも男性のほうが異性パートナーとアナル・セックスを試みたことがわかります。

第3課 男女間のセックス | 69

男性と女性で割合が異なることに一見矛盾を感じるかもしれませんが，アナル・セックスをする女性に多くのセックス・パートナーがいれば統計的にはありえます。もちろん，女性がアナル・セックスを行うことに関して社会的なスティグマ，すなわち「社会的望ましさによるバイアス」を感じるような場合には，アナル・セックスを「認める」ことに不承不承でも不思議ではありません。

人々が年齢を重ねるにつれて，それぞれ特定のコホートに何が起こるかをみることもできます。四角の点は 1970 年ころに生まれ，1990 年に 20 歳前後に，2000 年に 30 歳前後に，2010 年に 40 歳前後になった人々のグループを示しています。このグループの年齢が上がるにつれて，アナル・セックスの実行は男性で増加しましたが，女性では一定で増えていません。また，最近の「アナル・セクシャリティ」の学術的レビューは，Natsal 調査の結果を完全なアナル・セックスとして分類していないと記述しています。たとえば，アナル・セックスを除いて男女間セックスをする 1000 人以上の男性のサンプルでは，約 10 ％に，指や大人のおもちゃを挿入する，または口で接触するといった経験がありました[31]。

この変化の理由のひとつとして，ポルノグラフィでのアナル・セックスの流行があげられています。しかし，なぜ人々の集団が行動を変えるのかを，どうやって私たちは決められるのでしょうか。統計情報で説明できるといえればよいのですが，悲しいことに性行動の傾向に関する説明を見つけようとすると，私たちは基本的な論理的問題に対して頭を抱えることになります。

● 行動を変える理由はなんですか？

> # 1980年
>
> もし2010年に30歳ならば，あなたは1980年に生まれた「コホート」の一部になります。

私たちは，性行動の違いを説明するために，3 つの競合する理論を想定で

K これは，少なくとも 1 回は経験として試されるものの，必ずしも習慣になるとは限らない数多くの行動のひとつになっているのかもしれません。たとえば，英国で最大のリゾート地であるイングランド北西部にあるブラックプールで泳ぐことのように。

きるかもしれません。第1は，性別と年齢によって大きく左右される生物学的な要請であり，これを「年齢」理論と呼ぶことができます。第2は，何であろうと，その時代の文化が奨励しているものによって突き動かされるというもので，これを「時期」モデルと呼びます。最後に，人々の行動はその人の出身した集団により決定されるといわれているので，生まれた時期と育った場所に決定的に依存するというものです。これを「コホート」説明と呼びます。

たとえば，アナル・セックスをしている人の割合を決定する要因を広い範囲で特定しようとするならば，年齢（たとえば，30歳），生存している時期（たとえば，2010年），所属する1980年生まれのコホートを確認しなければなりません。

これらの3つの説明，「年齢」，「時期」および「コホート」は，すべて妥当性があります。ただ1つまたは2つが作用していると考えるのは単純過ぎるので，これら3つの影響を相対的な重要性で理解するのが良いでしょう。しかし，残念ながら，これは論理的に不可能であることが判明しました。なぜなら，研究者に対しむしろ問題を提起するからです。

私がアボカドを食べるのを好むとしましょう。この習慣は私の年齢（60歳）からきたものなのか。あるいは，アボカドに現在人気があり，私は大衆に従っているという事実によるものなのか。あるいは1953年に生まれた人々はアボカドを特に好んでいるからなのか。最後の説明は，戦後の貧しい世代には成人するまでアボカドのような外国の食べ物は口にすることができなかったので，たぶん説得力に欠けるでしょう。

問題は，3つのうちのどの2つを選んでも，残りの1つを含んでしまうため，論理的に3つを区別できないことです。たとえば私が，いつ生まれて，何歳かを話したとすると，それは，現在までどのような環境で生きてきたのかを言っていることになります。あるいは，私は今生きていて60歳だと話したとすると，それは私がいつ生まれたのかを言っていることになります。

アナル・セックスの増加のような行動変化に対する「理由」を読み解くのは，統計だけでは達成できないことは明らかです。それでも，この著書のなかで何度もみられるように，この事実は人々がそれを試みることをやめさせられません。

第3課　男女間のセックス | 71

● BDSM

 前年に緊縛と懲罰とサディズムとマゾヒズム（BDSM）を経験していた性的にアクティブなオーストラリアの成人の割合

　キンゼイは性的興奮と痛みとの関係に個人的な関心をもっていましたが，むしろ表立ってこの話題について詳細な調査をしませんでした。しかし，彼が今の時代に生きていたなら，確実に BDSM の世界を熱心に調査したことでしょう。BDSM は緊縛と懲罰とサディズムとマゾヒズムを意味しますが，真ん中の DS は支配 dominance と従属 submission の頭文字でもあります。「サド・マゾヒズム」という用語のほうが，多くの人々にとって身近かもしれませんが，BDSM は必ずしも痛みを伴うものではありません。たとえば，参加者の１人が動物の役になり，鎖でつながれ，他の参加者の管理下におかれるといったことに象徴される，明らかな力関係を含んでいるようなものです。フィンランドの調査[32]で最も多く行われていたプレーは，次のとおりです。

▶ 緊縛（89％）
▶ 鞭打ち（83％）
▶ 手錠（75％）

また，最も多く行われていたロールプレーを下記に示します。

▶ 主人／女王－奴隷（56％）
▶ 制服着用者（警官，看護師など）とその対象（犯罪者，患者など）（39％）
▶ 教師と生徒（29％）

　オーストラリアの主要な調査では，性的にアクティブな男性の 2.2％，女性の 1.3％が前年に BDSM を行ったと回答しました[33]。 キンゼイの主張にあるように，その調査の研究者たちはそれらの行動は単にライフスタイ

ᒪ 2002 年のオーストラリアの調査[34]は 16 〜 59 歳の 19,307 人の代表的なサンプルによるもので，コンピュータ支援による電話インタビューをすることで 73％の回答率を得ました。これは★★★☆に相当するでしょう。

ルでの選択肢であり，過去のセックス依存症や"一般的な"セックスをすることが困難であることとは関連していないと結論づけました。そして，最近，オランダで行われた BDSM の実行者 902 人とそうでない 434 人（以降，対照群とします）の個性に関する研究では，BDSM を行う人は対照群に比較して，"より神経症的ではなく，より外向的で，新しい経験に対してより開放的で，より誠実で，より拒絶に対する過敏性がなく，より幸福感に満ちていながらも，やや愛想が良くない"と報告されました [35]。オランダの研究者たちは，BDSM は，精神病理学的過程の表れではなく，「娯楽」の一部としてみなされるべきであると結論付けています。

いまでは，ロンドンのイーストエンドにあるホックストンの街に BDSM を楽しむための豊富な器具を取り備えた豪華な地下牢があり，3 晩と 2 昼間を，フルボトルのスパークリングワイン "Prosecco" が付いて 650 ポンドで借りられます [36]。一方，インターネットでセックス関連道具を販売する Lovehoney.co.uk は 5 か月間で 3 万個の"拘束具"を販売しました [37]。これらは，これまで非常に非難されてきた BDSM が一般的な娯楽になりつつある着実な過程であるといえます。また，「フィフティ・シェイズ・オブ・グレイ the Fifty Shades of Grey」効果ともいえるでしょう。50 の濃淡レベルを意味する「フィフティ・シェイズ・オブ・グレイ」は英国の E.L. ジェームスの官能小説で，全世界で 1 億 2500 万部以上も購入されていて，米国で映画化されました。この小説が，サド・マゾヒズムを身近にしたともいわれています。

● 他の性行動

41 最近の性的なエピソードで語られた性行動のさまざまな組合せの数（★★☆☆）

これまで，異性のパートナーをヴァギナル・セックス，オーラル・セックス，またはアナル・セックスを共にする相手として考えてきましたが，明らかにそれ以外のあらゆる種類の性行動を互いに享受できます。それらは，妊娠の危険性だけでなく，感染症の伝播の可能性を回避できます。また，

第 3 課　男女間のセックス　73

HIV／エイズにより，人々の衛生的な性行動への関心が大きく変わりました。1980年代の「安全なセックスを楽しむための69のアイデア」という冊子には，最初に「フロッタージュ frottage（性器を他人にこすり付けて快感を得ること）」（身体をこすりつける），7番目に「互いの身体を洗う」，そして28番目に「愛撫」が述べられています。

人々は必ずしも「セックス」をする必要はありません。Natsal調査-3では，「性交をせずに生殖器を接触させる」ことは，高齢になるにつれて一般的になっており，55～64歳の男性の56%，女性の41%が調査前1年間に行ったと回答しました。人それぞれ，考え方や行動スタイルは千差万別です。「全米性的健康と行動調査 National Survey of Sexual Heath and Behavior（NSSHB）」では，最近の性交渉を記述する際に，性行動の41種類の組合せが報告されました。それによると，ヴァギナル・セックスは依然として最も一般的な行動ですが，多くの性交渉はパートナーが行うマスターベーションやオーラル・セックスを含んでいました ^M。

しかし，これは特に私的な部分に焦点を当てていて，キス，ハグ，抱擁，その他の69の行動など，愛や愛情を表現する他の行動をすべて無視しています。グラマー誌は，生涯にヒトがキスに費やす平均時間は20,160分であると発表しましたが，前述の害の少ない愛情表現に関する統計データの収集には，同様の科学的関心があるようには思えません。キスの平均時間は336時間，14日あるいは2週間に相当します。唇はだれかの悲しみや苦しみを軽減するのでしょうか？[39]

統計ってスゴイと思いませんか？　でも，それを信じられますか。その統計の基になるデータはどこから得たのでしょうか。55歳の成人の生活を想像してみましょう。1年に366分なら，1日に1分であることが算出できます。ですから，そういうことが彼らの行動なのです。1日に1分という平均値に日数を掛けます。あなたは1日1分キスをしていますか？

愛情豊かな行動を頻繁に示すカップルは長期にわたって良好な関係でい

---

^M NSSHBは，コンドームの製造メーカーであるトロージャンがスポンサーになり，インディアナ州のキンゼイ研究所が実施したものです。市場調査機関が設定したインターネット・パネルを使用し，2009年に14～94歳の11,000人の成人と青少年に連絡をとり，5,865人（53%）がオンラインのアンケートすべてに回答することに同意しました。★★☆☆の評価になります。

られるのかというのは，多くの関心を集める質問です。インディアナ州の
キンゼイ研究所の研究者たちは，ブラジル，ドイツ，日本，スペイン，米
国の 200 組のカップルに，どれほど幸せであり，互いに親密な行動をして
いるかを尋ねました。カップルは 50 歳前後で，約 25 年間一緒に過ごして
きて，質問の目的は幸福感に関連する因子をみつけることでした [40]。キス，
抱擁，触れ合うことは大切でしたが，その程度は女性以上に男性において
はるかに重要でした。性機能は男女ともに幸福感に関連していましたが，
文化的な違いがすべてに大きく影響していました。米国と比較して，ブラ
ジル人のカップルはそれほど幸せではありませんでしたが，日本人は米国
人より幸せでした。それは，もちろん，研究者たちがその時点でまだ一緒
にいたカップルにインタビューしただけのことです。

　これは，満足度などの「予測因子」を見つけるための多くの努力のひと
つです。しかし，彼らは幸福との因果関係を見つけたのではなく，単に関
連性を見いだしただけです。もしかすると，幸福につながる愛情の表現で
はなく，その逆ではないでしょうか。おそらく，男性はより幸せであれば，
男性はよりベタベタと触れ合うのかもしれません。当然，この議論は必ず
しもすべてに当てはまるとは限りません。日本人が幸せだからといって，
どこの国のカップルも日本人になれるわけではありませんから。

● キンゼイの宿命

200,000部
1948年の2か月間に販売されたキンゼ
イの著作「男性における性行動（Sexual
Behavior in the Human Male）」の部数

　キンゼイの 1948 年の男性研究は 250,000 部以上を売り上げ，ニューヨー
ク・タイムズ紙のベストセラーのリストに 6 か月以上も載っていました。
しかし，スティーブン・ホーキングの「ホーキング，宇宙を語る A Brief
History of Time」のように，多くの人々がキンゼイの著書を詳細に読んで
いたかは疑わしく，大きな話題になったのは，出版直後にマスコミが動物と
の性体験がある男性などについて報じたからでした [N]。

　しかし，詳細まで読んだ少数の人々は，自分が読んだ内容を好みません

第 3 課　男女間のセックス　75

でした。統計家やライバルのセックス研究者は，キンゼイの推定には誇張があり，結論の多くは根拠のない推測だと主張しました。批判は非常に大きな渦になったために，1950 年 5 月に「性の問題に関する研究のための委員会」(CRPS) が米国統計協会 American Statistical Association に調査を依頼することになって，陽気な統計家チーム 3 人は自分たちの性遍歴をキンゼイの研究材料として提供したのでした。キンゼイはどのような批判に対しても非常に敏感でしたが，統計家チームを丁重に歓迎しました。ただし，その時点で統計家チームが何を述べたにしても，出版予定の女性に関する本に反映するには時期が遅すぎると指摘しています。

　事実，キンゼイはすでに統計家チームの意見を取り入れないと決めていたので，研究に直接影響を与えようとする統計家チームのいかなる試みも完全に時間の無駄に終わりました。にもかかわらず，統計家たちは何年も苦心して，最終的にはキンゼイと同様のスタイルで 338 ページにわたるレポートを完成させることで，キンゼイの冗長で詳細すぎる著書に対抗しました。しかし，出版されたのが 1954 年では，インパクトを与えるには明らかに遅すぎました [42]。

　統計家チームは，キンゼイの著書のなかに，データに基づいていないと思われる多数の結論を見いだしました。たとえば，男性が 10 代後半に性欲のピークに，女性は 30 代に性的欲求と性的活動のピークに達するという主張を取りあげてみます [43]。これは，幾度となく繰り返し「事実」として残ってきたことですが，彼のデータはそのようなことを示しているように思えません。男性の性行動は 30 歳までほぼ一定の率で，女性では明確なピークはまったく認められません。いずれにしても，調査データは男女とも年齢とともに性行動が低下することを示していますが，これはある程度は男女関係での親密さによるものです。

　また，当然，統計家チームは特にランダム・サンプリングの試みがないことを重視していました。テューキーは，「あなたの所有する 18,000 件の個

N 最終的に，キンゼイは男性の 8%，女性の 4%が動物との性交渉の経験があり，農場の近くに住む男性になると 40 ～ 50%に上昇したと報告しました。1974 年のプレイボーイ誌の調査 [41] は，男性 5%，女性 2%がこの種の経験をもつとしています。この差は，農場が少なくなったために機会が減少したせいなのかもしれませんし，単に信頼性の低い統計だった可能性があります。

人情報すべては，400件の確率サンプルと交換できるでしょう。」[44) と述べています。キンゼイの自宅に招待されても，彼を慕う気にはなりませんでした。キンゼイの妻，クララは，「毒を盛りたいと思った男性たちには決して食事を出さなかった。（中略）テューキーに対して最もそう思ったわ。」と語りました [45)。

著書のタイトル「男性における性行動（Sexual Behaviour in the Human Male）」と「女性における性行動（Sexual Behaviour in the Human Female）」から，キンゼイが，男女の生来の特徴を客観的に記述していると，どれほど信じていたかが明らかになり，この「生物学的」な見解は新世代の批評家を刺激しました。ジュリア・エリクセン Julia Ericksen という有力なフェミニストの論評では，20 年間にもわたるインタビューを通じて性行動が変わったかもしれないことや，セクシュアリティ自体が社会的条件の産物である可能性のあることを，彼がまったく考慮していないと，以下のように指摘しました。

「妻が結婚を機に自身のキャリアを積むことを諦め，妻なしには生活できない夫をもつ女性インタビュアーたちを雇おうとしない，この男は，女性の性的応答が男性への奉仕という大きな倫理の一部であることを理解していませんでした。男性の希望を妨げる可能性があるため，女性はセクシュアリティへの早急な関与ができませんでした」[46)。

本課は，性行動は社会状況に大きく影響されるので，純粋に生物学的プロセスであると主張するのはいささか軽率であろうという考えを支持して，性的レパートリーの主要な変化はこの 20 年間以上をかけて生じたという視点で記述しています。

しかし，何年もの間，キンゼイのデータはセックスに関する統計を議論する際には使用され続けてきました。データの信頼性のより適正な評価は，18,216 件のインタビューのうち 11,246 件の「基本サンプル」を要約した表が報告された 1979 年に行うことができたかもしれません。これらのインタビューの約 1/3 は，刑務所や男性同性愛者のコミュニティで特別に募集されたグループから得られたものとして除外されました [47)。労働者階級の男性はほとんど全員がもとは刑務所に収容されていたため，除外後の基本的なサンプルは 84％が大学卒となりました。しかし，キンゼイは，収監されることは労働者階級の特徴だと考えていたため，その事実を重要視しませ

んでした。

　現代の調査基準と比べてキンゼイの努力を否定するのは簡単ですが，彼は正真正銘に画期的であり，セックスに関する研究の周辺にある文化を完全に変えました。さあ，彼のデータの信頼性は実際にどの評価がふさわしいのでしょうか。私の見解は，私のヒーロー3人と一致しています。彼らは，キンゼイのデータは「科学的正確性という観点で無理がある」と結論づけましたが，「医学的，法的，社会的決定には十分な正確さ」があるかもしれません。言い換えれば，数字が正確であるとは信じられませんが，要旨はおそらく概括的に大丈夫だと思います。したがって，彼のデータは★★☆☆になります。

　しかし，1954年に統計のレポートが出される前に，キンゼイの黄金時代は終っていました。批評家たちは非課税の慈善財団に対する調査を行いましたが，標的はロックフェラー財団だけでした。ロックフェラー財団はこの圧力に屈し，キンゼイへの研究費の提供を取り下げました。すでに病身に苦しむキンゼイは，資金を得ようと奮闘しましたが，1956年に62歳で亡くなりました。

[訳者のピロートーク]
データの集計方法と解析方法

　★★☆☆でも，男性と女性でセックスの体位に好みが分かれるのは衝撃的でした。このようなデータがパーセンテージではなくて，**表Ⅰ**のように人数として得られていれば，男女で体位の好みに違いがあるのか，統計学的に仮説検定で差があるのか，検討することが可能です。具体的には自由度2のカイ二乗検定になります。これが男女のカップル100組で調査が実施されていたら，どのように集計すべきだったのでしょうか。仮に男性上位であるか否かについて，カップルの好みが一致するのかを検討することを考えてみます。

　まず，**表Ⅰ**を改変して**表Ⅱ**のように集計して自由度1のカイ二乗検定，あるいはフィッシャーの直接確率検定を用いるのは誤りです。集計は**表Ⅲ**のようになります。空欄のセルの数値によって評価結果は異

表 I

	女性	男性
男性上位	48人	25人
女性上位	33人	45人
後背位	15人	25人
合計	96人	95人

表 II

	女性	男性	合計
男性上位	48人	25人	73人
男性上位以外	52人	75人	127人
合計	100人	100人	200人

表 III

		女性		
		男性上位	男性上位以外	合計
男性	男性上位			25組
	男性上位以外			75組
	合計	48組	52組	100組

表 IV

		女性			
		男性上位	女性上位	後背位	合計
男性	男性上位				25組
	女性上位				45組
	後背位				25組
	合計	48組	33組	15組	100組

なります。**表 II** のように集計するとカップルという情報を無視してしまうことになり，**表 III** の周辺和（アミカケの部分）の情報しか持たないことになります。

　さらに，**表 III** では男性上位が好きな男性 25 人のうち，カップル間で好みが一致している人も何人かいるはずです。その一致したカップルの数は男性上位が好きな女性の 48 人にも含まれます。同様に男性上位以外が好きな男性 75 人には，カップル間で好みが一致した何人かがいるはずで，その一致したカップルの数は男性上位以外が好きな女性の 52 人にも含まれます。したがって，周辺和が男女で違いがあるか？という評価は **表 III** のような集計をして男女で独立であるかのカイ二乗検定を用いるのは誤りで，「男性で男性上位が好きで，かつ女

性で男性上位以外が好き」というセルの人数と，「男性で男性上位以外が好きで，かつ女性で男性上位が好き」のセルの人数のどちらかに偏りがあるか，すなわち対称性を評価することと同じになります。この方法は二項検定か，正規分布の近似を用いたマクネマー McNemar 検定で評価できます。また，本当にカップル間で好みが分かれることを見逃さないのかを，データを収集する前に研究で募集するカップルの組数を決める場合に，カギとなるのは全体の組数ではありません。不一致の組が何組あるかに依存します。

　ところで，みかけは 2×2 のクロス表だからといって解析方法が同じになるとは限りませんが，さらに厄介なのは**表Ⅲ**が 3×3 のクロス表になった場合です（**表Ⅳ**）。2×2 の場合には「周辺和の一様性＝対称性」でした。しかし，3×3 では周辺和は 3 つのセルの合計で，そのうち 1 つだけ一致として男女ともカウントされているだけなので「周辺和の一様性 ≠ 対称性」となります。周辺和については Stuart-Maxwell 検定を，対称性については Bowker 検定と別々の検定が必要になります。厄介ですいません。

第4課
同性間のセックス
MSMとディジット比

● マグヌス・ヒルシュフェルトはどのような人ですか？

　同性愛者，ユダヤ人，左翼，ある時は自身で名付けた異性服装倒錯者（女装趣味愛好者）として，同性愛者の権利のために公然とキャンペーンを行ったマグヌス・ヒルシュフェルト Magnus Hirschfeld はナチスの迫害対象者リストの上位にランクされても驚きはしませんでした。けれども，1933 年 5 月にパリの映画館で，ベルリンにある自身の性研究所 Berlin Institute of Sexual Research を暴徒が破壊しているニュース報道のなかで蔵書が燃やされているのを観て，あたかも「自分の葬儀を見ているかのようだった」と語ったほどの衝撃を受けています。

　ヒルシュフェルトは 1868 年に著名なユダヤ人医師の家庭に生まれ，自身も 1892 年に医師資格を取得しています。1897 年，アイルランドの同性愛者であった作家オスカー・ワイルドの悪名高い裁判からわずか 2 年後，彼は，1871 年から施行されていた同性愛者の性行動を違法とするドイツの刑法 175 条を廃止しようと試みました。彼が組織した「科学人道委員会 Scientific Humanitarian Committee」は，ドイツ連邦議会での議論を繰り返し求めましたが，最終的に試みは失敗に終わりました。結局，1960 年代後半までは，両ドイツともその刑法が廃止されることはありませんでした。

 1904年にマグヌス・ヒルシュフェルトによって推定された同性愛者である男性の割合

　1903 年と 1904 年に，ヒルシュフェルトは男子学生と労働者に合わせて 7500 枚以上のハガキを発送し，女性だけに魅力を感じるか，男性だけに魅力を感じるか，両者に魅力を感じるか，あるいはそれらのいずれにも「合致しない」かを尋ねました。約半数が返答し，猥褻な資料を配布したことにより裁判で負けることがあるにもかかわらず，最終的に同性愛者であると報告した学生は 1.5％，両性愛者は 4.5％という回答を得ました。しかし，金属産業に従事する労働者はこの割合よりもわずかに低い数値でした。そして，6％が「合致しない」と回答しました[1]。ヒルシュフェルトはその後，司教，英国の王たち，俳優など 34 の異なる集団で同性愛者の割合を推定し，

23,771人のうち525人が同性愛者であると結論しました。この2.2%は彼が広めた数値です[2]。これらの数値を覚えておくと、より科学的な方法を用いた後の評価と比較することができます。

　ヒルシュフェルトは1903年にセックスの専門雑誌を発刊し、バートランド・ラッセル Bertrand Russell といった講演者を招聘してセクシュアリティに関する最初の国際会議を開催しました。さらに、膨大な数の書籍や記事を次々と発表し、「セックスのアインシュタイン」として名を知らしめました。1919年に彼は、ベルリンのティアガルテン（Tiergarten：ベルリン中心部の有名な公園）に性研究所を開設しました。研究所は科学を志向したものでしたが、同時にワイマール共和政時代のベルリンにおいて活気に満ちた男性同性愛者のコミュニティのためのクリニックと社会センターにもなりました。英国人作家クリストファー・イシャーウッド Christopher Isherwood は、映画「キャバレー」として知られるようになる「ベルリン物語」を執筆する前にこの研究所に滞在していました。彼は、ヒルシュフェルトのことを、愛情を込め「犬のような口髭を蓄え、分厚い眼鏡をかけ、不格好なドイツ系ユダヤ人のブーツを履いた、愚かでまじめな老教授」と表現しました。しかし、また「この種の人間の英雄的指導者」とみなしていました[3]。ヒルシュフェルトは英雄になる必要がありました。仕事の領域として非常に危険を伴っていて、実際に繰り返し脅迫されたり、会合時に2度も襲撃されたりもしました。

　彼は、セクシャル・アイデンティティ（性自認）について生物学的基盤があると強く主張し、「第3の性」という概念を創出しました。この概念は「性的中間者」という、より微妙な考え方に変わっていきましたが、男性的／女性的アイデンティ

図16　1934年、ニースでのマグヌス・ヒルシュフェルト（右）とリ・シウ・トン（左）

（ヒルシュフェルト研究所の許可を得て転載）
"Magnus-Hirschfeld-Gesellschaft e.V., Berlin"

第4課　同性間のセックス ｜ 83

ティおよび男性的／女性的情欲に関わる様相間の重要な相違を含んでいる，「理想の男性像」と「理想の女性像」とのあいだに存在する無限の多様性のなかで行き詰ってしまいました。性的中間者に関する年鑑は，自己主義，異性服装倒錯，同性愛などをテーマとして取り上げて，1923年までに総頁数2万ページにも及びました。ヒルシュフェルトは欧州で発展する性科学運動の中心にいました。

　私生活では，忍耐強く長期間続いた彼の恋人はカール・ギーゼでしたが，図16は最終的なパートナーのリ・シウ・トンと一緒に写っていて，フランスで亡命者として最後の時間を過ごしているときの一コマです。

● 同性間性行動の回数

　すべての文化において同性間の性行動は存在していたと推定しなければなりません。それには，幾分自由裁量や，また，しばしば「受動的」や「能動的」といった男性の姿勢の違いもあります。古代ギリシャ人や古代ローマ人は若い男性との関係がよく知られていますが，古典的人類学研究の「性行動のパターン Patterns of Sexual Behaviour」には，データが入手できた共同体の76人中49人（64％）が同性愛を正常と考えていたと報告しています。しかし，キリスト教の宣教師が到着するや否や，この傾向は急変していきました[4)]。

アナル・セックスを行った罪で，1835年，ロンドンにあるNewgate刑務所の外で，公衆の面前で絞首刑になった男たち（ジェームス・プラットとジョン・スミス）の人数

　しかし，西洋社会では当然，その行動が「正常」であるとは考えませんでした。1533年に施行されたトーマス・クロムウェルのソドミー禁止法Buggery Actではソドミー（訳者注：不自然な性行動，一般的にオーラル・セックス，アナル・セックス，動物とのセックスなどが含まれる）を行った者は，男女とも，市民の単なる宗教違反以上の懲罰，絞首刑が課せられました。最後の刑の執行は3世紀後の1835年で，宿泊先の主人とその妻に鍵穴から行為を覗き見られたジェームス・プラットとジョン・スミスに対するものでし

た [A]。この特定の性行動は世間から糾弾され，ビクトリア朝時代から同性愛行動は医学的，病理学の問題とされ始め，「性的倒錯者／同性愛者（invert）」という用語が「別の性別の身体に閉じ込められた人」という説明のために用いられました。1800年代後半，司法精神医学の専門家リヒャルト・フォン・クラフト‐エビング Richard Von Krafft‐Ebing [B] は，同性愛者のアイデンティティは子宮胎内で生物学的に決定されるという考え方を広めました。フランスの哲学者ミシェル・フーコーは，「ソドミーは一時的な奇行だったが，同性愛者は今や一種族になった」と語っています [5]。英国の性科学者ハヴロック・エリス Havelock Ellis は，エラスムス，ミケランジェロ，レオナルド・ダ・ヴィンチ，クリストファー・マーロー，フランシス・ベーコンを「性的倒錯者」として確信し，忍耐強く弁護しました [C]。男女を問わず同性間の性行動の頻度は謎に包まれていましたが，それは（男性では）違法行為であり，異性愛者であることが前提とされる社会的プレッシャーの観点からみて，驚くべきことではありません。

　ビクトリア女王がその存在を信じなかったため，レズビアン行為は英国

[A] ダン・ブラウン Dan Brown のベストセラー推理小説「ダ・ヴィンチ・コード The Da Vinci Code」の読者ならご存知のように，1100年代にキリスト教の異端派のひとつであるカタリ派（Cathars）は南フランスに拠点を設け，肉食，聖体拝領，結婚，有性生殖の禁止を含む，肉体世界・物質世界に対する異端的な拒絶を実践しました。アルビジョア十字軍後の大虐殺を教会が正当化した理由の一部には，カタリ派が出産を信じなかったため，ソドミーを含む「不自然な」性行動にふけっているに違いないという非難が含まれています。カタリ派は，ブルガリアから来たといわれていたためブルガール（Bulgars）としても知られ，それゆえ「男色」を意味する「buggery」という用語が創られたのでした。

[B] クラフト‐エビング（1840～1902）は，出産を目的としないすべてのセックスは不自然な行為であると信じ，最終的に「倒錯」や「性的倒錯」に関する238件の事例研究を体系的に分析しました。彼は，フェティシズム，サディズム，マゾヒズムという用語をつくりましたが，それらは生来の状態だと考えていました。彼はラテン語で事例の詳細を書いています。英国医師会雑誌（BMJ）は，全体がラテン語で書かれていないため，廃れてしまった言語のもつ見苦しくない難解さのベールに包まれてしまっていることだけが残念だとしています。（訳者注：ラテン語の素養のない読者にとっては，ある種の伏せ字ですが。）

[C] （訳者注：宮澤賢治に影響を与えたとされる）ハヴロック・エリスは経験主義でプラグマティックなセックス改革論者であり，著書の「性の心理 Studies in the Psychology of Sex」は，性的な逸脱についての病理に対するヨーロッパ大陸的な強迫観念を払拭しようとして，個人についてのより寛容な考え方や比較文化的な見方を広めました。彼自身はどうしても性生活をもてずに，長い間，女性が排尿するのを見たり，聞いたりするだけで性的に興奮していました。これは，ウンディーニズム（尿による性的興奮）という自身が創った用語が表す状態です。

では違法にはならなかったという都市伝説があるとはいえ，確かに女性の同性間性行動にはあまり注意が払われていませんでした。それゆえ，キャサリン・ベメント・デービス Katherine Bement Davis によって 1929 年に米国で行われた研究「女性 2,200 人の性生活の要素 Factors in the Sex Life of Twenty-Two Hundred Women」は少なからず驚かれました。というのは，1,000人の独身女性のうち 140 人（14％），1,200 人の既婚女性のうち 234 人（20％）が他の女性を相手に「身体を曝すこと，相互に生殖器に触れること，相互のマスターベーションや他の密接な接触」の経験があったことが報告されたからです。24 頁で述べたように，デービスの米国人女性ボランティアは非常に選択されたサンプルで，ほとんど代表性がありませんでしたが，そのほかに研究は，キンゼイが登場するまでほとんど進んでいませんでした。

● キンゼイ・スケール

単純化され過ぎた「倒錯」の考え方と比較して，欲求，アイデンティティ，行動といった選択肢が非常に多岐にわたっているヒルシュフェルトの分類は，絶妙で人道的でした。キンゼイはヒルシュフェルトと同様の考え方をもっていたので，おそらく最も重要で継続的な成果である，キンゼイ・スケールを作成できたのでしょう。以下に，もとのスケールを示します。
心理的反応と明白な経験の両方に基づいて，個人は次のようなスコアで評価されます。

0. 異性愛のみ
1. 主に異性愛だが，偶発的に同性愛になる
2. 主に異性愛だが，偶発的によりは多く，同性愛になる
3. 異性愛と同性愛が半々
4. 主に同性愛だが，偶発的によりは多く，異性愛になる
5. 主に同性愛だが，偶発的に異性愛になる
6. 同性愛のみ

キンゼイは人々をスケール上に当てはめる際に，経験と「心理的反応」の両方を含めていました。そのため，このスケールは行動と魅力を感じる対象を合成したものと考えることができます。しかし，現代の使用ではしばしば行動を表しているにすぎません。

キンゼイ・スケールによって，性行動をより柔軟に記述することが可能になりました。キンゼイの調査結果についての記事の見出しによれば，「男性の少なくとも37％が，青年期から老齢期に同性愛経験をもつ」というもので，それは最終的なオーガズムを得るまでの物理的接触を意味していました。また，男性の10％は，「16〜55歳で少なくとも3年間は同性愛者（すなわち，スコア5または6）」であり，4％が生涯にわたって同性愛者であるというものでした[6]。30歳の米国人男性の場合，83％が0（完全に異性愛者），8％がスケール上の1または2，残り9％が少なくとも3であろうと推定されています。キンゼイは，人々は生涯にわたりスケール上を移動しうると指摘していて，実際にキンゼイ自身が若いときは1または2であったのが，中年になって3または4に移ったと言っています。

13% キンゼイの報告において同性との経験でオーガズムを得たことのある女性の割合（★★☆☆）

女性に関する研究の発表時に，キンゼイは同性愛の経験者が20％，オーガズムを得るまでに至った人が13％と推定しました[7]。20〜35歳の未婚女性では，少なくとも11〜20％が何らかの同性愛経験（スケール上で1〜6）があるといい，1〜3％が同性愛のみと主張しました。これらの結果は，1929年のデービスの成果と極めて類似しています。ただし，どちらも教育レベルの高いボランティアのサンプルに基づくものでした。

キンゼイは，これらの知見すべては事前に想定されたものではなかったと述べましたが，いずれの集団について尋ねられても，同様の回答を得たと主張しました。さらに，キンゼイの調査方法の限界が何であれ，これらの数字は話題となり記事の大きな見出しになりました。それから数十年後，それらは政治的な起爆剤になったのです。

● 同性愛者の割合はどのくらいでしょうか？

1970年代に男性同性愛者の解放が進んだことで，「同性愛者」の全人口に対する割合は政治的にホットな話題になりました。全米ゲイ・タスクフォー

第4課 同性間のセックス　87

ス（現・全米LGBTQタスクフォース）の議長であるブルース・ヴォーラー Bruce Voeller は，キンゼイのデータを用いて米国人口の10%が同性愛者であると主張しました。この大胆な主張は，少なくとも3年間に主として同性愛の経験があった人々（キンゼイ・スケールで4〜6）が，女性は約7%，男性は13%，平均して10%というキンゼイの推定値に基づいていました。

10% 全米ゲイ・タスクフォースが1980年代に発表した男性同性愛者の割合

　これはさらに議論を呼び，キンゼイが刑務所やゲイバーなどから組織的に調査対象を募集していたために，データの信頼性が低いという古くからの批判を再燃させました。しかし，この数値はキンゼイの同僚であるポール・ゲバード Paul Gebhard によって改訂されて，1977年3月のヴォーラー Voeller への手紙のなかで彼は，これらの情報源を除外したとしても，男性の14%，女性の4%が少なくとも5人のパートナー，あるいは21回の明らかな同性愛経験があると述べています[8]。

　これらの数値の平均は正確には9%でしたが，全米ゲイ・タスクフォースは10%という数字を使い続けました。議長のヴォーラーが1990年に次のように述べています。「人口の10%がゲイであるという概念は，広く『事実』として受け入れられるようになりました。〔中略〕それは，非常に多くの知識（そして社会的通念）とともに，繰り返し語られたから，そうなったのです。」[9] D　しかし，ヴォーラーはまた，キンゼイ・スケールのかなりの柔軟性は期待に反した結果をもたらす可能性があるとも指摘しています。それは，新しいゲイ運動に参加する人たちの多くは，スケールの1〜5に「すぎない」人々に対して，良くてゲイへの移行段階，悪ければ臆病過ぎてカミングアウトできないという状態であっても，ゲイであるかないかの決断をしたほうがよいと言い始めたからです[10]。

D　ブルース・ヴォーラーも生物医学の研究者で，本書で紹介しているいくつかの研究の著者でもあります。彼は1982年に「AIDS」という用語を定めた会議に参加していて，その用語との関係が想像できますが，1994年59歳で，AIDS関連疾患によりカリフォルニアで亡くなりました。

この10％の数値に対して，強く異議を唱えていた保守派の人々は，1991年に全米男性調査 National Survey of Men がゲイ男性の割合は1％とかなり異なる数値を示したときには，当然ながら歓喜しました [11] [E]。統計は，政治において論争のタネになりました。

全米男性調査では，「過去10年間にあなたの性行動はどのようなものだったと言えますか」と，調査対象者に質問しました。可能性のある回答は，1）異性愛のみ，2）ほとんど異性愛のみ，3）異性愛と同性愛がほぼ半々，4）ほとんどが同性愛，5）同性愛のみ，の5パターンで，キンゼイ・スケールに類似していました。2.3％は異性愛だけに限定していなくて，5）は1.1％でした。これらの結論を裏付けるものとして，1989年の全米総合的社会調査から，「性的にアクティブではない成人は3％，異性愛者は91～93％，両性愛者は5～6％，同性愛のみは1％以下である」という結果が引用されています。これらは同性愛1.5％，バイセクシャル4.5％としたヒルシュフェルトの数値に極めて近いものでした。ただし，ヒルシュフェルトは性行動というより性愛対象として議論していました。

これらの推定値は，大きな相違があるということだけが理由で，必ずしもどれかが「間違っている」という意味にはなりません。なぜなら，「定義」が決定的に重要な点だからです。そもそも「同性愛者」とはどういう人たちを意味するのでしょうか。アイデンティティ（自身が主張する性的指向），性愛対象（自身が性的魅力を感じる対象），または性行動（同性愛経験があるかどうか）を意味していますか。このような非常に微妙な検討が必要なことは明らかでした。

1992年の「全米国民健康と社会生活調査 US National Health and Social Life Survey」（NHSLS）は，これらの観点を分離しようとした最初の試みと思われます [12]。この調査は，同性愛を自認，同性が性愛対象，同性愛行動を経験，のうち少なくとも1つを回答した男性が10％いて，3つすべてを回答した人はわずか2.4％と，結論づけました。このように，定義の仕方によっ

[E] 全米男性調査は，国立子どもの健康と人間発達研究所 National Institute of Child Health and Human Development（NICHD）の資金提供を受け，20～39歳の男性4,700人の確率サンプルを用いて行われました。1991年，結婚歴のある回答者3,321人に対して，80分間の個人インタビューが実施され，全体の回答率は70％でした。評価は★★★☆となるでしょう。

ては 10% という数値は不適当ではないかもしれません。女性では，8.6% が少なくとも 1 つ，1.3% が 3 つすべてと回答しました。また，その性行動はしばしば男女ともに一時的なものでした。というのは，同性愛経験をもつ男性の 40% が 18 歳以前に体験したことで，その後，繰り返されていません。

　結果的に，3 つの定義のうちの 1 つ，男性同性愛の「アイデンティティ」の有無にかかわらず，同性間の性行動が非常に頻繁に起きていることが明らかになってきました。それが，このような人々のことを，現在の研究では「同性愛者」や「ゲイ」ではなく，たとえば男性とセックスをする男性，男性間性交渉者（MSM）として言及する理由です。これらの関係は，しばしば学校，刑務所，軍などの施設に関連することが多いのですが，もちろん，そのような環境に限定されるものではありません。したがって，統計を議論するときには，アイデンティティと行動を明確に区別しなければなりません。それでは，アイデンティティから始めましょう。

● セクシャル・アイデンティティ (性自認)

120万人　英国において，自身をゲイ／レズビアンあるいはバイセクシュアルと認める人々の人口推定値（★★★☆）

　Natsal 調査-3 は，コンピュータ上ではなく，カードを見せながら「このカードのうち，あなたの認識にもっとも近いものはどれでしょうか？　次の回答から A ～ D のアルファベットで答えてください。」と尋ねる，対面インタビューによりセクシャル・アイデンティティ（性自認）について調べました。カードの選択肢は，(A) 異性愛／ストレート，(B) ゲイ／レズビアン，(C) バイセクシュアル（両性愛），(D) その他でした。

　図 17 はその回答を示しています[13]。線があまり滑らかではないということは，インタビュー対象を選ぶ際に，より小さい数値は偶然変動性の影響が大きいことを意味します。したがって，55 ～ 64 歳で両性愛の女性が横軸と接しているのは，実際に存在しなかったのではなく，サンプルサイズが小さいことが原因です。16 ～ 74 歳の年齢全体では，男性の 1.5%，女性の 1% がゲイ／レズビアンであり，男性の 1%，女性の 1.4% が両性愛者で

図17　自身をゲイ／レズビアンまたはバイセクシュアルと認めている人の割合

(Natsal調査-3, 2010より)

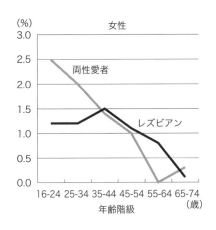
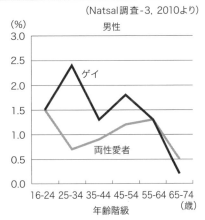

あると回答しました。しかし，年齢による明らかな傾斜があり，若い人ほど割合は高く，特に若年女性で顕著です。16〜24歳の女性では27人のうち1人が，自身のことをバイセクシャルまたはレズビアンだと思うと回答しました。これらの若年女性が年齢を重ねるにつれ，この曲線がどのように変化し，60歳になったら，現在60歳の女性と比べ，どのように異なるかは興味をそそられます。

性自認が公的な政府統計の一部になっていることに読者は驚くかもしれません。国家統計局（ONS）は，最近になって統合世帯調査 Integrated Household Survey（IHS）にその質問を導入しました。それは大変な努力によってもたらされたもので，6回の調査でのべ回答者18万人，回答率63％でした。これらの調査は，ウェブでの個別対面インタビューによるものでした [14]。

ONS は Natsal 調査とほぼ同様な数値として，1.1％がゲイまたはレズビアンのアイデンティティであったと報告しています。Natsal 調査に比べて，回答者の0.4％のみがバイセクシュアルであるとONSに回答しており，若い人とロンドンでかなり高い割合となっていました。それでは，これはNatsal 調査の回答者にバイアスがあったというエビデンスになるのでしょうか。あるいは世俗的な事柄に大きく関連した統合世帯調査では回答することに戸惑いがあるという兆候なのでしょうか。

私は Natsal 調査の報告を支持しています。おおまかに75歳未満の成人

第4課　同性間のセックス　　91

80人中1人がゲイ／レズビアンであり，80人に1人が両性愛者であると考えられます。しかし，女性では両性愛者のほうが多いというのが私の考えです。これは英国の16〜75歳の人口4,700万人に換算すると，男性では約35万人の同性愛者と23万人の両性愛者，女性では24万人の同性愛者と34万人の両性愛者がいると想定できます。合計で120万人近くになり，バーミンガム市の人口に匹敵します。

最近の米国のレビューでは同様な結論に達しており，米国の成人の約1.7％がレズビアン，ゲイ，1.8％がバイセクシュアル，さらに性同一性障害が0.3％で，LGBT（レズビアン／ゲイ／バイセクシャル／トランスジェンダー）の米国人はニュージャージー州の人口とほぼ同じで，約900万人になるとされています[15]。しかし，最近の「全米国民健康調査 US National Health Interview Survey」（NHIS）では，成人35,000人では，両性愛者についてやや少ない数値になっていました。それによると，1.6％がゲイ／レズビアン，0.7％が両性愛者，さらに1.1％が不明または「その他」で回答拒否という結果でした[16]。英国の調査と同様，恒例となった調査では，回答者は自身の両性愛者のアイデンティティを認めることに気が進まないのに対し，ゲイ／レズビアンのアイデンティティを回答した人はインタビュアーに対して率直であると考えられます[17]。

● 同性間性行動の有無

過去5年間に同性のセックスパートナーがいると回答した16〜44歳の英国人女性の割合（Natsal調査-3，★★★☆）

自ら認めるセクシャル・アイデンティティはさておき，同性間の性行動について質問するためには，定義を明確にすることが重要となります。Natsal調査では，たとえそれがキスだけでも，いかなる性交渉でも「同性愛経験」として広く定義しています。したがって，「同性パートナー」とは，「生殖器」への接触（タッチ）を認める相手であり，それは「必ずしも交接（挿入）に限らず，オーガズムへの到達を意図して，たとえば，手で刺激する（相互のマスターベーション）こと」も含んでいます。回答者は，思春期を含

図18　1990, 2000, 2010年に報告された16〜44歳男女の同性間の性行動

(Natsal調査-1, Natsal調査-2, Natsal調査-3より)

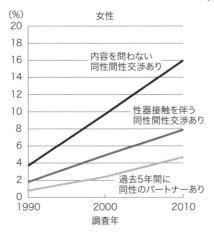
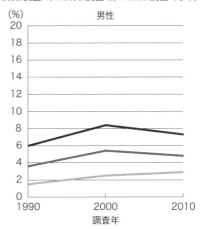

むあらゆる年齢での性行動について質問されます。

　図18は，1990〜2010年に同性間の性行動がどのように変化したのかを示しています。16〜44歳の女性では，経験者の割合が，1990年の4％から2000年の10％に，さらに2010年の16％に増加していました。このような短期間でも人々の行動に大きな変化が明らかに起きていました。しかし，これは単に女の子がマドンナとケイティ・ペリーを真似してキスすることではありません。これら経験者の約半数が生殖器への接触をしていたと回答していて（もちろん，同性パートナーとしての定義を満たしています），そのうちの約半数が過去5年間に同性パートナーがいたとしています。全体では，ほぼ20人に1人の女性が過去5年間に同性パートナーの存在を報告しました。

　そこで，本当に変化があったのか，あるいは単に女性が自分の行動をより積極的に回答するようになったのかということが問題になります。きちんとしたチェックのしかたのひとつは，各調査で同じ回答になるような質問をすることです。Natsal調査の例を次に示します。

▶ 1990年に尋ねた際には，1990年以前の同性間の性行動経験を回答した女性の割合は4％でした。

▶ 2000年に尋ねた際には，1990年以前の同性間の性行動経験を回答した女性の割合は7％でした。

このように，1990 年以前の同性間の性行動経験が回答された割合が，1990 年と比べ，2000 年にはほぼ倍増していました。これらは同一の女性たちからの回答ではないため，数値が正確に一致するとは期待できませんが，4％が 7％に上昇したことは偶然に起きる程度を超えていて，デリケートな情報を回答する意欲が増したことが強く示唆されます[18]。同様の分析は，2000 年の Natsal 調査-2 と 2010 年の Natsal 調査-3 のあいだにはさらにあてはまり[19]，**図 18** でみられる女性での急上昇は，初期の部分に正直に回答するようになった状況がある程度反映されていますが，その後の上昇は本当に経験が増えたことを示しています。

男性が回答した同性間の性行動経験の 1990 ～ 2000 年のゆるやかな増加は，おそらく，より真実を回答しようという気運が広まったことと，HIV 感染の恐怖により性行動が減少したことの両方に関連していると思われます。2000 ～ 2010 年には実質的な変化はありませんでした。

異なる年齢階級でそれらの経験を検討すると，男女間ではさらに顕著な違いがあります。**図 19** は，調査前 5 年間に同性のセックスパートナーがいた人の割合に注目しています。グラフ中には 2010 年の「これまでに同性間の性行動経験がある」という回答も示されていますが，これには一時的な思春期の性行動も含まれているはずです。調査前 5 年間に女性のセックスパートナーがいた 30 歳前後の女性の割合は，1990 ～ 2010 年に 1％（100 人中 1 人）から 5％（20 人中 1 人）に増加していました。単に同性のセックスパートナーがいた人の割合をみると年齢とともに急落していますが，調査前 5 年間ではすべての年齢階級でかなりの相対的増加がみられます。すなわち，1990 年には，調査前 5 年間に同性パートナーがいた 50 歳前後の割合は無視できる程度でしたが，今では約 40 人に 1 人になっています。

生涯にわたる同性間の性行動経験を報告している女性の割合（**図 19** の最も高い線）は，誕生年によって大きく左右されます。同性間の性行動経験をもつ人は，2010 年当時 70 歳の女性では 40 人に 1 人でしたが，20 歳前後の女性ではほぼ 5 人に 1 人になりました。ただ，このなかには試してみた程度の性行動が多数含まれていることは明らかです。概して，最近，同性のパートナーをもった女性は，生涯で同年齢の女性 2 人以上と同性間の性行動体験をもちますが，調査前 5 年間にもった女性は，その後の同性パートナーはいませんでした。

図19 過去5年間とそれまでの人生で同性のセックスパートナーがいたと回答した人の割合

最も高い線は2010年のNatsal調査-3でそれまでの人生での割合を示す。

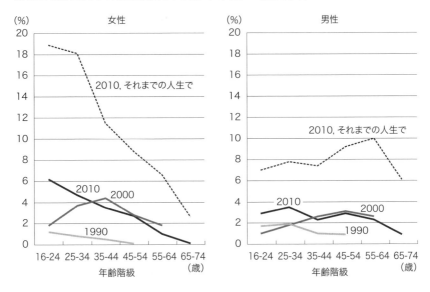

　ここまで検討してきたように，最近，同性のセックスパートナーがいたと回答している男性の割合は1990～2000年にかけて増加しましたが，高齢者と若年男性の行動は著しく類似しています。男性では約60歳以降70歳頃まで急激な減少があり，女性ではみられない，きわめて明確なピークがあります。歴史を振り返ると，いくつかの解釈が可能かもしれません。現在，約60歳の人々が生まれたのは1950年頃で，1960年代に自由な環境で育った10代の若者でした。特に1967年に同性愛が合法化されています。Natsal調査-1は，この集団の初体験がこの心が浮き立つ時代に急増したと報告しています[20]。男性同性間の性行動が違法で頻繁に訴追された時期に成長した男性は現在70歳前後の人々です。ですから，今の若い男性は，以前よりHIV感染のリスクが落ち着いた時代に大人になっているわけです。

　しかし，男女の同性間の性行動経験に共通するひとつの特徴があります。それは，何も資格をもたない人よりも，高等教育を受けた人で，率が2～3倍高いということです[21]。

● 性自認と性行動はどのように違うのでしょうか？

68% 「ヘテロ・セクシャル」と回答したかどうかを問わず，同性愛経験がある米国人女性の割合（★★★☆）

米国政府の調査は Natsal 調査に類似した結果を示しました。それは，1970 年代から実施されている「全米家族成長調査 US National Survey of Family Growth」（NSFG）で，面白みはないけれど意義のある調査名 F によって，おそらく継続的な調査費用の予算化が図られたはずです。この調査による同性愛者のデータは，性愛対象，性行動および性自認の複雑な関係をみる良い機会を提供してくれました。それらは，かなり驚くべき結論を導くでしょう。その結論とは，同性愛経験をもつ米国人の大多数が「ヘテロ・セクシャル」を自認し，その多くが異性にしか魅力を感じないと語っているということです。

この明らかな逆説がどのように生じるかをみてみましょう。**図20** は，関連する質問に対する NSFG の対象者 22,600 人からの回答を示しています。割合が低い集団は，ゲイあるいはバイセクシュアル（男性3%，女性5.3%）と自認しており，やや高い集団は，少なくとも異性と同等には同性に魅力を感じるとしています。男女ともに，より多数の人々はなんらかの同性愛経験を回答しています。NSFG において，女性のセックスパートナーの定義には「すべての性交渉」が含まれていますが，男性の場合にはオーラル・セックスまたはアナル・セックスのみに限られています[22)]。これは幾分，奇妙な非対称性といえますが，**図20** は，同性パートナーがいると報告した女性の 3/4 がオーラル・セックスもしていると回答したことを示しています。

図20 からの重要な学びは，同性間での性経験があるにもかかわらず，

F 2006 ～ 2010 年の最新の NSFG では 15 ～ 44 歳の 22,682 人のインタビューを行い，77%という素晴らしい回答率を得ました。内訳は，女性78%，男性75%です。2006 ～ 2010 年の調査の回答者には，参加してもらったことへの「簿謝」として 40 ドルが提供されました。女性の面接者が家を訪問しますが，回答者はヘッドフォンでデリケートな質問を受け，直接コンピュータに回答を入力します。この音声支援は言語の問題も解決します。これを★★★☆のデータと評価しましょう。

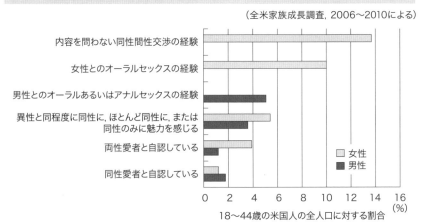

図20　同性間の性行動，性愛対象，性自認

(全米家族成長調査，2006〜2010による)

　ヘテロ・セクシャルとして自認している，あるいは異性にのみ魅力を感じると語る人々が多数いるに違いないということです。確かにNSFGは，自身を異性愛者とする18〜44歳の女性で，10％が同性間での性交渉（この数字をメモしておいてください）をもち，「異性にのみ魅力を感じる」とする女性のうち5.5％が同性間での性交渉があったと報告しています。ヘテロ・セクシャルであると自認する男性では，そのうちの3％に，かなり厳格なNSFGの定義を用いても同性間での性交渉といえる経験がありました。また，異性にのみ魅力を感じるとする男性のうち，2.7％が同性間の性交渉の経験をもっていました。

　ですから，総体的に，自称「ストレート」な人々のうち，少数とはいえ，注目すべき一定の割合で，同性間での性交渉を経験しています。そこで，今から逆説を解くために合理的で簡単な数学を解くことにしましょう。

　図21は，18〜44歳の典型的な米国人男女1,000人ずつに，私たちが期待できることを示しています。女性のほうから考えましょう。**図20**から，自身を同性愛者またはバイセクシャルと報告する5.3％を期待できます。すなわち，女性では53人になります。このうちの大多数，すなわち45人(86％)前後が同性間の性交渉を経験しているといえます。しかし，自身を「ヘテロ・セクシャル」とする残りの947人の女性をみてみましょう。私がメモするように頼んだ数値から，彼女たちの10％が同性との性交渉経験を報告すると期待できます。すなわち，低い割合ですが，これはなお95人の経験者が

第4課　同性間のセックス　　97

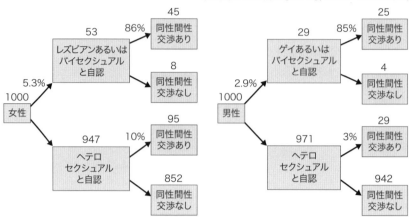

いることになります。したがって、同性との性交渉経験のある女性の総数は 45＋95＝140 となり、そのうちの 95/140＝68％ が自身を「ヘテロ・セクシャル」と報告したことになります。これが「パラドックス」の仕組みです。同性間での性交渉は「ストレート」と自認している人のなかではかなり稀なことですが、同性間の性交渉の経験者には「ストレート」の女性も多く含まれ、過半数以上を占めています。

男性の場合には数値は若干低くなりますが、これは性交渉の定義が女性より厳しいからかもしれません。他の男性とアナル・セックスやオーラル・セックスの経験があると報告した男性のうち、小差ながら過半数が自身を「ヘテロ・セクシャル」であると回答しています。**図21** から、29/(25＋29)＝54％ であることがわかります。

また、他の男性とのアナル・セックスやオーラル・セックスを経験したことがあると報告した男性の半数近く（44％）が女性のみに魅力を感じると回答し、一方、同性との性交渉の経験を報告した女性の 32％ が男性だけに惹かれると回答しました。

これは、全人口に占める同性愛者の割合に関する歴史的な議論を思い起こさせます。NSFG 調査で同性間での性交渉を報告した男女の全体に対する割合がほぼ 10％ であることは注目に値しますが、これは 1970 年代のヴォーラーの古い主張とほとんど同じといえます。性感染症を懸念するな

ら，重要な問題はウイルスへの感染やウイルスを伝播させる行動であり，この観点からは，人々が実際に同性愛者を自認するか否かとはほとんど無関係であることは明白です。それが，男性とセックスする男性（MSM）という，かなり持ってまわった言い方ができた理由なのです。なぜなら，男性とセックスした男性の大多数が，自身に「ヘテロ・セクシャル」というレッテルを貼っていますから[G]。

● 同性間性行動の種類

72% 女性とのセックス経験がある女性のサンプルのうち，オーラル・セックスを行った人の割合

　統計的な観点からみると，これまでに行われた一般的な調査では，同性間での性行動の件数が非常に少ないため，特定の行動の割合を正確に推定するには十分ではありませんでした。しかし，米国のサンフランシスコ，ニューヨーク，ロサンゼルス，シカゴといったゲイ人口の多い都市では，調査をゲイ人口がより高い地域に的を絞って着実に調査を行うことが試みられてきましたが，ゲイ男性の「ランダム・サンプル」を集めることは非常に困難です[23]。

　調査では，ゲイやバイセクシュアルと自認しているボランティアが重要になります。たとえば，ゲイのウェブサイトから募集された18〜87歳の25,000人近くの男性を対象とした大規模なオンライン調査では，口にキスをすることが最も一般的な行動（75％）で，オーラル・セックスと相互のマスターベーションが73％と68％と続きます。アナル・セックスは稀であり，

[G] 映画「ショーシャンクの空に」では，冤罪で服役した主人公が獄中で別の受刑者からアナル・セックスを強要されるシーンが登場します。形式的には男性同性愛行為なのでしょうが，強要する側の人物は明らかに主人公に女性の代替者になることを求めていました。どうもそのシーンを見てから，男性同性愛者にも受け入れる立場とそうではない立場があると勝手に想像していました。それなら，男性とセックスしても自分はヘテロ・セクシャルだと思っている人がいても不思議はないような気がします。それで女性同性愛者には受け入れる立場とそうではない立場があるのでしょうか。あるいは野球のように攻守交代したり，サッカーのようにプレー中に切り替わったりするのでしょうか。（訳者注）

第4課　同性間のセックス　99

回答者の半分にも満たない（37%）ものでした [24]。

　しかし，そのようなボランティアを対象にしたインターネット調査はどのくらい信頼できるのでしょうか。Natsal 調査チームは，調査で見つかった MSM のグループを，チャットルームやプロフィール・ページにポップアップ広告とバナー広告を載せて gaydar と gay.com といったウェブサイトで募集した人たちのグループと比較しました。インターネットで募集した 2,065 人の MSM のボランティアは，年齢や背景において Natsal 調査とかなり類似していましたが，調査前 1 年間の性感染症の感染率は約 4 倍（16% vs. 4%）で，調査前 3 か月間のアナル・セックス経験者の率も高いものでした（77% vs. 63%）。ですから，インターネット募集は，人口統計の面では代表的なボランティアを見つけ出すことができたように思えますが，彼らはよりリスクの高い性行動をとった人々だった可能性があります。

　女性間での性行動にはそれほど注意が払われてきませんでした。ベイリー Bailey たちは，1992 ～ 1995 年にロンドンにあるレズビアン向けの性感染症診療所に通う女性に対して，性行動に関するアンケートを 1,000 件行い，803 件の回答を得ました。ただし，レズビアンのコミュニティのグループからの回答はやや低く（1,136 件のうち 415 件）なりました [25]。最も一般的に行われていた行為は膣への指の挿入（84% が「頻繁に」と回答），オーラル・セックス（72%），相互のマスターベーション（71%），生殖器どうしの接触（50%）でした。アダルト・グッズの膣への挿入（16%）のような他の行動はかなり稀でした。

　2000 年の Natsal 調査-2 は，女性とだけセックスをする女性 31 人という小さなサンプルにおいて，調査前 1 年間でオーラル・セックス 80%，生殖器への接触 93% と，同様のパターンを確認できました。男性とも女性ともセックスをした女性 147 人という，より大きい集団では幾分異なる結果となり，女性とのオーラル・セックス（54%），生殖器への接触（61%）と，両方とも割合が低くなっていました [26]。

　同性間のアイデンティティや同性間の性行動を分析する鋭敏さが増していることから，人間のタイプとして「性的倒錯者」という単純な考え方から相当な進歩があったと言えます。ヒルシュフェルトが認識していたように，一般の人々のあいだにも，性自認，性愛対象，性行動には驚くほどの多様性があるという認識が広まっていきました。しかし，この刺激的な多

様性のなかで，個人的な立場を決めるものは何でしょうか。1世紀にも及ぶ議論と努力にもかかわらず，これは今も謎のままです。

● 性自認を決める要因は何でしょうか？

43人 一卵性双生児のゲイ53人のうち，片方がゲイではない人の数（★★★☆）

　ヒルシュフェルトは科学者ではありませんでしたが，性的指向が生物学上の産物であることを「証明する」ために人生を費やしました。対照的に，フロイトと弟子たちは，同性間のセックスの欲求は育てられ方と環境を通じて得られると固く信じていました。後者の見解からもたらされた結果のひとつは，当然，性的指向は適切な治療法または意図的な素晴らしい行為によって「変更」される可能性があるということでした。確かに，有名なマスターズとジョンソン研究チームを創設したウィリアム・マスターズ William Masters は，「満たされない同性愛者」を異性愛者に転向させたと主張しましたが，同僚たちは後にこれが実際に起きたかどうかには懐疑的であると述べています[27]。

　キンゼイの男性に関するレポートが発表された直後，1952年に発表されたF. J. カルマン F. J. Kallman による古典的な研究は，「生物学的」理論を強力に支持したようにみえました[28]。カルマンは，40組の一卵性双生児がキンゼイ・スケールの3以上（すなわち，少なくとも「同性愛と異性愛が半々」）と判定されて100%「一致」したが，26組の一卵性ではない双生児では約10%しか一致しなかったと報告しました。これに基づいて，カルマンは性自認がほぼ完全に遺伝的であると主張しました。しかし，彼の個人的な態度は，キンゼイが人間の多様性を受け入れていたこととは明らかに大きく異なっていて，カルマンは「この異常ともいえる行動が，不幸，不満，人間的価値のゆがんだ感覚の尽きない原因となり続けるかぎり」さらなる研究が急がれると主張しました。

　双生児に関する同様の研究が多く行われました。たとえば，ホワイタム Whitam たちは，少なくとも1人が異性愛者ではない61組の双生児を集め

第4課　同性間のセックス　**101**

ました。そのうち，一卵性双生児では 71%，一卵性ではない双生児では 40%が一致しました。

しかし，これらの数値には深刻な欠陥があります。それらは★☆☆☆の評価にしかならないかもしれません。

★☆☆☆である理由を理解するには，次の疑問を解決する必要があります。なぜ双生児について特定のペアを調べているのですか？　ホワイタムの研究では，双生児を探してゲイを対象にした雑誌に広告を掲載したり，双生児の友人をもつ知人たちから個人的に紹介してもらったりしました[29]。しかし，双生児1組が両者ともゲイである場合には，その1組の片方が広告を見て募集に応じるチャンスは2倍になります。また知人が，両者ともゲイである双生児を紹介する可能性が非常に高いと考えるのは合理的であり，さらに共通のゲイ志向をもつ双生児であれば，研究に参加することに喜びをより感じるかもしれません[30]。そのため，サンプルのなかで一致するペアは過剰に大きな比率を占めることになり，一致するペアの全体に対する割合は選択の過程を通して大きく偏ることになります[H]。

これらのバイアスのため，2000年にオーストラリアで 850 組近くの一卵性双生児の画期的な研究が発表されるまで，一致度は高いと考えられていました[31]。その研究では双生児の国全体のサンプルの一部を用いていて，調査対象者の募集は性的指向とは一切関係ありませんでした。研究者たちは，少なくとも1人がキンゼイ・スケールで少なくとも2（少なくとも『相当な同性愛的感情をもつ』と定義される）である 27 組の一卵性双生児において，わずか3組だけが「一致」したことを見出しました。わずか 10%で

[H] これはよく知られている確率クイズに関連しています。ポケットの中にコインが2枚入っています。1枚は普通のもので，もう1枚は両面とも表になっています。私がランダムにコインを取り出し，確認せずにコイン・トスをします。その結果，表が上になりました。そのコインの反対側も表である確率はどのくらいでしょうか。単純な答えは 1/2 です。しかし，ちょっと考えると正解が 2/3 であることがわかります。これに到達するひとつの方法は，まずコインがランダムに選ばれ，それに続いてランダムにコイン・トスが行われれば，4つの結果が同程度に起こる可能性があることがわかります。これらのうち3つで表が上になります。しかし，これらの表のうちの2つは両面とも表のコインの場合に得られる結果です。したがって，コイン・トス後に表が見える状況では，3つのうちの2つで反対側にも表があります。本質的に，コインの表を見たら，両面とも表になっているコインを選んだ可能性が高いのです。同様に，ゲイの双生児が募集広告に応募する際には，それ自体がゲイの双生児の兄弟がいる可能性を高めています。

あり，過去の研究よりはるかに低いものでした。同様に一卵性双生児の女性22組では，やはり3組しか一致しませんでした。

　これらの結果を別の視点から見ることにしましょう。一卵性双生児であった1,696人のうち，合計53人（3%）の男性と女性が，自身が少なくとも「相当な同性愛的感情」をもっていると認識していました。このうち43人（81%）の一卵性双生児の兄弟あるいは姉妹は，自身についてそのような認識をしていませんでした。単純な選択バイアスは，性的指向の遺伝的根拠について40年間にもわたるひどく誇張された主張につながったと思われます。

　双生児を研究する際のもうひとつの問題は一般的に同じ家庭環境にあることで，そのため，双生児の類似性が遺伝的素因あるいは養育のどちらによるものかを判断するのが困難です。それが，一般に養子縁組により異なる家庭で離れて育った双生児に過剰な関心がもたれる理由です。少なくとも1人が異性愛者ではなく，異なる環境で育った一卵性双生児の男性4組が研究対象となりました。このうち，2組が「一致」しました[32]。これらは極めて稀な話です。ある男性が隣の市のゲイバーに行き，そこで彼が存在を知らない双生児の兄弟と間違えられました。もう1組の両方ともゲイの双生児は，ゲイバーで偶然出会うまで互いの存在を知りませんでした。その場面を想像してみてください。

　これらは，BBCのミステリー・ドラマ「ディッケンジアン Dickensian」の偶然のレベルであり，テレビ番組の信じがたい内容にはふさわしいものです。しかし，統計的な観点からは，ゲイ・コミュニティが小さく，メンバーは偶然出会う可能性が高いため，両者がゲイであったという事実が互いを見つける機会を増加させたということが重要となります。言い換えれば，同性愛者が1人だけであったなら，出会う可能性は小さかったでしょう。したがって，一致する双生児に注目する度合いが再び増すと，選択バイアスがますます大きくなってしまいます。

　全体として，特に男性には性的指向に遺伝的要素があるように思えますが，それはかなり弱いです。ですから，遺伝子の影響がそれほど大きくないのなら，受精後に胎児が育っている間に何が起こったのでしょうか。それは明らかに重要な期間です。子宮内での未知の影響を受けて，一方が正常な心臓で，もう一方が重症の先天性欠損がある双生児をもつこともあります。最近の総説によると，ケンブリッジ大学のメリッサ・ハインズ

第4課　同性間のセックス　　103

Melissa Hines は，アンドロゲン（テストステロンを含むホルモンの一種）を過剰に産生する「先天性副腎過形成」をもつ女性に関する研究成果を報告しています。副腎過形成により生じる両性愛者または同性愛者となる可能性は約 30 ％と結論しています [33]。しかし，ハインズは，妊娠中のホルモンの一般的な変動とその後の性的指向とのあいだの関係の有無について直接的な情報はないと指摘しています。

それでも，おおよその代替指標があるかもしれません。手のひらを上にして右手を伸ばしてください。薬指に比べて人差し指はどれくらい長いですか。BBC が実施した大規模なオンライン調査では，15 万人を超える参加者が指の長さを測定し[l]，平均して人差し指は薬指よりわずかに短かったという結果になりました [34]。これら 2 指の長さの比は「ディジット比 digit ratio」として知られ，BBC は男性の平均ディジット比が女性の平均ディジット比よりも約 1% 小さいことを見出しました [35]。

男性の比較的大きな薬指は，子宮内でのテストステロンの曝露によってもたらされると考えられ，BBC 調査よりさらに慎重に指の長さを測定した多くの研究をまとめてみると，平均ディジット比には男女で明確な違いがあります。しかし，重複も相当に大きく，同様の集団から男性と女性がランダムに集められた場合，男性のディジット比が女性のディジット比より小さいのは 2/3 程度です [36]。性別をそれぞれに検討すると，ディジット比の小ささと古典的な「いわゆる男性的な」行動を結びつける多くの研究が行われていました。それで，ディジット比が小さい（人差し指が短い）男性は金融取引でより成功を収め [37]，交通違反もより多い [38] 傾向があるのです。

性的指向に関する分析では，レズビアンまたはバイセクシュアルを自認する女性は，概してヘテロ・セクシャルを自認する女性よりも小さいディジット比，つまり比較的短い人差し指をもつ傾向があることが示されています。BBC 調査では，男性で弱い関連性が見出されましたが，エビデンスとは一致しません [39]。したがって，すべての検討後の結論は，出生前のア

---

[l] 正確な方法は次のとおりです。「右手を前に出してください。薬指が手のひらと繋がっているところを見てください。下のシワを見つけます。このシワの真ん中に目を移してください。そこに定規の 0 を正確に置きます。定規が指の真中を真っ直ぐに通っていること確認してください。指の先端まで（爪ではありません）をミリメートル単位で測定してください。

ンドロゲン曝露は女性の性的指向に幾分かは影響しうるものの，男性では
ほとんど影響しないというものです。

　別の好奇心を満たす関連性のある見解は，年齢の離れた兄のいる男性が
ゲイまたはバイセクシュアルである可能性が高いということです。たとえ
ば，ある研究は，ゲイ・コミュニティと，1994 年に行われたトロント・レ
ズビアン・ゲイ・プライド・デーのパレードから男性 302 人，同年齢のヘ
テロ・セクシャルの男性を比較対照として，総数男性 604 人（そのうち
50％がゲイ）を集めました。兄がいない男性では 45％だけがゲイでしたが，
兄が 4 人以上いる男性ではゲイが 71％を占めました[40]。兄が 1 人いると，
ゲイである可能性を 1/3 程度増加させると推定されました。そのため，兄
が 3 人いる場合にはゲイである可能性は 2 倍以上にもなります。母体が男
子の出産経験を「覚えている」として，「母性免疫仮説」が示唆されていま
す[41]。これらの家族の関連性は，**図 20** に示したデータのように，より柔
軟で精力的な性的指向をもっている女性にはみられません。

　性的指向の「要因」に関する，このようなさまざまなエビデンスはどこ
に残されているのでしょうか。一般的なコンセンサスは現在では生物学的
側面にありますが，遺伝子，出生前のホルモン曝露，早期性体験の影響の
絡み合いを解消しようとしている人々をうらやましいとは思いません。な
ぜって，子どもたちは性的な固定観念に従うでしょうか。

　それは，人が左利きである理由を説明しようと多くの努力を費やしてい
るようなものです。というのは，1950 年代半ばまで，子どもたちはなお「利
き腕」を変えて右手で書くことを余儀なくされていましたが，今では左利
きに対しては学問的関心があるだけのようです。さらに皮肉なことに，利
き腕と性的指向には明確な関連があり，ゲイやバイセクシュアルの男性で
は右利きではない可能性が約 1/3 と，女性のほぼ 2 倍とされています[42]。
しかし，それは兄の数と性的指向の関係が右利き男性のためだけに成り立
つと主張されて以来，さらに複雑になっています[43]。正直に言えば，それ
らはすべてちょっとした混乱のように思います。

　私の個人的見解は，これらはすべて魅力的な科学である可能性はありま
すが，概して「要因」を探求するのは無駄なことです。特に特定の人々に
ついては無意味です。私たちは関連性を見出すことは可能ですが，単なる
偶然の果たす役割は常にとても大きいため，これらすべての統計の，今後

の子どもたちの指向に関する的中率はほとんどゼロに近いでしょう。それで十分です。

● ヒルシュフェルトの偉業

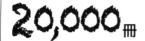

1933年5月10日にベルリンのオペラ広場で焼失したマグヌス・ヒルシュフェルト研究所の蔵書の概数

マグヌス・ヒルシュフェルトは，要領が悪く，直情的でした。キンゼイの伝記を書いた作家の言葉を引用すれば「身体的に他人を不快にさせ」，フロイトは彼を「締まりがなく」「食欲をそそらない」とみなしていました[44]。にもかかわらず，彼は忠実な信奉者を魅了し，人気のある講演者でした。1930年以降，国際的な講演ツアーの終了後にドイツに戻りたいと，彼に思わせないほどナチスの脅威が拡大した時でもです。

ヒルシュフェルトには警戒する理由がありました。1933年5月6日の出来事をニュース報道で知り，フランスに亡命しました。というのは，自身の研究所はナチスを支持する学生たちが暴徒化して最初に標的にしたもののひとつになり，学生たちは「退廃した文化」の象徴として略奪し，数日後に書籍と論文をオペラ広場の巨大な焚き火で焼却してしまったからです（ナチス・ドイツの焚書）。1934年6月に「長いナイフの夜」事件でナチス突撃隊の指導者エルンスト・ロームが粛清された後，迫害が開始されました。もしヒルシュフェルトがドイツに帰国していたなら，同性愛者を意味するピンクの三角形の識別胸章を付けられ，死ぬか，あるいは強制収容所に入ることになったでしょう。

彼は1935年，67歳の誕生日にニースで亡くなりました。彼は科学者ではなく，セクシュアリティの生物学的根拠を見つけようとする試みも成功しませんでしたが，性自認や性愛対象についての柔軟な見解は立派に成立していました。たとえ彼の調査方法が幾分原始的であったとしても，後知恵的ですが，彼の統計的な推定値はかなり当たっています。彼は型破りで勇敢で難しい男でしたが，ゲイ解放運動創設の象徴のひとりとして，ドイツやその他の国でますます尊敬を集めています。

第5課

孤独なセックス
マスターベーションの頻度と健康障害

● マスターベーション・大ピンチ

57% 1898年の調査において，学生時代にマスターベーション
の誘惑に駆られたことを認めた若いキリスト教徒の割合

　マスターベーションという事象は，1年前後の誤差はあるとしても，1712
年に創りあげられました。それ以前から，人々はおそらく自身の彼処（あそ
こ）がちょうど手を伸ばした所にあることに気付いてはいたでしょうが，
1712年当時，それほど関心がもたれていませんでした。実際には，ローマ
帝国時代のギリシア人医師ガレノスは，鬱積した「いらいらした気分」を軽
減するために，婦人たちにマスターベーションを勧めていました。犬儒学派
のディオゲネスは道端で公然と自慰行為に及んでいたことで有名でし
た [1]。マスターベーションは，生殖を目的としないセックスを否定するもの
として，当時広まっていた早期キリスト教の影響下にありましたが，自慰行
為はとるに足りない罪と考えられ，非難する対象というより下品なユーモア
の題材とみなされていました。

　非常に私的なことまで書いた日記を除いて，マスターベーションがどれだ
け行われているかを知ることはできません。17世紀の英国官僚サミュエル・
ピープス Samuel Pepys が，マスターベーションのために性的な「空想」を
繰り返していたことは明らかです。1663年7月15日，彼は「ベッドで，女
王様に夢中になった」と書いていますが，教会は彼の手指に対しては何の障
害にもなりませんでした。しかし，彼は，何らかの言葉による偽装が必要だ
とは思っていたようです。"1666年11月11日。ほどなく教会へ。妻，私と
ベティ・ミシェル，彼女の夫はウェストミンスターに行きました。さあ教会
では「神よ，赦したまえ」，私は心の中ではベティ・ミシェルと交わったので，
hazer con mi cosa in la eglisa meme（教会の中でさえ私は自身のモノを弄びま
した）" [2]。

　ピープスはこの行動について強い罪悪感はなかったようです。そうでなけ
れば，その行為が見つかることを非常に恐れたでしょう。おそらく，この時
代はマスターベーションの黄金時代であったでしょう。教会の道徳的な束縛
力が弱まり始め，しかし，それにとって代わろうとする，新しく，そして断

罪的な「科学」という権威の啓発運動が始まる前で，比較的自由な時代でした。ピープスが1703年に死亡したのち，わずか数年後に，マスターベーションが以降250年も続く撲滅運動の対象となったことを告げる小冊子が発表されたのでした。

この小冊子は1712年頃に出版されたもので，「オナニア――あるいは自瀆という極悪な罪業 Onania; or the Heinous Sin of Self-Pollution」と名付けられていました[3]。そのタイトル全体を**図22**に示します。オナンはセックスを途中で止めたか「膣外射精」をしたに過ぎませんが，濡れ衣を着せられてしまいました[A]。

図22 「オナニア」のタイトルページ

(Wellcome Library, Londonより転載)

この作者不詳の小冊子は「この罪深い行為を神への冒瀆として暴く」と主張しましたが，主に自瀆（手淫，自慰）の身体的影響，特に若い男性に対する説明に偏り，次のような記述があります。「かれらは，この不道徳行為に身を委ねる前には強靱で頑丈だったのに，この行為によって疲弊し，その肉体から爽やかで活気ある水分を奪われ，咳をしたり唾を吐いたりすることなく，乾燥し，ひどくやせ衰えて墓場へと送られた。」著者の友人は著名な寄宿学校の女性教師から，自分の生徒たちがまさにその行為を行っていたことに驚いたと，目に涙をためながらの証言を得ていたので，少女たちは特に危うい状況でした。生徒たちは尋問

[A] 旧約聖書創世記38章『そこでユダはオナンに言った，「兄の妻の所にはいって，彼女をめとり，兄に子どもを得させなさい」。しかしオナンはその子が自分のものとならないのを知っていたので，兄の妻の所にはいった時，兄に子を得させないために地に洩らした。彼のした事は主の前に悪かったので，主は彼をも殺された。』

第5課　孤独なセックス　109

され，おもに 15 歳以上の少女たちでしたが，かなり頻繁に手指や器具を使用してオーガズムを得たことを告白しました。

マスターベーションに関する信頼できる歴史 B を執筆した（訳者注：現在，カリフォルニア大学バークレー校の）トーマス・ラッカー Thomas Lacquer は，「オナニア」はジョン・マーテン John Marten によって書かれたと主張しました。ジョン・マーテンは外科医で，英語に「マスターベーション」という言葉を導入したり，猥褻罪で起訴されたりした怪しい前歴をもった人物で，想像力豊かなビジネスマンでもありました。彼はこの小冊子の最後に，1 瓶 0.5 ギニー（英国で使われていた金貨で 1.05 ポンド）もする「精力増強チンキ」と，24 回分で 12 シリング（0.6 ポンド）の「多産パウダー」など，パターノスター通りのクローチ書店 C で購入できる高価な精力増強剤の広告を掲載していました。「オナニア」はこのような文脈で産業化され，著名なスイスの内科医サミュエル・オーギュスト・ティソ Samuel-Auguste Tissot の「オナニズム，あるいはマスターベーションが原因となる疾病に関する論文 Onanism, or, a Treatise upon the Disorders produced by Masturbation」とともに 1700 年代のベストセラーのひとつとなり，医学史上で最も影響力のある書籍のひとつになったのでした [5]。

ティソは精液を多量に排出することの危険性に執着していました。彼は，精液の浪費は「倦怠感，衰弱，運動能力低下，ひきつけ，疲労，乾燥，発熱，脳膜の痛み，感覚の鈍化，失明，脊髄の衰え，知能低下やその他の疾病」などをもたらすという過去の報告を引用しました。ですから，マスターベーションが人々を失明させるという考えには長い歴史があります。そして，ティソは次のような統計を示しました。正確さは怪しいものの頻繁に引用されていた「1 オンス（28.3495 グラム）の精子を失うことは，40 オンスの血液を失うことよりも体力を消耗する」というデータです D。したがって，生殖を目

B 「孤独なセックス：マスターベーションの文化的な理論 Solitary Sex: A Cultural Theory of Masturbation」という著作は，小さい文字で 500 ページ以上に及ぶ深い学術的な知識と脚注から構成されていましたが，残念なことに尊敬すべきラッカーは，「オナニー教授」として有名になってしまいました [4]。これが，この分野に参入するすべての学者の運命ではないことを願っています。

C クローチ書店はセントポール大聖堂の隣にあり，後に，1940 年 12 月 29 日に 500 万冊の書籍とともに焼夷弾によって完全に破壊されるまで，本の販売と出版の中心になりました。

的としないセックスへの倫理的宗教的な非難が，容易にエセ科学的データによる正当性に姿を変えられてしまったのです。

　ようやく1857年に，ウィリアム・アクトンWilliam Actonの「生殖器の機能と疾病」の中に統計が登場しました。それによると，「肺結核」に罹患した1,000人の男性患者のうち12％が過度に性行動を行い，18％が自慰行為におぼれ，22％が「夢精」に苦しんでいました[6]。現在では「マスターベーションと疾患との逆の因果関係」として知られる，当時の常識とは逆のことを想定したアクトンの功績を，とにかく私たちは認めましょう。逆の因果関係とは，「繊細な気質は性的興奮に，より敏感である可能性がある」というものです。　この洞察は，精神科病院の患者が自慰行為をすることを観察し，その行為がそこで始められた習慣であると思い込んだすべての医師によって見逃されました[E]。

　米国では，セブンスデー・アドベンチスト教会の信者で医師のジョン・ハーヴェイ・ケロッグ John Harvey Kellogg が，コーンフレークの発明家として讃えられていますが，痔から消化不良や便秘，当然ながら視力低下と精神疾患まで，広範囲にわたる自慰行為の医学的影響について解説しました。性的衝動は，就寝前に生殖器を冷たい水に15分間浸すこと，朝食用シリアルのような，刺激の少ない食物を摂ることによってコントロールできるとされました。グラハムクラッカーはシリアルと同様に誕生しました。あるいは，少なくともアンチ・マスターベーションの特性を商業的には宣伝されていました。さらに自慰の習慣を阻止するために，特許を取得した広範囲に及ぶ機械装置や電気器具が作られました。それらは熟視できないほどすさまじいもので，ペニスにチューブを装着して，電気的ショックあるいは内側のトゲで，

[D] 見るに堪えません。射精は約3mLで，ティソによれば40倍の120mLの血液を失うことに匹敵します。成人男性の体内には約5Lの血液があります。したがって，120mLは身体全体の約1/40です。ティソに従えば，男性は身体中に40回分のオーガズムと同等の価値のエネルギーをもっていることになります。もし献血で約500mLを採血されたら，ティソのオーガズムの4回分になるのですが，献血後の数週間で明らかに赤血球は補充されますので，4回のオーガズムからの回復は多少早いはずです。

[E] アクトンは私たち全員に「自慰行為を行う人に特徴的な落ちくぼんだ目」を見逃さないようにと警告していて，ジャン＝ジャック・ルソーの「告白 Confessions」を「破滅への途中にある自慰行為者が執筆した，かなり正確な自伝」として言及しています。しかし，「（彼の）女々しさや，すねたような女性的気質，うぬぼれが，親切な英国人男性を嫌悪で身震いさせるだろう」とも述べています。フランス人とはそんなところです。

第5課　孤独なセックス

マスターベーションや就寝中の勃起を防止するように設計されていました[7]。

しかしながら，1800 年代後半に医学領域で「自慰」が必ずしも精神疾患に結び付くわけではないことが認識され始めたのとまさに同時期に，実際に「社会純化」運動が起きたのです。支持者は性的な自制を広めることに懸命になり，特に「純化」の対象になったのは，大英帝国の将来の指導者たちとみなされたイングランドの中高一貫の私立校にいる男子生徒でした[8]。保育者は，子どもたちが眠れるように興奮を「鎮静」すること，（正確には）良好な催眠作用のあるものとして理解されてきたマスターベーションに対して，以前から不安をもっていました。性的な存在ではない子どもたちについて，フロイト以前の別の見解は，外部の影響によって堕落するというのが一般的なイメージでした。歴史家のアラン・ハント Alan Hunt は，1910 年に行われた純化の集会で，ロンドン警視庁捜査課の前トップの談話を次のように報告しています。

　「名門イートン校に通う少年の悲惨な話です。陸軍大佐の息子は才気ある若者で，常にクラスでトップの成績を誇っていました。［中略］彼は列車内で出会ったならず者にポルノを見せられ，マスターベーションを覚えてしまい，その結果，成績が落ちて堕落していきました。私は警官となりその犯人を逮捕し，長期の懲役刑の判決に持ち込むことで満足感を得ました。」[9]

さぞかし猥褻な写真だったに違いありません。

米国は，悩むほどの植民地がある大国ではありませんでしたが，若者に対する心配はそれでも存在していました。1898 年にキリスト教青年会（YMCA）は 75 の大学と神学校にアンケートを送り，学生たちから 251 の回答を得ました。残念ながら，回収率は不明です。回答者の平均年齢は 23.5 歳で，彼らはほぼ全員がキリスト教信者でした。「学生時代の最も強い誘惑は何でしたか？」という質問に，132 人が「マスターベーション」と回答し，そのうちの 131 人が「誘惑に負けた」こと，さらに 69 人が「頻繁に負けた」ことを認めました。

これはほとんどランダム・サンプリングではありませんが，この質問に回答した 232 人のうち 131 人は 56％になります。調査者は，学生たちがマスターベーションを行っていることに憂慮すべきとの印象を持たざるを得ませんで

した。特に，75 人がキリスト教に改宗した後に，また 24 人は聖職者になると決めた後に，この悪徳を犯していました。この調査は 1902 年に G. スタンレー・ホール G. Stanley Hall によって発表され，最初に出版されたセックスに関する調査として認められてきました [10]。ホールはとても著名で，フロイトの友人であり，米国心理学の創始者のひとりでもありました。彼は，「マスターベーションをする者の心理」や他の病気が，少年時代に無意識に勃起させないようにペニスを撫でていたという「過度な孤独感」によってもたらされたと述べています [11]。

　皮肉なことに，医療関係者は何年も「ヒステリー」を患っている女性に「ヒステリー発作」をもたらすために「骨盤マッサージ」を施してきました。オーガズムを得るまでの骨の折れる作業を補助するために，診察室や家庭で使用する種々のバイブレータが開発されました。蒸気出力によるバイブレータは掃除機が電化される 10 年前の 1902 年に，幸いにも電化製品にとって代わられました。これによって家庭での使用が促進されました。1914 年，米国の「プレミア・バイブレータ」（連打と，回転しながらなでることの両方が可能な製品）の広告は，男性に「あなたの妻や姉妹のために買ったほうがよい」と示唆していました。たぶん，彼女たちはそれを使う機会を得るでしょう，男性が家にいないときにね [12]。

● ピンチからの挽回

2.7%　キンゼイのサンプルのなかで自身の性器にうまく口をつけることができた男性の割合 [13]

　アンチ・マスターベーション派の美辞麗句は，第一次世界大戦前の数年間に最高潮に達しましたが，その後，新当局が発言し始めました。それは，まだその習慣を推奨するものではありませんが，最終的に道徳的にも身体的にも危険ではないと結論づけました。私たちが第 4 課で「同性愛者」を論じたハヴロック・エリスの膨大な学術書を読むような一般の人はほとんどいませんが，エリスは 1899 年に「自体愛 auto-eroticism」，つまり自慰は正常な行為で医学的に問題はないと主張して，医療従事者に影響を与え始めました [14]。

第 5 課　孤独なセックス　113

その後まもなく，マグヌス・ヒルシュフェルトは，彼は常に法廷での論争を喜んで行っていましたが，男性の96％がマスターベーションを経験したと主張することで，より強い批判ができると考えていました[15]。

1901～1931年に生まれた人々に対するインタビューで，シュレッターSzreterとフィッシャーFisherは，男性と女性がかなり異なる記憶を持っていることを見出しました[16]。すべての男性はマスターベーションについて知っていましたし，誰もがそれを経験したことを否定せずに，ありふれたものであり，成長過程での「自然な」ことと考えていました。しかし，57人の女性のうち7人はマスターベーションがそのようなことを意味するとは，それまで知らずにいました（なかには，言葉すら知らなかった人もいました）し，それを経験したと認めたのは2人だけでした。1928年生まれのアナトニアは「あなたがたはそんなことについて語らなかったし，そんなことは経験しなかった。それは本当にちょっと汚らしいことだわ。」と述べています。シュレッターとフィッシャーは，女性たちが自身の純潔を重んじて，セクシュアリティについてより深く調べる努力をしてこなかったと結論づけています。

同時代の1929年に行われたキャサリン・デイビスKatherine Davisの米国人女性2,200人に対する調査と，比較することは意味がないかもしれません。私たちはすでに，高度に選別された，高等教育を受けた集団で同性間の性行動の割合が高いことをみてきました。デイビスはまた女性のマスターベーションについての自由な見解を広めようとしていました。彼女は，回答した女性の3人に2人がこの習慣を「倫理的に好ましくない」ことだとみなしているにもかかわらず，未婚者の60％がマスターベーションを経験し，既婚者でも30％が結婚前から行っていたと報告しました[17]。

キンゼイがマスターベーションについて強固な見解を持っていたことは驚くほどではありません。彼は，第一次世界大戦前にボーイスカウトに所属していました。当時は「男子が身体から精液を排出することの原因となるどのような習慣も，体力を弱める傾向がある」と言われていました[18]。彼も毎朝，冷たいシャワーを浴びましたが，自慰の習慣やその罪の意識を消すことはできませんでした。その後，キンゼイは世間の非難と自身の羞恥心からなる教条的な既成観念を変えるべく，改革運動を始めました。その一環で，1940年にメリーランド州アナポリスにある米国海軍兵学校で「志願者は，軍医によるマスターベーション検査を拒否できる」と規定されたことを指摘してい

ます。欧州での，女性のマスターベーションが実際の性交渉の幼稚な代替行為であるというフロイトの見解に対しても，キンゼイは，自身がすべての「理論的」な精神分析を行ったとして，とても懐疑的でした。

　キンゼイの主要な業績のひとつは，男性の92〜96％にマスターベーションの経験があり，より高学歴な男性のほうがその割合は高くなるというものです（偶然にも，ヒルシュフェルトの，嘲笑された推定値に一致しています）。そこでキンゼイは，性行動の選択肢のうちで「不自然な」行為とされたオーラル・セックスと異なり，「自慰」はより下層の階級を特徴づけるものではないと主張しました。16〜20歳の未婚男性の約87％がマスターベーションをしたと回答し，敬虔な宗教団体の構成員ではわずかに少なかったのですが，全体では48％となりました。結婚が必ずしも，マスターベーションという習慣の終焉を意味していませんでした。36〜40歳の既婚男性の22％がマスターベーションを行っていて，全体では13％となりました[19]。

　アナル・セックスについての質問と同様，想像力豊かなキンゼイの統計は，1979年に要約表が最終的に出版されるまで公開されませんでした[20]。調査対象者は，「ペニスに何かを挿入してマスターベーションをしていますか？」と尋ねられました。この質問は，マゾヒズム行為に対するキンゼイ自身の関心から生じていたのかもしれません[F]。3,000人以上の白人男子大学生（キンゼイの，比較的信頼性の高い唯一のサンプル）のうち，9％が試したことがあり，1％が普段から実践していると回答しました。

　次の質問は，おそらく前述の統計家3人にも他の人々と同様に尋ねられたであろう「あなたは自分のペニスに口が届きますか？」というものでした。答えが「いいえ」の場合には，「あなたは試しましたか？」と問われました。それが「いいえ」の場合でも，質問は終了することなく，「試してみることを考えましたか？」と，しつこく続けられました。自己フェラチオに関する尋常ではない問いに対する回答は，それについて考えてみたが試したことがない人が15％，試して失敗した人が26％，身体が柔軟で成功した人が2.7％（3,700人のうち約100人）でした。どうぞ，成功者に拍手喝采を。

　女性についての研究で，キンゼイはその60％がマスターベーションをし

[F] キンゼイは，鉛筆や最終的には歯ブラシ，ブラシに至るまで，自身の尿道内に異物を挿入したマスターベーションを実際に試みました[21]。

ていたと報告しています。それは，デイビスが同様に非ランダム・サンプル
で 20 年前に出した結果と同じでした [22]。 常に極端な行為に関心があるキン
ゼイは，少なくとも 1 週間に 30 回以上と回答した女性 4 人を見出しましたが，
若い独身女性の回数の中央値は 2 週間半に 1 回，若い既婚女性では 5 週間
に 1 回でした。以下に示すように，英国の現状とそれほど変わらないように
思われます。

44% 過去4週間にマスターベーションをしたことのある25〜
34歳の英国人女性の割合 (Natsal調査-3：★★★☆)

　マスターズとジョンソン [G] によって，マスターベーションの正常化が徐々
に進んでいきました [23] が，彼らは男性にも女性にも，自慰行為の手技の鮮明
な解説を行いました。しかし，過度のマスターベーションの危険性を説く「男
根の誤った考え方」は，1960 年代初めには依然として根強く残っていました。
312 人の男性サンプルの行動は幅広いものでしたが，男性は全員，自身の現
状より少しでも多いと「過度」とみなしていました。つまり，1 か月に 1 回
の男性は週に 1 〜 2 回は精神疾患に，また，日に 2 〜 3 回行う人は，日に 5
〜 6 回になると「神経過敏症」につながる可能性があると考えていました。
　1970 年の書き込み投票によるハイトの調査では，当時，回答者の 82％が
マスターベーションを行っているとされ [24]，コスモポリタン誌の調査では，
回答者の 72％は少なくとも月に数回行っていると報告されました [25]。1992 年
の「全米国民健康と社会生活調査 (NHSLS)」[26] は，マスターベーションに関
する質問の前書きに「マスターベーションは極めて一般的な行為である」と
いう記述を載せました。これは回答に影響を与えたと思われるかもしれませ
んが，ハイトやコスモポリタン誌，さらにはキンゼイとも異なった回答が得
られました。それは，男性の 60％，女性の 40％が過去 1 年間にマスターベー

[G] ウィリアム・マスターズ William Masters とバージニア・ジョンソン Virginia Johnson は，
まず売春婦 145 人，次いで男性 312 人と女性 382 人を地元のコミュニティから募集し，
1950 年代後半に開始された性反応に関する研究で有名です。生理学および性反応の理解
に大きく貢献する一方，高度に選択されたサンプルによるため，統計的な結論はいずれも
制約があります。

図23　過去4週間にマスターベーションをしたと回答した人の割合

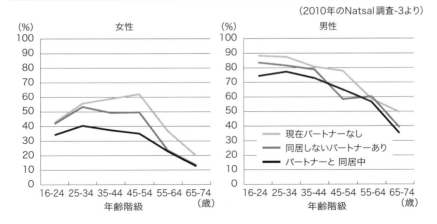

（2010年のNatsal調査-3より）

ションを行ったというものでした。それでも，NHSLS調査では「マスターベーションをする多くの成人が困惑しているようだ」とされ，その割合と年齢との関係はほとんどなく，パートナーがいる人々のほうが明らかに高い割合だったことに驚かされたと述べられています。

しかし，オナニズムの発祥地である英国はどうでしょうか。研究資金の確保に苦労した最初のNatsal調査は，マスターベーションに関する質問を含めようとしましたが，「この行為の議論が回答者に嫌悪と当惑をもたらしたため」に，質問内容の策定時に断念されました[27]。しかし，Natsal調査-2[28]とNatsal調査-3[29]では，「もししていたなら，最後のマスターベーションを行ったのはいつでしたか？　それは自身のセクシャリティから生じたものとして」という質問内容が維持され，「調査前7日間」から「なし」までの範囲の回答が用意されました。

2010年にNatsal調査-3で報告された調査前4週間での割合は，パートナーと同居中の人，固定パートナーだが同居していない人，固定パートナーがいない人に分けて，**図23**に示されています。これらの集団を組み合わせると，男性の66％と女性の33％が調査前4週間にマスターベーションを行ったと回答しました。それは年齢とともに低くなり，特に男性では16〜24歳の83％から65〜74歳の33％に低下しました。女性での最大の割合は25〜34歳の44％でした[H]。

最近マスターベーションをしたと回答した人の割合は，現在パートナーが

いない人で高くなっていましたが，特に男性では，それほど大きな差はありません。しかし，性差は明らかです。依然として存在するこの行為に対する社会的烙印（スティグマ）から，女性は少なめに回答したかもしれませんが，男性の割合が女性の約2倍になっています。

10年前に同じ質問がNatsal調査-2でなされましたが，このときは16〜44歳の人々だけが対象でした。年齢によりほとんど同じパターンを示しましたが，割合はやや低くなっていました。この差は行動の本質的な変化かもしれませんが，前回の調査からNatsal調査-3までの10年間で，マスターベーションを認めることが社会的により受け入れられるようになった可能性があります。Natsal調査-2のデータをより詳細に分析すると，高学歴の人々でその割合が高くなり，より宗教的な人々で割合が低くなることが明らかになりました。まさにキンゼイの調査結果と同様です。

おそらく，Natsal調査-2の最も興味深い成果は，女性において，性行動の活発さがマスターベーションの増加と関連していたことであり，男性での関連と逆だったことです。Natsal調査の研究者は次のように結んでいます。「マスターベーションは，多くの異性愛者の男性にとって，ヴァギナル・セックスの代替行為を意味するのかもしれないが，女性にとっては，同性パートナーとのセックスに代わるものというより，性的な満足感やその増強など，より広い選択肢の一部として考えられる，という結論を否定することは困難である。」[30]。

● インターネット・ポルノがもたらした新たなピンチ

確かに人々のマスターベーションに対する態度は変わってきました。現在の10代の妊娠率や若い人々の性感染症の罹患率に対応して，孤独という安全な状況でセクシャリティの意識を高め，副作用とされてきた失明，精神疾

H 図の数値と，これらの数値には若干の乖離があるようです。著者によると，**図23**はNatsalチームから受け取ったもので，文章の数値はLancetの引用で論文と一致しています。何らかの集計上の前提が違うようですが，理由はわかりません。統計は厳密に数値で示すため，集計方法が違ったり，計算が間違ったり，さらに入力時点でのエラーがあったりすると，結果の信頼性を損ねかねません。それでも，年齢によるトレンド自体に誤りはないと思います。（訳者注）

患，手の疾患，およびにきびがついに除外され，リスクを伴わずに快楽を提供してくれるとして，性的健康という肯定的側面からマスターベーションが理解されるようになってきました。最近の調査（★★☆☆）では，18 ～ 60 歳の米国人女性の 46％がマスターベーションにバイブレータを使用した経験があり，調査前 1 か月以内に 20％が使用していました [31] I。また，オンライン上のアダルトグッズの小売業者 Lovehoney.co.uk の調査によると，購入された製品のうちバイブレータは 18％を占めており，年間で約 40 万個になります [32] J。

　それでも驚くべきスティグマが残っています。ビル・クリントン大統領によって黒人として初めて連邦医務総監に任命されたジョイスリン・エルダース Joycelyn Elders は，1994 年のエイズ会議で，マスターベーションが安全な性行動として議論できるかどうか尋ねられた際に，彼女はこう答えました。「私はそれが人間のセクシュアリティの一部だと考えており，おそらくそれは教えられるべきです。」その 10 日後に彼女はクリントンによって解雇されてしまったからです。さらに，英国の工業都市シェフィールドにおいて，2009 年に国民保険サービス事業（National Health Service）が，10 代の若者が楽しみのためにセックスをすることをあえて示す意味で「快楽 Pleasure」という題名のパンフレットを作成した際には，誰もが喜んでいたわけではありませんでした。このパンフレットは，「1 日につき 1 回のオーガズムは，医者を遠ざけます」というスローガンを掲げ，定期的なマスターベーションを 10 代の若者に推奨して，タブロイド紙の「デーリー・メール」[33] から酷

I これは，回答率 54％の市場調査パネルに基づいています。この研究はコンドーム製造会社トロージャン Trojan がスポンサーでした。

J このトロージャンだけではなく，日本でも相模ゴム工業というコンドームを製造している会社が「ニッポンのセックス」という WEB アンケート調査を 2013 年 1 月に実施して会社のホームページに公開しています。調査対象は 47 都道府県で 20 代〜 60 代の男女。事前調査で 29,315 人から「性年代均等割付」という方法で 14,000 人が最終的な調査人数となっています。その結果，1 か月の平均マスターベーション回数が 20 代で男性 11.2 回，女性 2.2 回であったと報告しています。ただし，20 代で「結婚していない」割合が男性 77.40％，女性 52.8％でした。ちなみに，2015 年の国勢調査では同じ 20 代で未婚の割合は男性 79.18％，女性 72.86％と，特に女性の既婚者に偏りがあるようです。したがって，本書に従えば，レベルはご自身で判断していただけると思います。ただし，結果はいずれも興味深いもので，都道府県ランキングが出色です。詳しくはサイトを。
http://www.sagami-gomu.co.jp/project/nipponnosex/（訳者注）

第 5 課　孤独なセックス　　119

評されました。タブーの残党は依然として,「オナニア」が書棚に並んでから3世紀を経ても明らかに存在しています。

すべてがバラ色というわけではありません。インターネット・ポルノの台頭は,衝動的なマスターベーションに対する新たな懸念をもたらしました。1世紀前の絶望的な書簡と並行して,ポルノに病みつきになっていると感じる男性たちは,yourbrainonporn.com や nofap.org ^K のようなウェブ・サイトで体験と比較されています ³⁴⁾。特に懸念されるのは,過度のマスターベーションによる勃起不全です。「Fapstonauts(NoFap はパートナー探しをするサイト)」とよばれる人々は,ポルノ / マスターベーション / オーガズム(PMO)に誘惑されずに「リセット」なしで,90日間マスターベーションを我慢することに挑戦します。すなわち,フォーラムへの案内ポスターには,最後にPMOを行って以降,40日間我慢が続いていることが記録されていて,人工的な刺激なしに自身を管理するために「仕切り直し」への努力を支援してくれます。

そして,本当にインターネット・ポルノに中毒になっているような人々もいます。最近のケンブリッジ大学での研究では,インターネット・ベースの広告やセラピストの推薦により19〜24歳の男性19人を募集し,彼らの「衝動的な性行動」を確認しました。彼らと対照群は両方とも,脳スキャナーを通じてポルノを見ている状態が観察されました。「衝動的な性行動」のある人のほうがより反応が強かっただけでなく,活性化された脳の部分は,麻薬中毒者が活性化されるのと同じドーパミン神経系の一部でした ³⁵⁾。男性誌「ローデッド Loaded」の前編集長マーチン・ダブニー Martin Daubney は,インターネット・ポルノへの容易なアクセスは「ヘロインを家中に置いておくようなものだ」と述べています ³⁶⁾。

しかし,「PMO」の衝動にかられる少数の人々もいるかもしれませんが,ポルノを見るという,ごく一般的な行動でも医学的な障害を引き起こすリスクがあるようです。「マスターベーション・大ピンチ」の歴史的な行き過ぎを笑うのは簡単ですが,その行為に対する懸念は,消失したとしても立ち直りの早い現象であることが明らかになりました。

---

^K「fap」は男性向けの,「schlick」は女性向けのインターネットでの俗語で,ともにマスターベーションによる音に基づいた擬声語です。

第 課

性行動のはじまり
初体験の年齢と10代の妊娠・出産

● ジェネレーション・ギャップの誕生

　あなたが500年前に英国の10代の若者だったなら，パートナーとの出会いのチャンスはまずなかったでしょう。社会的な階層に関係なく，若者は10代前半から10年にわたって，家族のために働きに出されました。その間，パートナーとなりそうな人と付き合う機会やそのための時間はほとんどありませんでした。もちろん，若い男女は互いに性的な関心を持っていたと想像できます。しかし，この感情は社会によって厳重に監視されていました。若者の性行動に対する強迫観念ともいえる，この思想は，マスターベーションの危険性が教育現場で指摘され始めた1700年代の初めから顕著になってきました。それはおそらく，次の理由があったからでしょう。すなわち，18世紀に入り，私生児の出生率が上昇し，結婚年齢が低下し，さらに「できちゃった結婚」（授かり婚，婚前妊娠結婚）が増加しました。若者は性的により活発になり，それは社会にとって常に脅威とみなされます。

　それから200年後，1950年代に若者文化が台頭してきました。開けっぴろげで早熟な10代のセクシャリティは，親の世代が戦時にスパルタ式で培った倫理観とは相容れるものではありませんでした。エルヴィスは，挑発するように実際に腰を動かしてみせました。10代は「10代の問題」についての造語である「ジェネレーション・ギャップ」（あなたは，この有名なメディア用語を覚えている世代でしょうか？）を考案しました。さらに，1960～1970年代にかけて，性感染症の増加と並行した10代の妊娠の増加によって，少年少女たちの実際の行動に関する研究のための資金が認められました。特に彼らが行くところまで行ってしまったとき，何もかも丸ごと，10段階の10，そのほか，セックスの婉曲な表現までが懸念されました。

　成人に性生活について尋ねることは相当に困難ですが，若者がセックスに関してどこまで進んでいるかを知ろうとすることも，研究者にとって重大なチャレンジです。若かった頃に何をしていたかを成人に尋ねてみましょうか？　喜んで答える人もいるかもしれませんが，はるか昔の記憶を信頼することはできません。やはり，若者に質問したほうがよいでしょう。しかし，彼らは真実を話してくれるでしょうか？　公式な統計が若干の手掛かりを与えてくれる可能性はあります。ただ，私たちは事の顛末，つまり10代の妊娠といったことを調査するほかありません。あるいは，避妊具の利用の有無

を確認するだけです。

それでは，わかりやすい質問から始めましょう。

● 初体験は何歳でしたか？

> **16歳** 英国における初体験年齢の中央値
> （Natsal調査-3：★★★☆）

誰でも初体験のことは覚えているでしょう。そのような人生のイベントは個人の心に強く残る傾向があります。しかし，他の人とどのように比べるのでしょうか？

図24は，各年齢までにセックスをした経験のある人々の割合を異なる「コホート」で表していますA。この図を使うためには，あなたの誕生年が含まれる期間と一致する（コホート）曲線を見つけてください。それから，初体験の年齢を思い出し，横軸のその年齢を縦軸と平行に指でなぞって，あなたが所属するコホートの線まで進めてください。そこからさらに，左側の縦軸まで横に指を進めると，パーセンタイルが見つかります。もし，

図24 誕生年および初体験年齢別回答者の割合（男女比較）

（2010年のNatsal調査-3より）

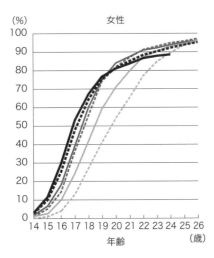
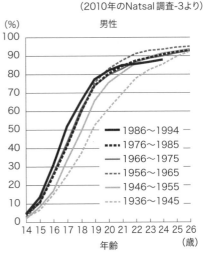

第6課　性行動のはじまり　123

それが80％なら，あなたのコホートでは80％があなたより先に体験済みと回答しており，あなたが比較的遅かったことになります。もし5％なら，あなたは同世代では早熟で先駆けでした。

初体験が低年齢化する傾向があるので，最も高い年代のコホートが最も右にあり，順に左に移動していることに注意してください。50％の横線を指でなぞることによって，異なるコホートで初体験の回答年齢の中央値を読み取ることもできます。すなわち，1930年頃に生まれた男女では，中央値は男性18歳，女性19歳でした。これらの傾向は1940年代後半まで同様です。1980年頃に生まれた人々では，初体験年齢の中央値は男女とも16歳でした。わずか2，3年早くなっただけですが，この2，3年がとても重要なのです。16歳未満でセックスをする若者の割合には特に興味深いものがあります。なぜなら，その年齢が男女とも英国での法律上の「性交（性的）同意年齢」だからです。そして，厳密に言えば，男女ともに16歳未満なら違法となります。

図25は，10歳ごとの年齢階級でまとめた各コホートで，16歳以前にセックスを経験したことがあると回答した割合を表しています。2010年に調べた線を見ると，何代かの世代を通じて極めて大きな増加があったことを示しています。1950年頃に生まれた男性（著者の世代）の7人に約1人，女性の10人に約1人が16歳以前に初体験をしたと回答しました。性行動が活発になり始めた1960年後半から，その結果として1990年頃に生まれた人々で男女ともこの数値が3人に1人に近づき，この割合は数十年を通して着実に増大しました。そして，男女差は縮まりました。

各コホートに属する人々は，年齢を重ねるに従って，いくつかの調査で質問され続けました。たとえば，1956～1965年に生まれた人々は，約30歳であった1990年，約40歳であった2000年，そして約50歳であった2010年に質問を受けました。年齢を経てもセックスの初体験年齢は不変なので，厳密にいえば，グラフの線はほぼ同じになると期待できます。それは，第4課で同性愛経験について尋ねたときとまさに同様で，実際には同一人物が調

A 未経験の10代はその年齢まで「ない」という情報を提供しているだけなので，これらの曲線を作成するには統計的な工夫が必要になります。これらの「生存時間解析」といわれる技術は，婚姻期間の推定でも用いられます。

図25　16歳までの初体験を回答した各コホートにおける男女別割合

3つの線が1990年のNatsal調査-1, 2000年のNatsal調査-2, 2010年のNatsal調査-3の3つに対応している。もし回答者が正確なら, 各線はほぼ重なるはずである。

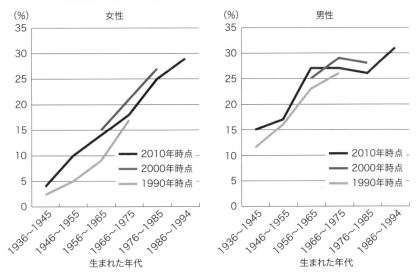

査対象に選ばれていなくても，その割合の精度は調査対象を選択する際に生じる偶然変動によってもたらされる程度の誤差であると考えています。1990〜2000年の調査では，女性と，女性より少ない人数の男性からの回答で若干の増加が示されていますが, 幸いにもグラフの線はかなり類似しています。そして, 性的な考え方が以前より寛容になり, インタビューの仕方も向上したので, Natsal調査チームは2000年に真実により近い回答を得ました[1]。

1990年頃に生まれた男女の「3人に1人」とは，いずれの学校でも高校1年生, 16歳で1/3がセックスを経験しているという意味にはなりません。その割合はより裕福な地域では低く, より貧しい地域では高いのです。10代の妊娠について着目すると，そのことがよくわかるでしょう。

 1945年頃に生まれた女子のうち16歳前にセックスの経験がある人の割合 (Natsal調査-3：★★★☆)

私たちは, 成人に10代に起きたことを質問しても, 必ずしも正確な回答

第6課　性行動のはじまり　　125

が返ってこないことを，データを通じてみてきました。おそらく，人によっ
てはいくつかの経験は，むしろ忘れたかったものなのかもしれません。それ
では，子どもたちに，これから行おうとしていることを尋ねてみるのはどう
でしょうか？

　英国で最初の本格的な調査は，1960年代にマイケル・スコフィールド
Michael Schofield によって行われ，「若者の性行動 The Sexual Behaviour of
Young People」という一般向けのペーパーバックにまとめられました[3] B。
彼のチームは，選択された地域の15〜19歳のリストを作成し，ランダム
に選ばれた2,200人のサンプルにインタビューを試みました。調査への協力
依頼の手紙を送付した後，インタビュアーは不参加が決定的になるまで最高
6回は家庭訪問をしましたが，無礼な，あるいは攻撃的な両親たちへの対処
がたびたび必要となりました。しかし，自分たちを歓迎しない家々へ，寒い
雨の晩にも訪問を重ねた結果，彼らは85％という際立った回答率を達成し
たのです。性科学の研究者は常にマスコミからの攻撃の危険性に直面します
が，特にこの時のインタビュアーたちは勇敢でした。こうして，一般の人々
から抗議を受けることなしに，なんとか調査を終えることができ，このプロ
ジェクトのチームは安堵したのです。

　この調査は，キンゼイの報告のわずか10年後に行われたもので，彼らは
キンゼイのインタビュー・スタイルを踏襲しました。インタビュアーは回答
者が住んでいる地方の言葉を使い，順序にとらわれずに，矢継ぎ早に質問し
ました。子どもたちはどの「段階」に達しているかを質問されました。段階
とは，デートから始まって，キス，ディープ・キス，服の上から胸を触る，
服の下から触るなどなど，最終のヴァギナル・セックスに至るまでにわたっ
ていました（最近の調査と違って，オーラル・セックスは段階の1つとして
含められていませんでした。単に「極めて稀」なこととして報告されていま
した）。スコフィールドは，たとえば15歳では，女子の1/5未満が自分の

B この調査は，ナフィールド基金 Nuffield Foundation によって資金提供されました。スコ
フィールドがプロジェクトを指揮することは勇気ある選択でした。彼は第二次世界大戦で
英国空軍の戦闘機パイロットでしたが，同性愛者であり，（同性愛がまだ違法であったため）
ゴードン・ウエストウッド Gordon Westwood というペンネームを使って同性愛を前向き
にとらえた書物を執筆していました。彼は生涯にわたって市民の自由を求める実際の運動
にかかわり，2014年に94歳で亡くなりました[2]。

胸を服の下から触らせており，17歳までに半分以上の女子がこれを経験していたことを見いだしました。統計に関する見出しは，16歳までにセックス経験のある者はわずかに男子14％，女子5％に過ぎなかったというものでした。つまり，懸念された思春期に堕落するような傾向はほとんどみられませんでした。1945年頃に生まれた世代について，これらの数字は図24に示すようなNatsal調査の結果と確かに一致しています。

 初体験した月について，再度のインタビュー時に回答を変えた米国の若者の割合（★★☆☆）

　市場調査会社によって事前に募集されたオンライン・パネルを用いる調査方法が迅速かつ容易であることは，すでに述べてきました。たとえば，2008年に市場調査会社YouGov社は，英国のテレビ局チャンネル4を使って14～17歳の1,400人以上による調査を実施しました。それによると，22％がセックス経験を回答し，15％は答えませんでした。その後，チャンネル4は重要な「10代のセックス調査」としてこれを報じ，「14～17歳の40％が性的にアクティブだ」と主張しました。これは，メディアがセックス調査の結果を誤って報じた古典的な例です[4]。さらに見ていきましょう。どのようなパネルでも，最初はかなり穏やかです。YouGov社からの最初のレポートは，当初セックスに関係する事柄より，46％もの若者が体重についてはるかに心配していたと述べています。そして，性的にアクティブな人たちのうち，わずか8％が多量に飲酒した後にセックスをしたと回答しました[5]。しかし，チャンネル4は，どういうわけか，これを「性的にアクティブな10代の35％が，大量に飲酒した後にセックスしていた」という内容に変えてしまいました。完全に☆☆☆☆レベルとなり，意味を変え過ぎです。

　しかし，子どもの話した言葉をそのまま信じることができるでしょうか？幸運にも，私たちは同一の個人を繰り返し調査することで，調査対象者が自分のした行為について，発言を変えたかどうかのチェックをすることが可能です。「全米青年期健康長期研究 US National Longitudinal Study of Adolescent Health」では，平均15.5歳の5,000人の若者がインタビューを受け，セックスしたことがあるか，もしあるなら，その初体験が何歳だったかを質問され

ました。その後,同じ質問が18か月後にまさに同じ人々に実施されました[6]。彼らは同じ回答をするはずでしたが,実際には違いました。

概して,最初のインタビューで性的にアクティブであると回答した若者のうち,2度目の質問では11%が否定し,基本的に最初のインタビューを受けた時は純潔であったと言い直しました。回答者はセックスの初体験の年齢を平均4か月半遅らせました。白人女子は最初の回答に近く,2か月半遅らせただけでした。研究者たちはこの回答の変化について,回答者の多くが単純に日付を覚えていないことによる可能性があり,2,3か月の差はそれほど重要なことではないと考えました。しかし,このことはおそらく若者は必ずしも信頼できる証言者ではないというひとつの警告とも言えます。また,若者の「純潔であるという誓い」も信頼できないかもしれません。

結婚前に純潔を誓った米国の若者で,その後にそれを否定した者の割合 (★★☆☆)

若者に関する調査は,今や世界中で当たり前のことになっていて,通常は自宅でよりもむしろ学校で実施されます。それらは,スコフィールド研究を相対的純潔の時代のように思わせます。

たとえば,「米国青少年リスク行動監視システム US Youth Risk Behaviour Surveillance System」は,年に1回,14〜18歳の高校生に対して,服薬や銃の所持,野菜の摂取など,通常は隠しておきたいすべてのことについて質問しました[7]c。2013年には14〜15歳の9学年の30%から,17〜18歳の12学年の64%まで,全体で47%の学生がセックスを経験していました。2001年以降,このデータはかなり一定しています。性行動の割合は,以前は高かったのです。すなわち,1991年には14〜18歳の高校生の54%がセックスを経験しており,1978年には初体験年齢の中央値は17歳という低さでした。

---

c 2013年の調査では,第9〜12学年(14〜18歳)の男子9%が前月に銃を持ち(アーカンサスで21%),7%が前週に野菜(フライドポテトを除く)を食べていなかったことが判明しました[8]。それは13,600人以上の回答に基づいています。77%の学校が参加することに同意し,そのうち88%の生徒が参加しました。

そこで，最近の性行動の不振は何を意味するのでしょうか。米国の 10 代の若者がテレビ・ゲームに夢中になっているのか，あるいは SNS にあまりに夢中になってしまい互いの身体に関する興味を失ってしまっているのでしょうか。どうやらそうではなく，オーラル・セックスが代替行為になっているのではないかという疑問が湧いてきます。実際に，性的にアクティブな若者のおよそ半数がヴァギナル・セックスをする前に，前戯としてオーラル・セックスをしていたことが「全米家族成長調査 US National Survey of Family Growth」から明らかになりました。残り半分は一直線に事に及びました [9]。14 歳の 580 人を対象にした米国の研究から，オーラル・セックスはより安全でより受け入れやすいと考えられました [10]。

おそらくオーラル・セックスに関連する「技巧的純潔性」が不可避で，あるいは極めて合理的であり，ヴァギナル・セックスの経験を遅らせることを 10 代に奨励する結果となりました。この範囲内で，これは，10 代の若者に精神的な準備がなされたと感じるまで，単に待つことを奨励するかたちになったのでしょう。しかし米国では，議論はあるものの，ヴァギナル・セックスの経験時期を遅らせる別の選択肢として，結婚前にセックスを自制することを「誓約」するというものがあります。国際的な純潔運動団体「トゥルー・ラブ・ウェイツ True Love Waits」のようなキリスト教の組織は，わずか 25.95 ドルの宝石入りのハート型リングのような種々のオンライン商品で，彼らの誓約 [D] を促進しています [11] [E]。しかし，これらの誓約は守られているのでしょうか？　これは，米国で非常に意見の相違を生む問題です。誓約による純潔性を守る運動は，第 43 代米国大統領ジョージ W. ブッシュの時代にかなりの支援を受けました。そして，2008 年までに，毎年 2 億ドルがそのようなプログラムに使われたのです。

人々がどのような行動を選択するのかを研究するのと同様に，人々が誓うことの「効果」は，研究として実に難しいテーマです。誓う人と誓わない人をランダムに割り振って，さらにその人の初体験を知るために彼らを追跡す

[D] 「True Love Waits の誓約」（2009 年）：「私は，自身，家族，そして神に，私が結婚前にいかなる性行動も控えることを約束します。私の人生に関する神の完璧な計画を信頼して，私の身体と私の考えを純粋に保ちます。」
[E] 米国人の歌手マイリー・サイラスはこのようなリングを身に着けていましたが，彼女の最近のビデオでは確認できませんでした。

第 6 課　性行動のはじまり　129

ることは不可能です。誓った人と誓わなかった人を比較する研究では，289人の誓った人々が2年までセックスするのを遅らせることが観察されましたが，誓った人々の88％は結婚前にヴァギナル・セックスをしていました。さらに，残りの多くはオーラル・セックスをしていました。（ビル・クリントンの例に従わないかぎり）性行動を自制する誓約は守られているようには思いにくいです[12]。

　そして，おそらく誓約に署名するような人々は，いずれにしろセックスを始めるのを延ばしたのではないでしょうか。驚くべきことでもないのですが，誓約した人々はより信心深く，セックスについて，より否定的で，誓約をしなかった人々より性的な経験が少ない傾向があります。より高度な分析では同じデータを使いましたが，289人の誓った人それぞれ1人に対して，信心深さなどに似たような特徴を持つ誓っていない約3人の学生のデータを比較対照として1：3のマッチングをしました[13]。5年後に，ヴァギナル・セックス，オーラル・セックス，アナル・セックスの割合について調べた結果，誓った人たちと誓っていない学生たちの差はほとんどありませんでした。唯一の違いは，誓った人たちに避妊が少なかったということだけでした[F]。

　しかし，おそらく最も意味のある発見は，厳粛な誓約の5年後に，誓った人々の82％が誓約を破ったということです。その時までおよそこの割合の人がセックスをしていたので，これは驚くべきことではありません。そして，誓いを破った人々は，自分たちの重大な「言行不一致」にまったく対処できていなかったのかもしれません。誓約が何ら拘束力を持たなかったという事実によって，性教育は誰にでも，おそらく特に誓った人々に対しても提供されなければならないことを意味すると研究者たちは結論しています。

　しかし，議論は続きます。第44代米国大統領バラク・オバマは誓約プログラムのための資金を削減したがっていましたが，最終的には通称オバマ・ケアである医療保険改革法案議案を成立させるために若干の修正を受け入れざるを得ませんでした[14]。

[F] この再解析では，「傾向スコア（propensity score）」という技法が用いられていて，誓約に関連する要因でマッチする個人をグルーピングし，各グループ内で誓約した人と誓約していない人の結果を比較しています。第12課では，同様の解析方法が，性的な番組をテレビで観ることは将来の行動に対して「影響がある」という主張を否定するために用いられたことを取り上げます。

71%　グリーンランドにおいて性的にアクティブであると回答した15歳少女の割合

　英国は，豊かな国が示す一般的なパターンをたどってきました。セックスの初体験年齢の中央値において一般的な低下があり，およそ16歳で安定しました。しかし，世界中で経験は多種多様です。「就学児童の健康行動調査 Health Behaviour in School-Aged Children」（HSBC）では，ほぼヨーロッパのすべて43か国に住む15歳の若者たちの，セックスを経験している割合を推定しています[15] G。最高はグリーンランドで，女子の71%，男子の46%が15歳までに経験済みと回答しており，次に高いのも彼らの「本国」であるデンマークで，男女とも割合は38%です。イングランドでは，まさにNatsal調査の結果にほぼ一致していて，女子の32%，男子の26%が経験済みだったと報告しています。

　より多くの伝統文化をもつ国では，かなり性別による差があります。ギリシャでは，女子の18%，男子の39%が15歳時にセックスの経験があると回答しています。おそらく，最も興味深い統計は，思春期のセクシャリティに関する議論のオープンな研究方法を用いたオランダのケースです。それは英国の約2/3程度で，15歳までにセックスを経験した女子は22%，男子は19%と比較的低い割合でした。のちに検討しますが，オランダと英国では10代の出産に関して，さらに大きな差異があります。

56%　Natsal調査で初体験時に「適格ではなかった」女性の割合

　それで，初体験はどのような感じでしたか。あなたの人生で，優しく思いやりのある恋人とのベッドには清潔感のあるシーツが敷かれていましたか。

G 就学児童の健康行動調査では，43か国で11, 13, 15歳の約1,500人から4年ごとにデータ収集しています。合計200,000人で，アンケートは教室で記入され，ほとんどの国で60%を超える回答率です。これは世界保健機関WHOの共同研究で，国にもよりますが，★★☆☆または★★★☆と評価してよいでしょう。

第6課　性行動のはじまり　131

そこは休暇中のロマンスで，のどかなギリシャの島の月光に照らされたビーチですか。あるいは，それはパーティーの行われている奥の部屋で，大量の服の上で行うせわしないものでしたか。

そして，あなたはどれくらい初体験に適格でしたか。これは，性的に興奮した時に適切に対処する方法を知っていたか（これはとても疑わしいです），あるいは中身をビーチの砂に落とさずにコンドームの箱を開けられたか，を意味しているのではありません。「適格」の意味は，Natsal 調査チームが用いた解釈と同様です。以下の 4 つの記述のいずれかに同意できますか。

1. どちらか 1 人がもう 1 人より熱心でした。
2. もう少し自分が長く待てたら良かったと思います。
3. 主な理由は，相手からのプレッシャーや，自分が酒に酔っていたか，ドラッグを服用していたからでした。
4. 十分な避妊対策をしませんでした。

4 つのうち 1 つでも同意した場合，Natsal 調査の規準によれば，初めてのセックスが「不適格」と考えられることを意味します。その評価により，世間の人々と自分を比べることができます。

1980 年頃に生まれた 16 〜 24 歳で 1990 年代後半に初体験をした人々のうち，女性の 56％と男性の 46％が初体験で「不適格」でした[16]。それは，13,14 歳の初体験では女性の 91％，男性の 67％に跳ね上がります。しかし，18 歳またはそれ以降に初体験をした人では，女性の 37％，男性の 39％が「不適格」でした。これらの数値は，当然ですが，むしろより実用的な方法で知ることができます。その方法では，すなわち，平均すると，女性の 44％と男性の 54％が，初体験に「適格」という結果でした。

そこには性差があります。Natsal 調査によると，そのタイミングに後悔していたと回答した女性は 42％で，男性はわずか 20％であったと報告されています。また，パートナーがより熱心だったと回答した女性は 22％で，男性はわずか 7％でした。しかし，避妊が行われなかったか（約 10％），自分が酔っていたか・相手のプレッシャーによる初体験だったか（約 16％）の回答には，性差はほとんどありませんでした。このデータを見ると，少女たちが本当に心の準備ができる前にセックスを強要されているのではないか，という社会的懸念が残ります。しかし，タイミングを後悔したり，自分より相手のほうがセックスに積極的だったりしたなどの思いを持つ，分別のある

少数派の男性がいることも、これらの統計は明らかにしています。

適格者は世代を越えて増大していきます。1948年頃に生まれた女性のうち、32%だけが1960年代の初体験で「適格」の規準を満たしていたと回答しました。しかし、1982年頃に生まれた世代では、1990年代後半の初体験で55%もの女性が「適格」であると回答しました。現在の世代はさらに情報通のようで、初体験での「適格性」はもはや、きまり悪がらせる記憶ではありません。Natsal調査-3のデータは、初体験での適格性がその後の性的な健康問題の独立した予測因子であることを示唆しています[17]。それは何歳でセックスを始めたかではなく、どのように始めたかが将来の困難に関連するのです。すなわち、初体験での嫌な経験は、ひいては将来の世界観を形づくることになるからです。さらに性教育が、セックスの仕組みと避妊だけではなく、性行動の「段階」と各ステップを踏む妥当性についても取り上げるほうがよいことを示唆しています。

米国でも、徐々に若者たちが「適格」となっています。18〜24歳の若者が2006〜2010年に全米家族成長調査のインタビューを受けた際、女性の11%、男性の5%が初体験を「望んでいなかった」と回答しましたが、その数年前の2002年の調査では、同様な回答は女性の13%、男性の10%でした[18]。そして、女性の70%、男性の56%は固定パートナーが相手であったと回答しました。しかし、これらの割合で、男女間の不一致に注目してください。女子の70%のうち、何人かは無情にも騙されていたわけです。つまり、男性はただの友人と思っていたのに、彼女たちは相手を固定パートナーだと考えていたというのでしょうか。さもなければ、女子は固定パートナーである性経験豊富な男性と初体験をするのに対して、より多くの男子は気軽な女性と初めて関係を持つのでしょうか。

しかし、男女とも偶然知り合った人との初体験は珍しいことです。Natsal調査-2では、20人のうちわずか1人しかいませんでした。

ドイツにおいてピルを服用していると回答した性的にアクティブな15歳女子の割合

「適格性」の重要な面は、効果的な避妊法の使用です。しかし、これは避

第6課 性行動のはじまり 133

妊法が若者に利用可能でなければならないことを意味しています。現在の世代にとっては，それが当時どれほど物議を醸したのかを理解するのは容易なことではありません。1965 年に，マイケル・スコフィールドが若者に利用できる避妊法を一時的に提案したとき，ブリティッシュ・メディカル・ジャーナル誌は「未婚者のためにそういった便宜を公認するのは，婚外の無差別の性行動を必然的に促進するに違いない。」との声明を出して応じました[19]。しかし，この 60 年代の真っ只中，「未婚者」たちは，避妊法の指導が受けられるかどうか，あるいはブリティッシュ・メディカル・ジャーナル誌の「尊大な警告」にかかわらず，自分たちの「行動」をどんどん進めていきました。それにより，10 代の妊娠および性感染症の急増が予測どおりに現実となりました。

しかし，事態は改善されていきました。1960 年代に初体験をした若者のうち，その時に避妊したと答えたのはわずか 65% だったのに対し，1990 年代後半に初体験をした若者では 93% に上りました。米国では初体験の際，1982 年には 10 代の若者の半数以下しか避妊しなかったのに対して，2006 ～ 2010 年では約 80% が避妊していました[20]。さらに HSBC 調査は，15 歳の若者がセックスをする際の避妊法の実施率が高いことを報告しました。エストニア，ギリシャ，フランス，スロベニアなど種々の国で，15 歳の若者の 85% 以上が直近のセックスでコンドームを使ったと報告しました。一方，ドイツ，デンマーク，オランダでは，若者のための性的健康に関するサービスの各国における展開を反映して，性的にアクティブな 15 歳女子の半数以上がピルを服用していました[21]。

● 10代の妊娠・出産

5%　1972年にイングランドとウェールズにおいて16歳女子が妊娠した割合

2.5%　2012年にイングランドとウェールズにおいて16歳女子が妊娠した割合

稀な状況を除いて，10 代半ばの女子が妊娠するときには何か不都合なこ

図26 イングランドとウェールズにおいて1938〜2012年に15〜19歳で出産した女性の割合

（英国国家統計局より）

とが起きたのです。しかし，それは起こり得ることです。2012年にイングランドとウェールズにおいて16歳女子のうち40人に1人が妊娠しました。そして，その半数が出産に至りました。

　出産する10代女性の年間総人数は，社会の変化を示す数値としてよく使われる統計指標のひとつです。**図26**は1938年以降の15〜19歳女性の出生率を表します。この1つのグラフから社会史の背景になるいくつもの世代を読み取ることができます。戦争前は，私生児に付けられる社会的汚名によって，15〜19歳全体で年間50人に1人未満しか出産に至らず，結果として，避妊法を利用できないことが性行動の抑制をもたらしました。その後，人々の気分が性に対して，より自由な時代になったことで，1971年の20人に1人というピークを迎えるまで，1950〜1960年代には一定の増加がありました。それでも，主に婚姻関係（通常は出来ちゃった婚）内での出産でした。そして，以前に比べて避妊と妊娠中絶がより行いやすくなったので，近年の低下は1947年以降，例のないレベルになり，年間30人に1人前後という急激な低下がみられました。この30年にわたる主要な変化は，現在，出産する15〜19歳のほとんどが未婚の母であるという事柄です。

第6課　性行動のはじまり　135

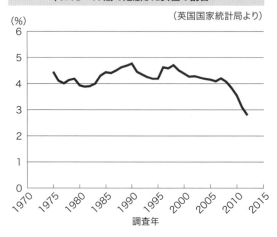

図27 イングランドとウェールズにおいて1975〜2012年に15〜17歳で妊娠した女性の割合
（英国国家統計局より）

　すべての妊娠が出産に至るわけではありませんが，性行動について学びたいならば，出産と同様に受胎について実際に知る必要があります。幸いにも，既知の中絶（これは，流産や違法な中絶をした受胎を見逃すことを意味しますが）に出生を加えることによって，国家統計局は受胎数を推定できます[22]。

　公式な10代の妊娠率は，年間に妊娠する15〜17歳女性の割合と定義されています。1998年には，4.7%で20人に約1人でした。そして，果敢な目標は2010年までにこの割合を半分にするというものでした。図27は，2007年までにはそれほど低下していなかったことを示しています。その後着実に低下して，2012年には，1969年以降最低となる2.8%に達しました。これで，1998年以降の相対的な低下は41%になります。割合を半分にするという目標には届きませんでしたが，これは偉業と言えます[H]。

　では，なぜこのような変化が起きたのでしょうか。10代の若者がセックスすることを止めたのでしょうか。それなら極めて注目に値し，本課の初めで検討してきたことと異なります。あるいは，10代の若者が単に以前より行動に慎重になったのでしょうか。この傾向の説明に多くの調査が続けられています。それは15〜17歳女性の割合のみならず，英国内の地域ごとの

[H] 2012年に，14歳女子1,282人，13歳女子253人が妊娠しました。18歳未満の受胎全体の半数が中絶に至り，それは14歳の妊娠では2/3，13歳の妊娠では3/4にも上ります。

違いを理解する助けとなります。この地域差には驚かされます。

5% ヘイスティングスで1年間に妊娠する15〜17歳女性の割合

1% ダービーシャー ダレスで1年間に妊娠する15〜17歳女性の割合

2010〜2012年の3年間を想像してください[23]。ウィンザーやメイドゥンヘッドのように緑の多い，裕福な地域では，10代の妊娠率は年間1.5%未満でした。一方で，ミドルズブラやバーンリーでは4倍も高いという結果でした。海辺の町はさらに高く，ブラックプールとヘイスティングスではともに約5%でした。これは1年間で15〜17歳女性で20人に1人が妊娠していることになり，1971年の全国平均と同様です。この特別な研究は，海辺のリゾート地では大規模な娯楽産業やそれに伴う短期滞在者がいることで，より快楽主義的な「お祭り」気分にある傾向があるからだと結論しました。この事実と，アルコールに手が届きやすい環境は，避妊をしないセックスを助長しています[24]。

図28では，子どもの貧困と10代の妊娠との関係を調べることで，貧しい環境との強い関係を理解できます[l]。貧困率が高くても10代の妊娠率がそれほど高くない例外はありますが，相関関係は明白です。たとえば，最も高い児童の貧困率である40%を上回ったのは，ロンドン行政区にあるタワーハムレッツ，イズリングトンとハクニーでした。これらは，大きく異なる性的な文化をもつアジア系の人口密度が高い地域です。もうひとつの興味深い地域はケンジントンおよびチェルシーです。これらの地域は，裕福なイメージがある一方で，貧富の差も大きく児童の貧困率は注目すべき高さにありますが，10代の妊娠率は低いのです。これは性教育とそれに伴うサービスの質の高さを反映しているのかもしれません。

---

[l] 全体での相関は0.59で，イングランド北部のヨークシャーでは0.85に上りますが，ロンドンはわずか0.22と低くなります。

第6課　性行動のはじまり　137

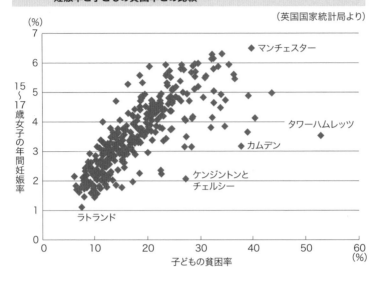

図28 2008〜2010年の，イングランドとウェールズの各地域における10代の妊娠率と子どもの貧困率との比較

（英国国家統計局より）

　10代の若者は，避妊をしない，あるいは適切に避妊しなかったセックスで妊娠します。1970年代に妊娠率が大きく下がったのは避妊法の提供が向上したためです。しかし，その提供が断片的であったために欧州全体にはこの低下が拡がらなかったと，ケイ・ウィリングス Kaye Wellings は論じています。近年の低下傾向の背後には，教育と，避妊法へのアクセス向上を組み合わせた戦略とともに，若い女性たちが将来について真剣に考えるようになったという変化がありそうです[25]。

> **157人** マラウイにおいて15〜19歳で出産する女性の年間総人数 (1,000人あたり)

> **5人** オランダにおいて15〜19歳で出産する女性の年間総人数 (1,000人あたり)

　英国内に多様性がみられると考えるなら，世界中で何が起きているかを見てください。ミレニアム開発目標 Millennium Development Goals（MDGs）

図29　各国の10代の年間出生率

（国際連合統計部より[26]）

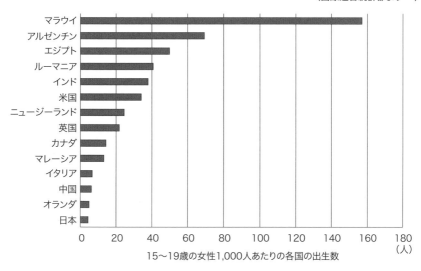

は，2000年に国際連合によって掲げられた国際的な目標でした。そのなかの"ターゲット5.B"は「2015年までにリプロダクティブ・ヘルス（性と生殖に関する健康）の完全普及を達成する」ことで，評価指標5.5は15～19歳女性での年間出生率を表しています。未熟な年齢での早期出産は母子ともにリスクが高くなるので，結婚しているか否かにかかわらず，目標はそのような出産を減らすことです。

図29は，文化の大きな違いを反映して，国ごとに出生率が驚くほど異なることを表しています。このひとつのグラフは，世界中の若い女性に非常に異なる経験をもたらしている社会基準と経済状態が表れていて，まさに人類学の書籍のような価値があります。たとえば，オランダはとても低い率で，これは初体験年齢が高いことと効果的な避妊法が提供されていることを反映しています。英国は先進国間では依然として比較的高い率になっていて，米国とニュージーランドは両国ともに初体験の低年齢化と晩婚という組合せになっています。避妊法の使用が改善されて，米国では10代の出生率がこの20年間で半減していますが，性行動すべてにおいて適切に避妊法が実施されているわけではありません。また，マレーシアのような東南アジア諸国は，結婚内でより伝統的なセックスの文化があり，そのため，晩婚に向かう傾向

が10代の出生率の低下をもたらしました。

たとえばインドとエジプトのような，早婚を促す文化では10代で高い出生率を示しています。しかし，ほとんどが既婚女性です。一方で，マラウイでは17歳と結婚年齢の中央値が低いのですが，婚外の早期のセックスと結びついています。それは，女子5人に1人が15歳前にセックスを経験します。これらの要因は，1,000人あたり157人という10代出生率をもたらす結果になっています。一方で，オランダでは20歳前に出産する女性は6人に1人で，マラウイとは30倍以上違います。このような多様性を本書で統計だけを使って考えることには無理があります。ケイ・ウェリングスが述べてきたように，結婚していることが必ずしも性的な健康をもたらすとはいえません。既婚女性は避妊について交渉することが難しいかもしれませんし，極めて低い年齢でのセックスの強制はいまだに起こり得ます[27]。

各国間の，あるいは1国内でも異なる地域社会間で，10代の性行動についてほとんど想像も及ばない多様性があることが明らかになりました。若者が何に到達するかは，大きく制御不可能な社会基準のシステム，メディア・イメージ，経済背景と個人的な関係が複合して影響しています。そのため，単純な分析では何の役にも立ちません。それでも，性行動は変化し，近年の状況は良い方向に向かっているようです。

避妊法の普及は当然必須でしたが，単に妊娠と病気を防ごうとするより，性教育のほうがはるかに必要だと研究者は主張しています。まさにマイケル・スコフィールドが半世紀前に調査したように，若者の経験としては，単に身体のことより関係性について，すなわち「性交渉ではない」活動の段階をどのように踏んでいくかを学ぶことが必要になります。そして，初恋という波立つ水の上を進んでいく10代は新たな複雑な困難，すなわち，ポルノグラフィや，性的なテキストや画像を携帯電話で他人に送信すること，性行為の強制といった問題を対処しながら，現代を生きています。

昔は今よりシンプルでしたが，今ほどエキサイティングではなかったかもしれません。

第 **7** 課

性行動への欲求
対象・頻度と性的興奮度

1973年に歴史家カール・デグラー Carl Deglerが偶然「650ページに及ぶ細長い文字で手書きされたアンケート」という注目すべき収蔵品を見つけたのは，スタンフォード大学の資料室で書類に目を通していた時でした[1)]。

前年に歴史書の分野でピューリッツァー賞を獲得したデグラーは，これを見つけた時にものすごい発見をしたと思いました。そして，そのファイルを以前に見つけた人がいるか確認しました。「すると，誰もが否定し，これまでにいずれの新聞や調査で誰も見たことがなく，特定の調査でもなかった。歴史家としての私の人生で偉大な経験のひとつである」[2)]。

その保存記録は驚くべきもので，セックス調査の歴史における貢献を過小評価されているクレリア・ドゥエル・モッシャー Clelia Duel Mosher博士（1863～1940）による調査報告書でした。1892年，結婚について母親の会で演説するように頼まれ，その後，性的な欲求，反応，避妊とセックスに対する態度についても含むアンケートを作成した当時，彼女はウィスコンシンで生物学の学生でした。モッシャーは着実に45人から回答を得ましたが，データを決して発表しませんでした。それらのアンケート（**図30**）の束はデグラーによって発見されるまで，彼女の死後30年以上も放置されていました[A]。

図30　1892年のクレリア・モッシャーの報告書のひとつ

1867年生まれの25歳女性について，月に2，3回のセックスの習慣と，月に1，2回のセックスへの欲求について詳述されている[3)]。　　（スタンフォード大学図書館から許可を得て転載）

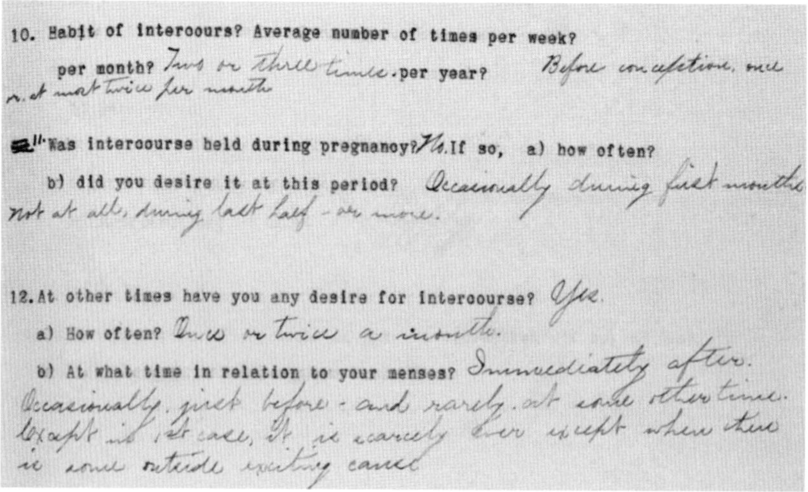
10. Habit of intercours? Average number of times per week?
per month? Two or three times. per year? Before conception, once or at most twice per month

11. Was intercourse held during pregnancy? No. If so, a) how often?
b) did you desire it at this period? Occasionally during first months not at all, during last half - or more.

12. At other times have you any desire for intercourse? Yes.
a) How often? Once or twice a month.
b) At what time in relation to your menses? Immediately after. Occasionally just before - and rarely at some other time. Except in 1st case, it is scarcely ever except when there is some outside exciting cause

モッシャー（図31）は，医師であり，女性の自主性についての強力な支持者でした。彼女は，女性は「弱い」ものだという思い込みに疑問を呈しようとしました。さらに，束縛，重い服，不十分な運動，女性の扱われ方について非難しました。ですから，彼女のアンケートは健康，月経，妊娠などに集中していました。しかし，より重要なこととして性生活，セックスに対する考え方や望み，そして性的な興奮や反応についてまで，彼女たちがどのように考えているか調査しました。彼女の回答者たちは，確かにランダム・サンプルではありませんでした。なぜなら，彼女たちは主に大学の教職員の妻たちであり，ほとんどが大卒で結婚前に教員として働いた経験がありました。その大半は1870年以前に生まれ，結婚前にはセックスについてほとんど知識がなかったと回答しました。

図31　クレリア・モッシャー

彼女は第1次世界大戦中，フランスの赤十字に従事していました。そして，フランス人のセックスへの態度に衝撃を受けました。

（スタンフォード大学から許可を得て転載）

モッシャーは，性的な健康は身体的活動以上の意味を持つことを理解していました。そのため，本課では，彼女の考えをなぞりながら，セックスに対する私たちの感覚についての統計を見ていきましょう。私たちの感覚とは，すなわちセックスに対する欲求であり，誰を魅力的だと思うか，どのくらい頻繁にセックスについて考えるか，どのように興奮するのか，さらにどのような態度をとるかです。モッシャーは果敢にこれらに挑みましたが，これらを測定することは一筋縄ではいきません。その後，性科学研究者たちにとって，これらは難問としてのハードルが上がってしまいました。

A これらは書籍に書き写されています。私は，32年間でスタンフォード大学図書館から持ち出した6人目となりました[4]。

第7課　性行動への欲求　143

● いつ性的な欲求を感じますか？

 8日目　1930年代，独身女性110人のうち，性的な欲求のピークになる月経周期の日にち

　性的欲求を研究している人々は，一般にそれが軽度の障害からマニアックにつながる感情まで，多かれ少なかれ男性の本質的な特徴であると考えられてきました。女性の性的欲望は別の問題であり，特にマスターベーションの危険性について述べている第4課で取り上げたウィリアム・アクトンのようにビクトリア朝時代にいたような厳格な評論家によって，時には完全に無視されてきました。

　最高の母，妻，家庭のマネージャーとは，性的な節操があり，家庭に対する愛情，子どもたちと家庭内の仕事にのみ，情熱を注ぐのです。[中略] 彼女は性行為に関して夫に従います。しかし，それは夫を喜ばせるためでしかありませんでした。すなわち，彼女は子どもが欲しい場合以外，むしろ夫の欲求から逃げたいほどでした[5]。

　アクトンと彼の仲間は，確かに内気で献身的禁欲的な女性を良しとするビクトリア朝風の一般的な知見を形成しました。しかし，この有名な「女性は性行為の時，仰向けになって，イングランドのことを考えていればよい」という態度がずっと論じられてきました[B]。
　デグラーは，当時でさえ異を唱える声が聞こえると言っています。人気のある作家や医師は，女性が性的な感情を持っていることを認識していました。そして，モッシャーの調査に対する回答者は，全体としてアクトンの型に適

[B] この典型的な「ビクトリア時代」のアドバイスは何の証拠もありませんが，ヒリンドン男爵夫人の1912年の雑誌「彼の足音がドアの向こうから聞こえたら，私はベッドに入って足を広げてイングランドのことを考える」で有名になりました。ビクトリア女王と夫君のアルバート公子殿下は9人の子どもに恵まれ，とても充実したセックスライフを過ごしていたと思われるものの，（出産に言及されることなしに）確かにビクトリア女王自身に由来したものではありません。

合していません。1834 年生まれの対象者 9 番は，セックスは「通常は不愉快なことで，決してそんなに好きなことではない」と言っています。しかし，彼女は少数派です。ほとんどの人は，少なくとも好ましいことと考えていて，45 人のうち 35 人は夫に依存しない自発的な欲求を示しています。対象者 11 番（1861 年生まれ）は，「それほど不快ではなく，普段はとても楽しい」と言っています。彼女たちのセックスの頻度は人によって大きく異なりますが，中央値は月に 3 回程度で，2010 年に Natsal 調査 -3 によって報告された数値と一致しています。モッシャーの調査対象である米国の高等教育を受けたグループの態度や行動は，当時の英国で一般的に行われていたことを代表しそうにないことを心に留めておかねばなりませんが，このすべての結果が，ビクトリア朝風の厳格な一般的見解をむしろ弱体化させるものです[6]。

　人々に性行動を数えるように頼むことはまことに結構なことですが，性的欲求の統計は必然的に主観的な印象に基づきます。クレリア・モッシャーは医学的な背景があったからか，明らかにそれが月経周期に関連していると感じていました。おそらく身体は受胎が最も起こりそうなタイミングで性行動をあなたに促すことになるのでしょう。それで，あなたが女性なら，「セックスがしたい」と感じた時，それを具体的に口に出して言えますか。

　性的欲求についての研究は困難です。これまで見てきたように，初体験年齢の中央値は 16 歳です。現代の西洋社会において，その後の活動によって影響を受けずに，性的欲求だけに関するデータを提供する若い女性の大集団を見つけることはなかなか難しいでしょう。しかし，70 年前にさかのぼった場合，専門家として評価を受けることには危険性がありましたが，そのような研究は可能でした。エルシー・ウィドウソン Elsie Widdowson は 20 代後半の若手研究者で，彼女と彼女の共同研究者ロバート・マッカンス Robert McCance は，女性が月経周期の間に身体的にも感情的にもどのように変化したかを研究し始めました[7]。二人は，性的に活発であろうとなかろうと，性的な感情についての日記を記してほしいと女性たちに依頼しました。さらに，毎日「性的な事柄が極めて不快である場合には 0，性的感情がそれほどでもない，または容易に興奮できる状態にある場合には 1，性的感情が強い場合には 2 と書いてください。」と頼みました。

　この日記は 1930 年代において重要な資料となり得るものでしたが，被験者の募集に難渋しました。二人が女性たちに個別に話をもちかけたときには，

図32　月経周期における性的欲求のパターン

1930年代の110人の独身女性と57人の既婚女性の記録に基づく

（ケンブリッジ大学出版局から許可を得て転載）[8]

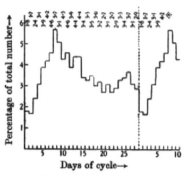

Sum of all the entries from the 21-37-day cycles = 1246

* These are the actual percentages of the total number.

Fig. 11. Variation in sexual feeling (single women) throughout the menstrual cycle.

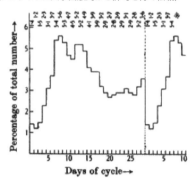

Sum of all the entries from the 21-37-day cycles = 1618

* These are the actual percentages of the total number.

Fig. 12. Variation in the intensity of sexual feeling (married women) throughout the menstrual cycle.

©Cambridge University Press

　記録を残すことに反対する人はほとんどいませんでしたが，大学で女子学生をまとめて募集しようとする際に問題が起きました。独身の女子学生にとって性的感情は異常なことであり，そのような言葉を含む書式が学内で回覧されることに異議を唱える学長などがいたからです。

　最終的に二人は，780周期のデータを提供してくれた，主に教育を受けた中産階級に所属するのべ167人の女性から日記を回収することができました。それは，独身女性が性的にアクティブではないとされた時代の象徴です。すなわち，独身女性115人のうち実際にセックスしていた5人が「既婚」女性に組み込まれていました。

　110人の独身女性はセックスをしていませんでしたが，彼女たちの性的欲求を認めることには問題がないことが明らかになり，これによって大学の学長たちの考え方が間違っていることが証明されました。**図32**は，「性的欲求」のパターンが，独身女性と既婚女性で同様であったことを示しています。月経後8日目頃にピークを達し，その後は月経周期の終わりまで低下し，次の月経が始まる直前に再び弱いピークがあることを示しています。

57人の既婚女性では，セックスも月経開始後8日目にピークを迎え，その後に急激に低下し，11〜17日目の間に1回セックスをしていました。記録された頻度の最大値は1日3回で，2回では「珍しくありません」。中央値は月経周期に4回で，80年後のNatsal調査-3の割合にとてもよく似ていますが，1周期で18回という印象深い最大値が記録されていました。

私はこれらを★★☆☆のデータとしてランク付けするだけですが，これは1930年代における勇敢で画期的な研究でした。ウィドウソンはこの研究成果を公表することに難渋し，王立協会に2回拒否されました [10] c。70年前のこの研究を知らない最近の女性の性的欲求に関するある研究は，ウィドウソンとは異なり，マスターベーションについても質問することが可能と考えていました。また，パートナーがいる女性とパートナーがいない女性を最初に比較しようとしました [11]。排卵の時期を特定するために，複数の超音波検査を提出する1,000人以上の大学スタッフを募集するのに7年以上かかりました。彼らは，特に独身女性において，排卵期前後で性的活動が活発になることを発見しましたが，パートナーがいる女性の性行動は，週末か否かのほうにかなり関連していました。

個々の女性の月経周期における性的欲求の変動について，これまでに多くの研究がありましたが，今のところ一致したパターンは限定されていません。おそらく日常の社会的行動が生物学的衝動よりも優位を占めるようになることは驚くべきことでもないでしょう [12]。ここでも人間の経験の驚異的な多様性は，わずかな統計数値によって簡単に要約されるものではないことを教えてくれます。

---

c ウィドウソンとマッカンスは，栄養学者のバイブルとして知られる「食物の組成」を1940年に出した伝説的な研究者コンビになりました。この本は60年以上経った後も絶版になりませんでした [9]。これが第二次世界大戦の食糧配給システムの基礎になりました。配分量について，肉や日常品がほとんどなくてもカルシウムのサプリを補うことで生存できるようにしようとしました。エルシー・ウィドウソンは107歳まで生きた母親の世話をしながらケンブリッジの外れの村に住み，彼女自身は2000年に93歳で亡くなりました。

第7課　性行動への欲求　147

● どのくらい頻繁にセックスのことを考えますか?

10回 女子学生が1日にセックスについて考える平均回数
（★★☆☆）

15回 女子学生が1日に食べ物について考える平均回数
（★★☆☆）

　☆☆☆☆（レベル0）の統計の発端を見つけられなかったのですが，別の大きな統計的「事実」は男性が7秒ごとにセックスを考えるというものです。確かに，人々がセックスについてどのくらいの頻度で考えているかは，明らかに人を魅了する問題です。まさに困難な挑戦にもかかわらず，研究者はそれに取り組んできました。毎度のことですが，1つの選択肢は人々に質問することです。すなわち，1992年の「全米国民健康と社会生活調査（NHSLS）」では，男性の54％と女性の19％が「毎日」または「1日数回」セックスについて考えると回答し，セックスへのこだわりはほとんどみられませんでした[13]。別の代替案は，人々がセックスについて考えた際に記録してもらうように依頼することです。ある研究は，283人の心理学の学生に，セックス，食べ物，睡眠について考えたときに記録できるカウンターを1週間持ち歩いてもらい，「魅力的と感じる人が裸のように見えると想像した時，集計カウンターを押してください。」と指示しました[14]。おそらく，授業中に多数のクリック音が聞こえたら，近くの学生たちが何を考えているのかわかったでしょう。

　男性は1日に5回はセックスを考えると推定されていましたが，実際には1日に中央値で19回という記録でした。女性はセックスについて1日に3回は考えると予測されていましたが，実際には平均10回でした。人々は自分の精神的な関心を判断することは苦手のようです。男性の最大記録は1日388回，女性は140回でした。彼らはおそらくテレビも含めて見た人のすべてにクリックしていたに違いありません。しかし，男性は食べ物についてセックスとほとんど同じ程度の頻度，中央値で18回考えており，女性はセック

スよりも食べ物についてのほうが多く1日15回でした。これらはせいぜい★★☆☆のはずですが，男女間に大きな違いはなく，食事は本質的にセックスと同じくらい重要であることを示唆しています。

　ただ，人々が本当に一日中，自分の考えを記録することに集中することができるでしょうか。また，実際にそれを行えますか。ドイツの学生は1週間，ブラックベリーのスマートフォンを与えられ，1日に7つの信号をランダムに送信され，そのつど，彼らはその時，あるいは直前30分間に感じていた欲求について尋ねられました[15]。そのような実験がどのようなものか考えてみてください。今すぐランダムに発信された電話がかかってきて，あなたの今の欲求をリストから選ぶことができますか。学生たちからの応答を促すために奨励金を与え，92%の応答率を確保しました。睡眠とセックスの欲求は最強でしたが，食べること，飲むこと，寝ることに，どれだけ頻繁に欲求を感じていたかという点で，セックスをはるかに上回っていました。

　ですから，性的な欲求は重要ですが，平均すると男性は伝説的に言われているようには絶え間なく注意散漫なわけではありません（ただし，1日に388回もセックスについて考えたという記録の紳士を除きます）。

　もちろん，心理学者は性的欲求をより詳細に測定するためのスケールを開発してきました。性的欲求インベントリ（SDI-2）は一般的でした[16]。たとえば，「先月，パートナーとのセックスを考えたことはどのくらいの頻度でしたか？　まったくない（0）から1日に何度も（7）まで，で答えてください。」と尋ねるものや，「魅力的な人を最初に見たときに，あなたの性的欲求は［スケール0（欲望なし）から8（強い欲望）まで］どの程度の強さですか？」と尋ねるものがあります。もしあなたが自分のレベルをチェックしたい場合には，オンラインで確認することも可能です。ただし，45点以下のスコアは「欲望不振」に分類されることに留意していてください D。

D 用紙は www.centerforfemalesexuality.com/sexual-desire-inventory.php にアクセスすれば入手可能です。とても簡単な章立てで，46点以上であれば「あなたの性的願望は健康なレベルです」という答になります。45点以下であれば「あなたは欲望不振に悩まされているかもしれません。また医学診断と女性性的機能不全の専門家と相談することが役立つかもしれません。」という警告が出ます。

第7課　性行動への欲求

● 誰を魅力的だと思いますか？

0.71 ジェシカ・アルバJessica Albaのウエストとヒップの比（★★★☆）

　1880年代の著名な統計学者で優生学者でもあったフランシス・ゴルトンFrancis Galton卿[E]は，英国の美女マップを作成したいと考えました。

　　私は，分布を示すため，地図上に細いマチ針を立てます。私は，自分の美女データにこのアイデアを使いました。通りや他の場所ですれ違った女性を美人，普通，ブスに分類しました。[中略]ロンドンが美女の最高位で，アバディーンが最低であることを見いだしました[17]。

　退屈そうにポケットに手を突っ込んで，アバディーンの若い女性を見つめていたこのエキセントリックな紳士について，彼女たちは何を思ったでしょうか。おそらく，彼女たちも彼の気持ちとまったく同じだったでしょう。

　人々が何に性的魅力を感じるのかに関するインターネット・サイトは多数あります[18]が，客観的に各個人の魅力をどのように測定するのでしょうか。セックス調査で使用される主な方法は「自己報告」です。それは，人々に魅力的だと思うことや，特性や仮説的なパートナーを評価したりすることを尋ねるものです。数値の比を測定しようとした同じBBCの調査（第3課を参照）では，200,000人のボランティアは3つ回答することが許されました。「あなたはパートナーのどの特徴が最も重要だと考えていますか？」と尋ねられ，全体として最も重要な特性は，順に知性，ユーモア，正直さ，親切さ，全体的な外見，顔の魅力，価値観，コミュニケーション能力と頼りがいでした。

[E] 進化論で有名なチャールズ・ダーウィンの従兄弟であるフランシス・ゴルトン（1822～1911）は，測定することに強迫観念を持っていた変わり者の博識家でした。彼は回帰，相関，平均への回帰など統計的なアイデアを開発したこと以外に，天気図や犯罪に指紋を用いるアイデアをうみだしました。また，彼は，「生存に適合」は子どもを多く産み，「生存に不適合」には断種を選択的に促すことで「人種」を改善しようとする運動について，「優生学」という用語を創出しました。なお，彼に子どもはいませんでした。

そのうち，女性は正直，ユーモア，親切，頼りがいを男性より重要と位置づけた一方で，男性は外見，顔の魅力を女性よりも高く位置づけました。

これらの知見にはほとんど驚くべきことはありませんが，この結果から私たちは「パートナー」とは何かを考えさせられます。すなわち，長期的なパートナーが欲しいと思う人々は，たぶん性的な魅力が強調されるような一夜限りの関係や，一時的な関係を期待する人たちとは極めて異なる考え方である可能性があります。

ある研究で，320人のオーストラリア人学生に将来の良いパートナーに求める特徴についていくつかの質問をしましたが，パートナーに対する目的が単に性的に親密な関係に過ぎなかった場合，彼らはどのように変化したのでしょうか[19]。長期的なパートナーについては，回答の全体的なパターンを最もよく説明する3つの要因が特定されました。すなわち，それらは「暖かさ/信用性」（理解，支持，思いやり，親切），「活力/魅力」（冒険的，ナイスボディ，社交的，セクシー），「社会的地位/資質」（良い仕事，経済的な安定）でした。

しかし，確定したパートナーではなく，単に親密さを求めている人にとっては，重要な因子はかなり異なるでしょう。すなわち，「親密さ/忠誠心」（正直さ，献身）と「情熱」（刺激的，挑戦的）です。この研究は学術文献で何百もの引用がありますが，参加者の平均年齢が22歳であることを覚えておくべきです。たとえ結論がかなり合理的であっても，おそらく予測できることですが，20代前半からパートナーに求める関心事が変わらずにいるとは思えません。すなわち，理想的な関係は正直でエキサイティングであると同時に，理想的なパートナーは素敵で，楽しく，安心していられることです。

人格はとても大切なことですが，少なくとも早い段階ではルックスが魅力的ということが重要であることは間違いありません。予想通りに，身体的魅力の研究は女性の体の形状に集中してきました。1955〜1990年のプレイボーイ誌の中央の見開きページと1940〜1985年のミス・アメリカ・コンテストの（報告された）測定値についての典型的な1993年の分析[20]では，モデルたちはよりスリムになっているものの，ウェストとヒップの測定値の比は0.7でほぼ一定でした。0.7とは，たとえば28インチ（71cm）のウェストと40インチ（102cm）のヒップに相当します。ウェストとヒップ比の異なる女性の線画を見せられると，男女ともに0.7が最も魅力的だとしましたが，

1950年代には0.7が最も小さい比でした。画像をPCに取り込んで操作できるようになった2000年を過ぎると，男女とも0.7が最も魅力的と判定されるようになりました[21]。

それゆえ，ウェスト：ヒップ比が0.64と報告されていたマリリン・モンロー[22]は，ジェシカ・アルバの0.71に比べてあまりに砂時計のように細くくびれていたと考えられるかもしれません[23]。しかし，少なくとも西洋社会では単に男性への身体的な魅力という議論になると，平均してバストのサイズよりウェスト：ヒップ比がより重要であるという一定の証拠があります。これは，健康と生殖能力向上のための進化的な魅力であると主張されてきましたが，それより現代の文化的規範の結果であるとするのが妥当です。

 パートナーを選ぶ際に遺伝子と比べた教育の相対的重要性
（★★★☆）

人々が魅力的だと思う人について，他人の意見に頼るのではなく，誰と誰が結婚したのかを見ることから，それを理解できます。1992年の「全米国民健康と社会生活調査（NHSLS）」は，米国では93％が同じ人種のグループと，同年代（78％が5歳差未満），同様の学歴（82％が1つのカテゴリーの差しかない）という自分と非常に似ている人と結婚する傾向があることを示し，72％は同じ宗教でした[24]。825組の米国人夫婦のDNAについての最近の研究では，私たちが遺伝的に類似している配偶者を選ぶ傾向があることが示されていますが，これは教育のように重要な要素の足元には及びません[25]。

「世界でたった一人の人」と似ているというのは驚くべきことではありませんか。そうなる必要があったに違いありません。しかし，パートナーが多くの共通点を持っていることは驚くほどのことではありません。私たちが出会い，好きになる人は，家族，社会，仕事や生活によって決定されているので，単純に自分たちに似ている誰かに物理的に遭遇する可能性が高いのです。それから，また，少なからずSNSを通じて，類似した誰かとの性的関係を始めることにより自信を得られます。個人を魅力的だと認めるオーストラリア人の学生の素晴らしい特徴はもっともらしいのですが，単に「自分と似ている」と言っても良かったのかもしれません。

● 性的興奮度の測定

93% 性遍歴を記入後，実験室で性的興奮度を測定することへの参加を拒否した女性の割合

人々がセックスで興奮しているとき，身体に実際に何が起こるかについて，セックスの生理学について知りたいのであれば，マスターズ＆ジョンソンの研究の特徴的な分野，すなわちセックス研究室に足を踏み入れることになります[F]。しかし，そのような研究室から出てくる統計は一般に対しても適用できるのでしょうか。私たちは，性行動に関するアンケートに自発的に回答してくれる人々が一般の代表ではない可能性を見てきました。それは，むしろ電極で測定装置につながれて常に観察され映像を撮られるという実験に参加することに同意した人たちにもあてはまります。

あるひとつの良いデザインの研究で（もちろん）米国2大学の心理学専攻の学生484人がセックス経験のアンケート調査を完了し，その後彼らは「性的興奮」の研究に進みたいか尋ねられました。その研究は「研究中ずっと，露骨に性的シーンを描写したエロチックなビデオを観なくてはならない」というものです[27]。これは研究の信頼性を高めるために悪い方法ではないのかもしれませんが，男子学生たちは「あなたのペニスのサイズ（周径）がひずみゲージ装置で測定されます。これは，実験担当者が部屋を出た後にあなたが自分のペニスの周りに取り付ける小さな柔軟性のあるゴムチューブです。」と言われました。一方，女子学生たちは次のような刺激的な機会が提供されました。すなわち，「あなたの膣内の血流量が光電脈波ゲージ装置で測定されます。これは，実験担当者が部屋を出た後にあなたが自分の膣に挿入する小さなプラスチックのタンポン型の器具です。」と言われたのです。男性198人のうち53人（27％），女性287人のうち21人（7％）という，とてもわずかな割合の人々が参加に同意してくれました。

たぶん驚くことでもないのですが，拒否された主な理由は「自分の性的興

[F] 統計はほとんど見当たらないが，セックス研究室の研究での愉快なお遊びについては，RoachのBonkという著書を参照されたい[26]。

第7課　性行動への欲求　153

奮度を測定されることを不愉快に思ったから」でした。ボランティアのうち74人は，ボランティアとはならなかった人々よりも多くの性行動の経験を有し，過去のパートナー数も多く，より性的な罪悪感が少ないという点で組織的に違っていました。「この点は，より代表的なサンプルとなるよう被験者を集める，煩わしさをより感じさせない性的興奮度を測定する方法の開発が早急に必要であることを指摘している」と，研究者たちは悲しげに述べていました。もしかすると，測定環境をよりくつろげる場所にすることが一法だったかもしれません。というのは，小規模な研究では，女性は自宅と研究室でエロチックなビデオを観せられると，自宅の安らぎの中のほうが生理的な興奮がより強かったと報告 [28] されているからです。

　上記の光電脈波装置から（尋ねないことが最善な）「膣電図」に至るまで，女性の生理的な興奮を測定するために開発された膨大な種類の装置にもかかわらず，近年のレビューは，装置によって測定されたものと女性が実際に感じたと言ったことの相関が不十分であることを嘆いていました [29]。概して，実験室での研究は何が起きるのかを示すためには良いのかもしれませんが，一般的に何が起きるかについての拠りどころにはなりません。ですから，本書ではほとんど取り上げていません。しかし，無視するにはあまりに興味深い性的興奮の影響に関する実験が行われてきました。

● 性的興奮の影響

ポルノ映像を観た後に，明らかに使用済みのコンドームの入ったトイレの容器を手にすることで女子学生が感じた嫌悪レベル

　第3課では「ジェラルド」がオーラル・セックスをどれだけ「うんざり」と考えているかを見てきました。私たちは他人の性器，体臭，唾液，汗，精液などへの嫌悪感を抱いてしまうと，誰もセックスする気になれません。それでも，私たちはセックスをします。それは私たちが性的に興奮した際に，普段と違って気にならなくなっているのかもしれません。もちろん，いくつかの想像力のある研究者たちは，これを証明する方法を工夫してきました。

　研究者たちはランダムに90人の若い女子学生に対し，35分間の映像3つ

のうちの1つを観るように割り当てました。それは彼女たちの気分に影響を及ぼすことを意図したもので，30人（「性的興奮」グループ）が女性に心地良い官能作品を，別の30人（「前向きな興奮」グループ）がスカイダイビングや登山のようなエキサイティングな行動の映像を，残りの30人（私のように鉄道おたくには明らかに前向き興奮とみなされるのかもしれませんが，「中立」グループ）は列車のような乗り物の映像を観ました[30]。

　彼女たちは全員，性的だったり，性的でなかったりする両方のタイプの16の「嫌な課題」を与えられました。それは，牛の目の中に針を入れる（「新しい眼球が肉屋から毎日持ち込まれ，実験の最終日にバイオハザードとして適切に処理される」），あるいは「使用済み」コンドーム（実際には潤滑剤で覆われている）が入っているトイレの容器に触れるなどでした[G]。「性的興奮」グループは，すべての課題に対して他の2つのグループよりも嫌悪感を持たず，特に性的な意味を持つ活動に嫌悪感を示しませんでした。というのは，たとえばコンドームの容器は，0〜10までの「嫌悪」スケールにおいて，性的興奮グループでは平均6と評価していました。それが，他のグループでは「7」でした。しかし，牛の目に針を刺すことは，これらの課題すべてで（全グループで）嫌悪スケールが最も高くなりました。

　私はこのことからどのようなことが言えるか，わかりません。今度，イヌが嘔吐したら掃除前にポルノでも観ておきましょうか。そうすれば，少しは気分良く掃除できるのかもしれません。

● 態度・姿勢

21% 　男性同性愛関係が「必ずしも不適切ではない」とする65〜74歳英国人男性の割合（★★★☆）

英国では，キンゼイ・レポートが1948年に発表された直後に，「リトル・

[G] 生きている（本物の）大きな毛虫のそばでビスケットを食べること，（偽の）怪我に用いた包帯で縛ること，短いポルノ小説を読んで「私の中に犬がいるなんてなんとイヤらしい」と叫ぶこと，（実際にココナッツミルクをこぼした）カバンに女性の使用済みブルマを入れておくことなどです。実験は明らかに鮮明な創意がありました。

第7課　性行動への欲求　155

キンゼイ」と呼ばれるあまり知られていない研究が，世情調査 Mass Observation（MO）によって行われました[31]。MO はよく知られている社会研究機関で，人類学者が遠隔地の部族を調査したのと同じように英国の大衆を調べました。この調査では，ダンスホールやパブに「観察」するための調査員を送り，そこでの会話や行動を報告しました。しかし，サンデー・ピクトリアル紙は，1940 年代後半に調査のための標準的な方法で，街頭で立ち寄った 2,000 人以上の人々に基づいて「ランダム」なサンプルを集めるのに資金を拠出しました。聖職者，教師，医師という 3 つの「オピニオンリーダー」の各グループについて 1,000 人ずつの郵便による調査もありました。世情調査には現在のオンライン・パネルと同様の固定した国全体のパネルがありましたが，メンバーは平均的な教育以上の中産階級の人々で主に構成されていました。

　これら異なる集団間には見解に劇的な違いがあります。婚外セックスを否定するか否かを尋ねられたとき，否定すると答えたのは街頭サンプルの 63％，医師の 65％，教師の 75％，そして聖職者の 90％と比べて，世情調査のパネルではわずか 24％でした。そして，街頭サンプルの 57％，聖職者の 33％と比べて，世情調査のパネルの 83％が離婚を認めました。この自由な見解と同様に，世情調査のパネルはまた顕著に自由な性行動を示しました[H]。

　国全体のパネルも，性的経験の鮮明な説明をフィードバックし，男性の愛情行為の欠如に女性の不満が反映されていました[I]。「リトル・キンゼイ」は当時，全体が出版されておらず，未知の宝の山のままでした。すなわち，おそらく部分的には「ランダム」サンプルに基づくセックス調査としての最初の試みでした[32]。

　幸いにも Natsal 調査が婚外セックス，一夜限りの関係，同性愛関係に対する態度に関わる，同じ質問を継続的に調査したので，私たちは今や近年の歴史を通じて態度の変化を研究する絶好の機会を得ることになりました。

[H] MO の全国パネルの 400 人が回答しました。男性 25％が売春婦を利用した経験があり，そのうち 2/3 が過去 5 年間でした。夫婦 38％が結婚前からセックスをし，24％が結婚後に夫婦以外の誰かとセックスしたと回答しました。12％が肉体的な同性愛関係にあり，8％が同性愛を好む傾向があるとしていました。

[I] たとえば，「私の夫は私を冷たいと訴えますが，彼は私が経験した激しい熱望をほとんど知りません。尿瓶のように私を使うのではなく私を抱いたとしても」。

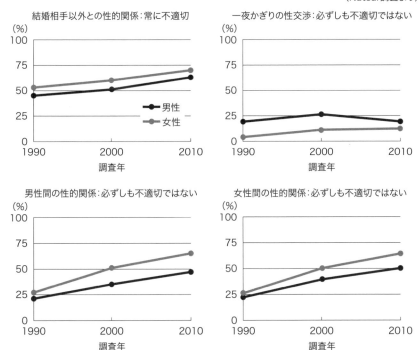

図33 1990, 2000, 2010年に各声明に同意する16〜44歳英国人の割合

(Natsal調査より)

　図33は，1990年のNatsal調査-1と2010年のNatsal調査-3の間に相当な態度の変化があったことを示しています。左上の図からは，男女ともに夫婦間の不貞に対して不寛容さが増していることがわかり，女性のほうが常により否定的です。右上の図からは，かなり一定して25％の男性が一晩だけの関係に寛容で，許容できるとする女性は少ないですが，男女差は減少しています。

　同性間の性行動に関しては，1990年の25％から今では男女の過半数が許容できるようになり，男性よりも女性のほうが一貫して許容しています。本課の冒頭の数字に示したように，より高齢の世代では自分たちの見解を変えるのに時間がかかるのかもしれません。

　もちろん，これらすべての割合が，自由主義者から伝統的な保守的な行動に至るまで，英国内の個人やコミュニティが持つ幅広い考え方を反映しているとすることはできません。グローバルな視点からみれば，世界中でこれら

第7課　性行動への欲求

の異なる考え方が反映されていることがわかります。「ピュー研究所グローバル公開意見調査 Pew Global Attitudes Project」では，スペイン，フランス，ドイツの人々の15%以下が同性愛は「道徳的に容認できない」と考えていたのに対して，ガーナ，エジプト，ヨルダンなどの国々では95%超にも上りました[33] J。不倫について50%以下の人々が道徳的に受け入れられないと考えた国はフランスだけでした。

クレリア・モッシャーは，厳格な女性サンプル45人にも，特にセックスの目的についての考え方を尋ねました。30人は「子作り」を第一の目的としました。残る1/3の女性たちの考え方はそれよりもさらに重要な理由があることを意味していました。それは，たとえば，1860年生まれの1人の女性が次のように言いました。「私たちはセックスは自分自身のためのものだと信じています。つまり，自分たちのためと願い，むしろセックスがないときは，肉体よりも精神的にセックスを切望します。それが最高で，最も神聖な私たちの一体感の表現だからです。」 こうしてみると，現代のサンプルがセックスの目的をどのように考えているかを知るのはなんと興味深いことでしょう。

モッシャーは女性の身体的な健康改善のために人生を費やしました。しかし，彼女は強い優生学的な意見を持っており，1920年代に彼女が女性たちに対して行った講演では，家系を改善するために結婚して子どもを持つ義務が強調されました。おそらく彼女は自分が起こした変化が現在どうなっているかを知ったらゾッとしていたでしょう。彼女の「30年間変わらないスタイル，男性のような服と形のハッキリしないツイードの帽子」の背後には隠された闇があります。というのは，未発表のロマンチックな小説が彼女の論文のなかから発見されたからです。カラ・プラトーニ Kara Platoni は，「究極的には，モッシャーの身の上は深刻な皮肉である。すなわち，彼女は姉妹から孤立した頑固なフェミニストであり，セクシュアリティと結婚について厳密に調査したが，たぶん現実にはどちらも経験がなかった女性であった。そ

J ピュー・リサーチセンターの2013年グローバル・アティチュード調査は，40か国40,117人の回答に基づいています。対面と電話のインタビューを併用し，市場調査の会社によって実施されました。ランダムデザインが用いられ，拒否率は公表されていませんが，アティチュード調査は良い回答率を得られます。これらのデータは★★★☆であると考えます。

して，彼女は仕事について評価されることを切望したが，そう評価されることを楽しむために生きたわけではない先駆的な学者であった。」と感慨深く書いていました[34]。

　モッシャーは独立してキャリアを持ち，退職する前年にスタンフォード大学のフルタイムの教授になるという希望を達成しました。その後，エルシー・ウィドウソンのように，彼女は高齢の母親の面倒を見て，丁寧に美しい庭の手入れもしました。

パートナーの決定：カップルの成立
婚前セックスと出産

セックスとは，たいていの場合は2人の人間の関わりです。また，ほとんどのセックスは，実際に結婚しているか否かにかかわらず，本人たちや他の人に長期的に関係が続いていると見られている「カップル」の間で行われます。私たちは，性行動が時間の経過とともにどのように低下するのかを見てきましたが，今度はどのようにして始まるか，いったい何人の人が婚前セックスをしているのか，見てみましょう。まずは結婚式当日に妊娠しているという事柄をもとにして始めましょう。このようにセックスや統計の力で，400年前の若いカップルの性生活を掘り下げて調べることもできます。私たちは，自分たちの世代を400年以上前だけでなく1世代前と比べても，パートナーとの関係性やセックスにおいて劇的な変化を知るでしょう。さらに，私たちはビクトリア時代に赤ちゃんが姿を消していったという大きな謎に終止符を打つことになるでしょう。

● 結婚前のセックス

97% インドネシアにおいて未婚者どうしのセックスが「道徳的に容認できない」と考える回答者の割合

今日では，婚前セックスに関する前世代的な強迫観念は，古い黒電話やクランク・ハンドル付きの車のようにほとんど時代遅れのようです。また，米国キリスト教団体の運動のように，若者に節操を貫くように社会的圧力をかけても，彼らが結婚するまでセックスをしないでいることはほとんどありません。もちろん，必ずしもそうではありませんでしたが，赤ちゃんができたことが露見してしまった人たちは，通常はしばしば重い代償を支払うことになりました。

しかし，正式にまたは非公式に婚約したカップルには，やや寛大なアプローチが取られてきました。数世紀前のヨーロッパと北米では，服をきたままや，別々の寝袋にとどまったまま，カップルが添寝をして一緒に夜を過ごす「バンディング」の習慣がありました。1930年代になると，シュレッターSzreterとフィッシャーFisherが婚約中にセックスを始める数多くの話を報告しています。それによると，1910年生まれの「アガサ」は庭師と婚約し

ていた家事使用人で，もし自分が妊娠しても何の違いももたらすことにならないだろうというほど，セックスをすることを「公明正大」と考えていました[1]。1940年代のキンゼイの時代であっても，婚前セックスとは実際には，結婚前にセックスをして，その後に結婚することを意味していました。すなわち，結婚時に50％の女性が処女であり，残りの半分は婚約者とだけセックスの経験があると，キンゼイは推定していました。このうち，41％が車内でセックスをしていて，この割合は徐々に増加しました。1950年代後半に結婚した英国人女性は，35％が夫と婚前セックスをしていましたが，1970年代初めに結婚した人では74％に増加していました[2]。

これらの行動変化は，西洋における婚前セックスに対する態度の急激な変化を反映しています。すなわち，前課で紹介した「グローバル公開意見調査 Pew's Global Attitudes Project」では，スペイン，フランス，ドイツの10％未満の人々が成人未婚者のセックスを「道徳的に容認できない」とした一方で，パキスタン，ヨルダン，インドネシアなどの国ではそれらの人びとは90％を超えていました[3]。調査した40か国以上で，道徳的に容認できないと答えた割合の中央値は46％でした。しかし，異文化間には非常に大きな多様性があるわけで，この数値はおそらく私が知る最も役に立たない平均のひとつだといえます。

一般的な物事に対する意見や考え方について聞くのは簡単なことですが，どれくらい多くの人が婚前セックスをしているかを知ることは現在も，そして過去においても極めて困難でした。しかし，実際にこのような秘密を聞き出さなくても，少なくとも下限値を知る良い方法があります。それは結婚時に妊娠していた女性の人数を調べることです。そして，そういう女性がかなり多くいることを，私たちは知ることになるのです。

● **結婚前の妊娠**

 1830年に妊娠していた花嫁の割合（★★☆☆）

歴史を振り返ると，昔は，両親が娘の腹部の膨らみに気付き，娘の涙の告

第8課 パートナーの決定：カップルの成立

白があり，そして即座に結婚の準備が行われました……しかし，実際にこのようなケースはどのくらい頻繁に起きていたのでしょうか。統計家にとっては，これは公式な統計数値を想像力をもって利用することが，秘密にしている人の行動について何を教えてくれるのかを知る良い事例です。基本的な考え方は単純で，結婚と出生記録を組み合わせ，結婚式後の約8か月以内に何人生まれていたのかを調べるのです。それは「婚前妊娠」の結果に違いありません。もちろん，これは，婚前セックスの経験がある人の割合のかなり粗い下限値のみを示してくれます。すなわち，結婚前にセックスは多く行われてきたでしょうし，運良く妊娠することがなかったのでしょう。そのような場合には将来の統計家が数えようとしても何も記録が残っていません。

　ビクトリア女王が18歳で即位した1837年以降，英国の国家市民登録システムからデータを入手することができます。これはおそらく★★★☆だったかもしれませんが，後に記録が信頼できるようになったときには★★★★に相当すると考えられます。これ以前には，1538年からトーマス・クロムウェルがヘンリー8世の代理として開始した教区民登録制度がデータを管理していました。それらは洗礼，結婚，葬儀について羽根ペンで書かれた長いリストで，数世紀にわたって歴代の聖職者によって保管されました。

　しかし，この情報量は多いものの埃を被ったデータの発掘作業は，膨大な取組みとなります。本書で使用しているデータは，人口と社会構造の歴史についてケンブリッジ大学のグループがまとめた内容に従っています。そのデータとは，1580～1830年にイングランドを網羅する404の登録簿から要約データを収集するために，1964年にかなりの数のボランティアが集められたところから始まりました。その情報はすべて当時の原始的なコンピュータにパンチ・カードで入力され，最終的には25年もの作業の後に，賢明な統計的方法により人口，出生と死亡率，平均寿命などの結論が発表されました[4]。

　しかし，婚前妊娠を調べるには婚姻を出産記録に結びつける必要があります。それには，最新の系譜学のソフトウェアを利用する人には知られている方法で，世代を越えて記録を結び付けるプロセスを含む，家族全員の再構成[A]が必要になります。そのため，イングランド北東端のノーサンバーランドのヤーズドンからイングランド南西部のデボン北部のハートランドまでの

A 治療の一形態である家庭再建と混同しないように。

図34　1580〜1830年の出来ちゃった結婚の割合

合計27,000組に基づく。250年間に年間約100組。低い線は妊娠3か月前後を示し, 3か月未満の場合, 結婚が妊娠確定直後に行われた [7]。

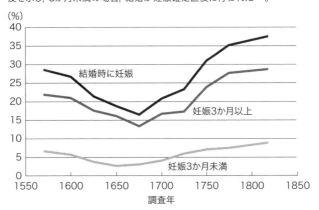

範囲から, 最良の記録を持つ26小教区が選ばれました [5]。これらはいくつもの注目すべきデータを提供してくれました [B]。

図34は, 結婚式当日に花嫁が妊娠している割合が長い間に変化した様子を示しています。エリザベス女王が支配し, シェイクスピアがティーンエイジャーの恋愛を書いていた頃には出来ちゃった結婚の割合はほぼ30％でした。その後, 1650年代にはオリバー・クロムウェルの支配下では, 私通を断固として快く思わない清教徒が勢力を持ち, 約18％に低下しました。ビクトリア女王の戴冠時に40％近くに達するまで, 明らかに清教徒が主流ではない1700年代は着実に増加しました。

これらの個々の物語を, ありふれた「出来ちゃった結婚」の話で検討するのは間違いでしょう。いくつかのケースでは, 赤ちゃんは結婚後7か月以上たって生まれているので, その場合は, 結婚式の最大2か月前に花嫁が妊娠していたことになります。グラフによれば, こうしたケースは明らかに不変で結婚すべてにおいて10％を占めます。すなわち, そうしたカップルは

[B] 家族の再構成で, 代表的でない教区を用いること, 教区間の移動を無視すること, プロテスタントが欠けていること, 記録をつなぐ能力が限定されていることを理由に批判されてきました [6]。明らかに教区の記録は★★★★の情報ではありませんし, 統計は地方の英国国教会にのみ当てはめただけかもしれません。しかし, それでも★★☆☆のうちの最高位にあって, 素晴らしい成果だったと思います。

家族の同意を得てすでに婚約し，結婚式の日取りも決まっていたにもかかわらず，少しだけ妊娠が早まったケースなのかもしれません。

婚前妊娠の他のタイプでは，結婚してから6か月以内に子どもの洗礼を行っている夫婦のケースがあります。これらのうち，いくつかのケースについては，少なくとも夫婦が婚約しておらず，妊娠は予定外であり，大きくなった腹部は隠しようがないまま，恥ずかしそうに照れながらバージンロードを歩くことになったと推察できるかもしれません。

妊娠が結婚式の1〜2か月先になる理由があったときには，さらに複雑な事情があった可能性があります[8]。当時は宗教裁判所が依然として大きな支配的な影響力を持っていて，「将来の妻と結婚前に姦通する」という極めて微罪なことが異様なこととして受けとられ，軽いとはいえ罪のひとつとして考えられていました。これらの「ばかげた」裁判所は，1700年代の終わりまで性的問題を取り扱いましたが，この罪に対する処罰は，通常，教会に来て公然で告白するという懺悔をさせるというもので，本人を少し困惑させるだけのことでしたが，それ以降も常識になっていました。

あなたがもう若くはない年齢なら，計画的に物事を行う可能性がより高くなっているでしょう。すなわち，35歳以上で妊娠中の花嫁の半数以上は，妊娠初期段階にありました。これは，むしろ予想通りで，10代の若者とはパターンが異なります。妊娠した10代のうち，即座に結婚した1/4だけが自分たちが期待されていることを知っていました。一方，残りの3/4については，最終的に結婚する前に，長時間にわたる熱心な家族の話し合いが行われたであろうと想像するほかありません。

1800年代初めの高い婚前妊娠率は，婚前交渉の機会が増えたことに伴うもので，性的な表現に対するより自由な，よりゆるやかな時勢を示すものとしてとても興味深いです。しかし，すでにこの頃にマスターベーションと性行動への非難が一般的に増していることを確認してきました。それでは，この明らかなパラドックスをどうすれば説明できるのでしょうか。一般的な避妊をせずにペニスを腟に挿入するセックス以外の，あらゆる性的形態の抑圧と，女性のもつ受動性を強調する傾向は，男性がますます「適切な」セックスをする必要があると感じるようになった「男根中心」的な考え方につながったことが示唆されています。そして，セックスの代わりになる刺激的な代替手段の価値は低下しました[9]。どちらかといえば，シェアー・ハイトが2

世紀後に反対運動をしたことです。

> # 51%
> ## 1938年に妊娠していた20歳未満の花嫁の割合
> （★★★★）

　20世紀に入ると婚前セックスに対するプロパガンダは，影響が限られてきました。すなわち，戸籍本庁の記録によれば，1938年に英国とウェールズのすべての花嫁のうち18％が結婚式の時点で妊娠していて，その割合は20歳未満の花嫁になると51％にまで上昇しました。戸籍本庁は「自分たちの子どもの多数が祖先の意識的かつ計画的な意図とは異なったタイミングで生まれていた」ことに大きな衝撃を受けました[10]。各事例は何千回繰り返されても軽くなることのない個々のドラマを表しています。たとえば，1908年生まれの「マーヴィス」は，スレッターとフィッシャーに「1度のセックス」で子どもが出来てしまい私は不運だったと語りました。でも，彼女の父は発狂するほど激昂したので，即座に結婚しなければならなくなりました。幸いにも，父親は最終的に落ち着き，娘の夫が世界最高の人だと思えたので，ハッピーエンドになりました[11]。

　図35は，公式な★★★★のデータに基づいて第二次世界大戦後に婚前妊娠がどれほど起きたのかを示しています。1950年代初期の割合は戦前より低く，花嫁7人に1人ほどでした。その後1965年までには性行動が増加しても直ちに避妊が利用できなかったため，婚前妊娠はすべての花嫁の22％にまで上昇し，20歳未満では40％近くに上昇しました。これは1830年代の割合ほど高くはありませんが，子どものために結婚しなければならなかったケースがたくさんあったことを意味します。

　効果的な避妊法の出現により，これらの割合は1970年代にほぼ半減し，全国統計局が2006年にこれらの数値の公表を止めた時点まで，結婚時に約10％の花嫁が妊娠していました。明らかに英国では最低の割合ですが，その後も結婚時に妊娠している花嫁は存在しました。これらのケースのほとんどで，妊娠は明らかに実際に長期間信頼し合ったパートナーと最終的に結婚するという推進力になりました。そして，今ではこの素晴らしい統計は，罪深い行動を露わにするという特筆すべき力を失ってしまいました。

第8課　パートナーの決定：カップルの成立　　167

図35 1951〜2006年, イングランドとウェールズにおいて妊娠していた花嫁の割合

(英国国家統計局より)

● 過去の私生児

10% 1840年代にノーフォークで誕生した新生児のうちの私生児の割合（★★★☆）

　結婚できなかった人々には，羞恥とおそらく社会的な孤立が待っていました。しかし，他の不名誉な性行動（たとえば，近親相姦やマスターベーションなど）とは異なり，「両親が未婚」のまま生まれた赤ちゃんは，公式な統計で人数を知ることができます。

　図36 は，1585〜1960年にイングランドで生まれた私生児の割合について歴史的な記録を示すために，1837年以降の公式の統計と家族再構成研究のデータをまとめたものです[c]。それは，私生児の割合が急激に上昇する以

---

[c] 私生児率（すなわち，各年の私生児を産んだ女性の割合），あるいは比（私生児である新生児の割合）で考えることも可能です。ここでは，解釈が容易で集団の一般的な妊孕性の影響を受けないため，比を用います。1837年以前の比は，私生児を記録した数少ない教区のうちの洗礼の記録から登録されていない新生児について，20%を見込んでスケールアップして得たものです[14]。同じ名前が教区の登録中に繰り返し現れることが報告されています。ラスレット Laslett らは彼らを「私生児を支える影の組織」として言及しました[15]。

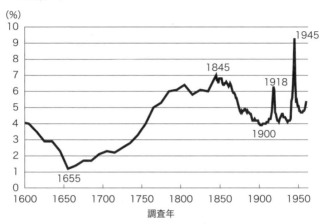

図36　イングランドにおける1585〜1960年の私生児の割合

(出典：1580〜1837年は教会教区の記録の再構成[12]、1846〜1960年は公式統計[13])

前には，すべての出生の0〜8％で推移していました。そして，イングランドの歴史について少々知識があると，このグラフの解釈に役立ちます。結婚時に妊娠していた花嫁の割合と同様に，割合が最低だった時期は，1649年のチャールズⅠ世の執政と1660年のチャールズⅡ世としての息子の王政復古の間で，清教徒が主流の時代でした。しかし，これはオリバー・クロムウェルが不道徳なセックスを阻止するために管理したことを必ずしも意味していません。登録されなかったからかもしれませんし，カップルが少し注意深かっただけかもしれません。

その後，1680〜1830年代，「長い一世紀」である18世紀にわたり徐々に増加し，1850年頃にピークを迎えていました。それは，戸籍本庁が真面目で道徳的な統計学者による郡別の「非嫡出子」地図を公表した年でした。これらは最初のインフォグラフィックでした。**図37**は，1849年にフレッチャーが発表したもので，「非嫡出子が多いことは，人口の大部分で下品でみだらな行為がはびこっていることを示している」と考えられていました[16]。

筆者が住むケンブリッジはイースト・アングリアにあり，カンバーランド（11.4％）とヘレフォード（10.6％）には及ばないもののノーフォークの9.9％という割合は非嫡出子の人数でトップレベルであります。しかし，ポプラが2％となっているなど，ロンドンの貧困層の数字は不思議なほど低くなって

第8課　パートナーの決定：カップルの成立　169

図37　1842年以降のイングランドとウェールズにおける非嫡出子地図

ノーフォークが高い割合であることを濃さで示している。

(王立統計協会から許可を得て転載)

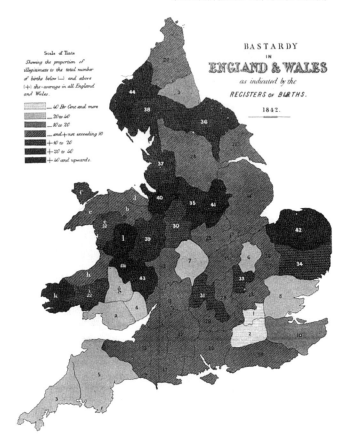

います。戸籍本庁は，その理由はおそらく登録されていない私生児の出生があるからだと認めています。

　ビクトリア朝になると人々はより禁欲的になり，この割合は低下しました。その後，1900〜1960年に社会的な制限が弱くなった2回の世界大戦中の急増は別にして，私生児の出生率は約4〜5％，つまり，20件の出生当たり1人が婚外子，にとどまり，1770〜1870年の記録と同じ割合でした。しかし，それから60年代になると，その割合は着実に急上昇し始めました。

● 現在の私生児

52% 2012年にイングランドとウェールズで生まれた新生児の両親が結婚していた割合（★★★★）

図38は，ちょうどこの50年間に婚外子が全出生数のおよそ半数にまで増えており，これは社会的規範の大きな変化を示しています[17]。図36の縦軸は10％までしか上がっていませんが，図38の縦軸は50％まで上昇していることに注目してください。グラフを同一の縦軸で示せば，（大気中のCO_2濃度との関係では相関はあっても因果関係はないと思いますが，）これは究極の「ホッケースティック曲線」となったでしょう。

母親によって登録された出生（最下の線）だけを見ると，婚外子の数は全出生の5％程度でとどまっていて，基本的に世紀を越えて同じ割合で推移していることがわかります。増加は両親で登録された出生でみられ，おそらく当然安定した関係を示しています。1986年からは，共同登録された両親が同じ住所を共有しているかどうかや，同棲者らが未婚の両親の大半を構成しているかどうかというデータがあります。ですから，2012年には，100人の「私生児」のうち12人が母親の名前だけで登録され，22人は2人とも登録済みだが異なる住所の両親がいました。残りの66人が同居する家族として両親がいました。

2012年には，イングランドとウェールズにおいて全体の出生での未婚の母の割合は48％になりましたが，この数値は母親の出生地によって大きく異なります。中央アフリカやカリブ海諸国で生まれた母親が生んだ子どものうち，両親が結婚していない婚外子はおよそ5人に3人でしたが，バングラデシュやインドで生まれた母親ではその数は10人に1人未満でした。

これらの文化的な違いは，国際的なデータを見るとさらに顕著になります。多くの西側諸国では英国より出産と結婚を分けて考えることが多くなってきました。フランス，スウェーデン，ノルウェーでは出産したカップルの半数以上が未婚，さらにアイスランドに至っては2010年に婚外子が63％とトップになりました[18]。ヨーロッパ南部では伝統的な様式がほとんど変わらず，ギリシャでは記録上の私生児の割合は僅かに6％です。さらに，日本や韓国

第8課　パートナーの決定：カップルの成立　171

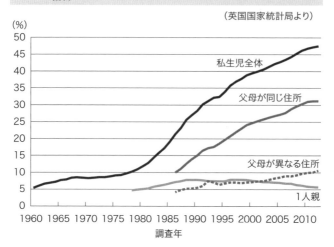

図38　1960〜2012年のイングランドとウェールズにおける私生児の割合

（英国国家統計局より）

ではまったく変化がありません。カップルは結婚するまで子どもをつくることを待つため，私生児の割合は2％未満です。この数値は，英国を形作ったオリバー・クロムウェルの恐怖の時代に匹敵するものです。

● いつ結婚しますか？

10%　同棲していた25歳のカップルが2005年に正式に結婚した割合

　私たちは過去何世紀もの間に何が起こったのかについて，かなり種々のことを知っています。重要な王朝，建物，戦争，法律，さらには小麦の価格まで詳細を知りたいのであれば，歴史家が繰り返し分析して解釈してきた多数の書類が図書館にあります。しかし，セックス調査の際には，性行動についてはみな口をつぐみます。私たちは貴族階級の見合い結婚の考え方は知っているかもしれません。しかし，男性も女性も，絶え間ない妊娠のリスクを伴うその後の行動について，どのように話し合ったか，その経過についての記録は残していません。私たちが手掛かりにできることはその後の顛末の記録

図39　1610〜2010年のイングランドにおける結婚時の平均年齢（男女）

（出典：1610〜1830年の統計は家族再構成研究に基づいた平均値である。1846年以降のデータは国家統計局による中央値で，初婚のみを示していて，平均的な人々の経験を表すのにはよりふさわしい［グラフ中の「長い尾」の部分になる，高い年齢で結婚した人々は極めて限られた人数なので，この状況では平均値と中央値は近くなるけれども］。）[19]

だけです。すなわち，子どもの誕生，そしてしばしば起きる母親の死です。

　しかし，婚外セックスが社会的批判を招くとき，セックスの総数の主要な決定的要素は，現在でも過去でも同棲関係であることを，私たちは知っています。ですから，私たちがセックスを結婚直後に始めたとしたら，おそらく，結婚時の年齢が初体験の年齢の大まかな上限になります。

　図39は，1610年以降の英国における結婚時の男女の平均年齢を示しています。新妻が基本的に夫の家族と一緒に移動する伝統的な地中海文化とは異なり，英国では新しい夫婦は独立して家庭を持つという長い伝統があります。ですから，経済状況が良くて仕事や資金があるときには，カップルは夫婦になりやすく，より若くして結婚するようになります。それは，最も相応しい人に出会えたということではありません。

　1600年代には結婚が遅く，人口の20〜25％は生涯独身でした。その後1700年代に経済が改善され，英国が産業革命と農業革命に入ると，女性の平均結婚年齢は1710年代の約26歳から1870年代には23歳に低下しました。これはあまり大差がないように思えるかもしれませんが，このことは3年間の子育て期間をもたらし，人口は着実に増加しました。

私生児のグラフ（**図36**, p.169）を見返すと，1700年代に私生児の割合は結婚年齢が下がるとともに増えていることがわかります。単純に考えると，婚前セックスの回数が減ることで私生児も減ると予想できます。しかし，逆のことが起きていました。結婚しているかどうかにかかわらず，ある集団で生物学的に性的な営みが，ある一定数行われるという想定がはずれたことを示していました。すなわち，歴史的な背景が行動に対する大きな決定要因になっているようであり，1700年代には単純にヴァギナル・セックスが多く行われていたのです。

　1870〜1930年には，結婚年齢は上昇し始めました。そして1943年と1944年にかけて大きく低下しました。ノルマンディーや北ヨーロッパの第二次世界大戦の墓地に眠る数多くの既婚男性の数が悲しく物語るように，カップルは夫の未来についての不確実性の中で結婚しました。その後，戦後のかつてない好景気の中で結婚年齢は劇的に低下し，1969年に過去最低になります。この後，一転して急上昇します。しかし，私たちはそれを一時的なものとして考えるでしょう。

　結婚する男女で年齢差はあるでしょうか。何世紀にもわたって平均で約1歳でしたが，それは1900年頃から広がり始め，この100年間では約2歳で実に変わりません。2010年に結婚した男性の年齢の中央値は33歳（独身男性で31歳，離婚歴のある男性で46歳，死別した男性で63歳），女性の年齢の中央値は31歳（独身女性で29歳，離婚歴のある女性で44歳，未亡人で56歳）でした。

　しかし，あくまで平均値なので，より極端な場合はどうでしょうか。81歳の億万長者と結婚しているプレイボーイ誌の24歳のモデルの話なら笑えます[20]が，大きな年齢差が両方向でより一般的になっています。まず，夫が妻よりも年上の結婚を見てみましょう。1963年，英国の結婚総数の5%（1/20）で夫は妻より少なくとも10歳は年齢が上でした。それが，2003年にはこの格差が拡大しました。結婚総数の5%で夫は妻よりも13歳高くなったのです。一方，1963年では，結婚総数の5%で妻が夫より3歳以上高かったのですが，2003年には結婚総数の5%で妻が夫より7歳以上の年上になりました[21]。ですから，平均的な差は2歳程度のままですが，多様性は増しています。

　しかし，(a) 人々が結婚前の長期にわたってセックスをする傾向があり，

さらに (b) 多くの人がまったく結婚しませんから，正直に言えば，現代の結婚のデータは人々の性生活について語る題材としてはあまり適切ではありません。しかし，私たちは，結婚しているかどうかにかかわらず，セックスのあり方に大きな影響を与えることとして，人々がいつ同居し始めるのかを知りたいと思っています。

　公的に登録されていないため，同棲・同居について知るのは困難です。そこで，第2課でパートナーシップの期間について議論したときに明らかになったように，公式な統計ではなく調査に頼らざるを得ません。幸いなことに，人々は同棲について話すことにそれほど抵抗感はないので，一般家庭調査から適正なデータを得ることができます[22]。マーガレット・サッチャーが首相で，バーバラ・ウッドハウスがBBCテレビ番組で犬を訓練し，ABBAが「スーパー・トゥルーパー」を歌っていた1980年代初期の状況を見てみましょう。当時は，次のようでした。

- ▶ 約60%の男性と80%の女性が25歳までに何らかパートナーシップを形成していました。
- ▶ これらのパートナーシップの90%以上が結婚でした。
- ▶ 最初のパートナーシップを結んだ年齢の中央値は，男性で24歳，女性で22歳でした。
- ▶ 夫婦の30%が結婚前にすでに一緒に暮らしていました（平均15か月間）。

　2000年代の半ばまでにこれらは劇的に変化しました。当時はトニー・ブレアが首相で，クリストファー・エクルストンがBBCドラマ「Doctor Who」で主役を演じ，ジェームス・ブラントが「ユア・ビューティフル」を歌っていました。しかし，変化はこれだけではありませんでした。

- ▶ 25歳までに約40%の男性と60%の女性のみが一緒に暮らしていました。
- ▶ これらのパートナーシップの90%以上が同棲であり，1980年代初期のパターンとは逆転していました。
- ▶ 最初にパートナーシップを結んだ年齢の中央値は，男性で26歳，女性で24歳に上昇しました。
- ▶ 80%の夫婦は平均で3年前からすでに同棲していました。

　これらは1世代間では極めて大きな変化です。2人の総理大臣の在任期間25年で，最初の結婚は平均5年遅くなりました。これは何らかの原因でパートナーシップの開始が約2年遅れ，残りの3年は結婚前に同棲していたこ

とによるものでした。ですから，パートナーシップから一気に結婚とはいきませんでした。思い切ってプロポーズすることが少し遅くなったということです。

1998年 平均的なカップルで結婚前に出産を迎えることが多くなった最初の年

　パートナーシップに関するこれらの統計数値は，セックスがいつから始まるかを教えてはくれませんが，少なくとも本格的に始まる時を示しています。そして，次の「公式」な指標は出産です。結婚と最初の出産との間の差（マイナス9か月）は，偶然であろうと何か理由があったにしろ，女性が性的に活発ではあるものの妊娠していない期間を表していると考えられます。

　1500年代後半から1900年代前半にかけて，妊娠可能性が人為的にコントロールされるようになる以前には，結婚と第一子の出産の平均的な間隔は約15か月でした[23]。いくつかのケースはそれより短期間であることがわかっています。ビクトリア女王は1840年2月10日にアルバート公と結婚し，9か月と1週後の11月21日に，娘である同名のビクトリアを産みました。息子のエドワード7世は1863年3月にアレクサンドラと結婚し，彼女は1864年1月にアルバートを生みました。

　1938〜2012年の初婚と初産の平均年齢が**図40**に示されています。第二次世界大戦後のカップルは若くして結婚していましたが，第一子の誕生は結婚直後ではなく平均して約2年後でした。第一子の出産時の平均年齢は，1960年代後半に23.5歳と過去最低になりました。その後，2012年にかけて着実に高くなり28歳以上まで達し，初婚の平均年齢はそれよりも1年遅くなりました。1998年に二つの線は交差し，女性が赤ちゃんを抱える平均年齢が，結婚時の平均年齢よりも若くなり逆転しました。出産と結婚は切り離して考えられるようになってきました。

　これを初体験年齢に関する第6課のデータと照らし合わせると，性的にアクティブであることと子どもを持つことの間のギャップがどのように生じているのか知ることができます。1930年代後半に生まれた平均的な女性は，最初に20歳でセックスをし，21歳でパートナー関係（ほぼすべてが結婚）

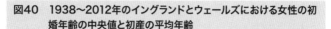

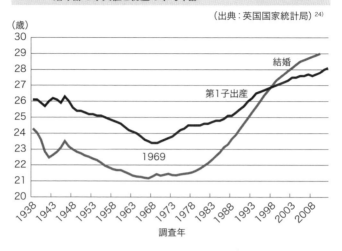

図40 1938〜2012年のイングランドとウェールズにおける女性の初婚年齢の中央値と初産の平均年齢

（出典：英国国家統計局）[24]

を開始し，第一子を23〜24歳で産んでいました。これらに要した時間は19世紀よりも15か月以上長いものの，わずか数年間に短縮されていました。

　しかし，1980年代初頭に生まれた平均的な女性は，最初に17歳でセックスをし，23〜24歳でパートナー関係（主に同棲）を開始し，27歳で初産を経験していました。すなわち，初産まで10年近く性行動があったことになります。2世代を経て大きな変化があり，これは現代の避妊法の功績によるものです。

● 赤ちゃんとセックス

 1870〜1930年に英国女性1人あたりの出生数の期待値からの減少数（★★★★）

　赤ちゃんは，信じるかどうかにかかわらず，セックスをすることから始まりますが，むしろ性行動について調べるための間接的な方法は，どれだけ多くの赤ちゃんが生まれているかを確認することです。たとえば，第一次世界大戦とスペイン風邪のために1914〜1919年に出生数が減少した後，1920

第8課　パートナーの決定：カップルの成立　177

年にイングランドとウェールズで95万7千人が生まれるという，とても大きなベビーブームがありました。生き残った兵士が帰還し盛んな性行動が起きたことによるもので，その数字は現存する記録の中では年間の最高記録でした。そして第二次世界大戦後にも別のピークがあり，さらに1960年代初めに行動がより自由になったことによる別のピークがありました。しかし，ピルの服用，および中絶が合法化されて以降は，セックスと出産とはそれほど強く関連しなくなりました。

　出生数は人口の大きさや，戦争の終結のような短期間の出来事による影響を強く受けるため，性行動の変化をより深く理解するためには，もし女性が年齢で調整した出生率のもとで子どもを持って生活しているのであれば，1人の女性が生涯にわたり各年齢の出生率のもとで産むと期待される子どもの人数を示す合計特殊出生率をみるべきです [D]。

　合計特殊出生率は，**図41**に示すように，かなり異なる様相を呈しています。出生率は1870〜1900年代に急激に低下し，出生数の総数とは正反対の傾向を示しています。ですから，女性たちは何人産むかについて急速に減らしていたのですが，さらに多くの赤ちゃんが生まれていたのです。これは人々を統計から遠ざけてしまう類の内容ですが，急速に増加する人口によっても説明することはできます。

　1人の女性が出産する新生児の数が「自然の水準」から少数の死亡を予想して，約6,7人産んでいた時代から，人口を一定にする2人をわずかに上回るようになる時代に，すべての国は出生転換を経験します。バングラデシュでは1980〜2010年に避妊と結婚年齢の上昇によってこの現象が起きました。合計特殊出生率が依然として7のままのアフリカのニジェールでは，まだ起きていません。

　ただ，**図41**の推移は2つの質問を提起しています。まず，なぜ1870年以降にイングランドで起きたのでしょうか。本書では「なぜ」という歴史的な深い疑問に特に関心があるわけではありませんが，どのような場合でも出

[D] これは，現時点の死亡率に従うとして，生存することが期待される年数である余命の考え方に似ています。これは有用ですが，あくまでも理論的な数値であり，将来に死亡率が低下することが期待されるような場合に，個人的にどれだけ長く生きることができるのかには対応していません。

図41　1843〜2012年のイングランドとウェールズにおける合計特殊出生率

これは，1人の女性が生涯にわたり同時代の出生率で産む子どもの人数の期待値。（出典：英国国家統計局，1938年以前 [25]，1938以降 [26]）

生に対する影響は非常に複雑です。あなたは自分が生まれた理由を説明できますか。少々単純かもしれませんが，おそらく現代の産業社会において多数の子どもを育てることが経済的に難しいとカップルが認識したと言えそうです。そして，女性はいつも妊娠していることにうんざりし，子どもたちに最高のチャンスを与えたいと思っていました。

　2番目は過去の性行動についての洞察を試みる調査に関連したこととして，それがどのようにして起こったのかです。これは歴史的な大きな謎のひとつであり，19世紀後半に英国で起きた未解決猟奇的殺人事件である切り裂きジャックのレベルではありませんが，今なお学術的に熱心に議論され続けています。基本的に，人々はセックスをしなくなったのでしょうか。あるいは何とか妊娠しないようなセックスをするようになったのでしょうか。私たちは次の課でいくつかの示唆を得ることになりますが，この質問はセックスの極めて重要な問題のひとつに関連しています。それは，もしほとんどのセックスが本当に出産目的でないとしたら，人々はどのようにして子どもができないようにしたのでしょうか。

第8課　パートナーの決定：カップルの成立　179

第9課
子どもを望まないセックス
避妊法の今昔とその失敗率

第1課で見たように，現在の英国ではセックスの99.9％が妊娠につながりません。おそらく昔の世代はこれをむしろ羨ましく思ったかもしれません。当時は現代のような避妊方法はなかったので，家族が過度に増えないよう，それに代替するあらゆる方法に依存していました。

　女性は，妊娠間隔を空けるために授乳期間を延ばしたり，さまざまな方法で子宮をブロックしたりして避妊していました。古代の方法には，アサフェチダ［香辛料・アギ（阿魏）］などのハーブを含むペッサリーや，ハチミツやオリーブオイルに浸したウール・タンポンなどがありました。また，入り込んだ精液を子宮から何とか外へ出そうとしたかもしれません。すなわち，古代ローマ時代から受胎を避けるためにしゃがみ込んだり，くしゃみをしたりするという民俗的伝承，そしておそらくそれよりは効果的な方法として，セックスの前にスポンジを挿入して後に膣を洗浄するということが用いられました。これは，1700年代にフランスで出生が減少した大きな理由となりました。

　コンドームは，イタリア人医師ガブリエレ・ファロッピオ Gabriele Falloppio によって1564年に発明されたにもかかわらず，20世紀まで避妊に重要な役割を果たしていませんでした [A]。それはもともとリボンのついた亜麻布の被覆（鞘）で，梅毒（英国では「フランスの病気」と言われていました）に対する予防を意図していました。皮肉を込めて英語では「フランスの手紙（French letters）」（20世紀になってもそう言われていました）と呼ばれ，フランス人は「イギリス人の頭巾（la capote anglaise）」と呼び，互いにコンドームを考案したのは自国ではないと主張し合いました。1700年代まで，コンドームは動物の腸から手縫いで作られていましたが，感覚を伝えることはできたもののその品質は信頼できませんでした。イタリアの作家で色事師のジャコモ・カサノヴァはそれを膨らまして膣に挿入し，女性を喜ばせたりしました [1]。そして，1890年代には，「やや厚くて不快なゴム製のコンドームが1ダース2〜10シリング（1ポンド＝20シリングなので，2シリングは現在なら0.1ポンド＝14円）で売られました [2]。

[A] 実はコンドームの存在を知ってしばらく日本人の近藤さんという人が作ったドーム型の避妊具だと言われて信じていました。中学校のクラスに近藤君がいて，先生に呼ばれると男性生徒が一斉に「っむ」って唸った鮮烈な記憶があります。今でも耳に残っているくらいですが，本人は心の傷になっていないでしょうか？　心配になってきました。（訳者注）

もちろん，「性交中断」や「膣外射精」も行われていました。これは何も器具を必要とせず，まったく自由であるものの，タイミングと自己制御が必要であり，（統計的な）痕跡が残りません。そこで**図 41**（p.179）に戻って，1870 〜 1930 年に出生率が低下した謎を考えてみましょう。第 8 課では，その当時に結婚した人々の年齢が上昇していたことを見てきましたが，それだけでは赤ちゃんが減った理由を説明するには十分ではありません。人々は結婚生活中で性行動を変えたにちがいありません。

　イギリスの経済学者トーマス・マルサスの人口増加の危険性に関する過激な見解が確立された後，避妊は 1800 年代の初めから積極的に議論され始めました。スポンジ，膣外射精，そしてコンドームが格好の話題になりましたが，禁欲が人々の答えでした。しかし，歴史家は，英国では器具が広く使われることはなかったと見ているようです。なぜなら，コンドームは高価で，スポンジや膣洗浄はフランスでは流行っていましたが清潔な水が必要でした。多くのインチキな避妊薬や堕胎薬の宣伝が行われましたが，中絶することは制限されていました。クレリア・モッシャーの教育を受けた米国人女性の小規模なサンプルでは，1800 年代後半に，膣洗浄，注射器，膣外射精，妊娠期間を避けるタイミングを考慮する試みなど，幅広い方法が用いられていましたが，彼女らは英国中産階級の女性を代表してはいませんでした。

　それで，前課の最後に挙げた質問に戻りましょう。ビクトリア朝時代では女性たちは，どのようにして多産を避けたのでしょうか。ヘラ・クック Hera Cook やサイモン・シュレッター Simon Szreter のような権威は，自制の側面をしっかりと支持しました。すなわち，単純にセックスの回数を減らし，セックスをしても膣外射精をしようと主張しました。これは，当時言われていた避妊に対する助言に沿ったものでした。すなわち，ウィリアム・アルコット William Alcott のような権威は，「月経周期で 1 回のセックスは健全なカップルには必然である」と確信していました [3]。セックスの頻度は，いつの間にか 1800 年代後半に低下していた可能性があります。通常のセックス回数が月に何回だったのかはわかりません [4]。人々がしていないことを測定することは困難です。

第 9 課　子どもを望まないセックス　　**183**

● 禁欲を測定することに関する問題

15% 1949年に王立人口委員会によって発表された1900年頃に結婚した女性が受胎調節をしていた割合（★☆☆☆）

　ついに 1914 年の統計から，単純にセックスの回数を減らすことで人々が妊娠を避けているのではないかという推察を裏付けることができました。「全国出生率委員会出生率調査 National Birth Rate Commission's fertility survey」[B] では，634 人の回答者のうち 203 人が受胎調節をしていると回答しました。そのうち 52％が「禁欲」，13％が膣外射精，10％がコンドーム（当時は「被覆（鞘）」と呼ばれていました），18％がペッサリー・膣洗浄やその他の「人工的方法」と回答しました。「禁欲」は一般的に知られていましたが，それは全サンプルの約 1/6 にすぎないことは明らかでした。

　しかし，これは誤った結論かもしれません。幸いにも，データは著名な統計学者メジャー・グリーンウッド Major Greenwood [C] によって批判的に分析されました。彼は，受胎調節をしていないと主張した家族は，本人が言ったほど多数の子どもはいなかったと認識されました[5]。彼は，多くの家族が，おそらく宗教上の理由から「受胎調節」を否定していたと同時に，禁欲していると結論づけました。したがって，彼らは「禁欲」していると回答すべきであった，より多くの，そして未知の割合があったことを統計は指摘しています。これは統計的に難問を追及した良い例です[6]。

　これは本当に統計にとってあてにならない領域です。1949 年王立人口委員会 [D] は，1900 〜 1909 年に結婚した女性のわずか 15％が，受胎調節をしていて，ほとんどすべてが膣外射精だったと報告しています[7] [E]。では今一度，禁欲していた人々はどこにいたのかを考えてみましょう。歴史家サイモ

[B] 何通か不明ですが，大学を卒業した女性と，女性の知り合いで大学には行かなかった人にアンケートが送られました。787 件が回収され，うち 634 件が集計に用いられました。
[C] グリーンウッドは統計の世界でも有名です。メジャーは彼の名前で，比較を示す単語ではありません。
[D] 1946 〜 1947 年に 3,281 人の女性に面接しています。女性は地域の病院と一般開業医を通じて連絡が届きました。そのため，サンプルは都会（ロンドンやグラスゴー）では若く結婚し，あまり裕福でない女性に偏っていました。

ン・シュレッターは,「禁欲」として記録されるためには少なくとも6か月間は禁欲期間を続けなければならないことを理解し,統計的に難問を追究しました。ですから,セックスを完全になくすことなく減らすことは,記録されずに終わったでしょう[9]。この話の教訓は,正確な言葉遣いを使って質問することが不可欠であるということです。小さな活字に隠された定義は,過去の人間行動の見解に大きな違いを生むことがあります。これが,統計家が腹が立つほど細かい事にうるさい理由なのです。

ですから,注意深く検討するとこのデータは,英国における出生数の推移が基本的にセックスの頻度が減ったことが原因であることを示しています。そして,第14課では1990年頃に過去最低に達した性行動について議論するために,★★★★の好奇心をそそるデータセットを使います。

● ピルを服用することの重要性

26,000　1996年に避妊用ピルに関する誤った警告で増加した出産と妊娠中絶の推定合計値

1940年代までにヒトホルモンの研究がいくつかの驚くべき統計をもたらしていました。ドイツ人ノーベル賞学者のアドルフ・ブーテナント Adolph Butenandt は,極めて少量の男性ホルモンのアンドロステロンを得るためには,約4千ガロン(18,184.36リットル)の尿を得ることから始めなければならず,1/100オンスの純粋なテストステロンを得るために,エルンスト・ラッカー Ernst Laqueur はほぼ1トンの雄牛の睾丸を必要としました[10]。しかし,この作業のすべて(および睾丸を摘出された不運な雄牛すべて)によって避妊薬が開発され,1960年代後半から1970年前半に人の性行動の革命につながりました。というのは,1946年に生まれた女性のうち20%が,1966年の20歳時にピルを使用していましたが,1974年の28歳時には使用者は

E スレッチャーとフィッシャーがブラックバーンで面接した人々は,性交中断について「彼はいつもミル・ヒルで降りるように,とても注意深かった。」と述べました。ミル・ヒルは終点のブラックバーンの1つ手前の駅でした[8]。

70%になっていました[11]。

1995年10月18日，英国医薬品安全性委員会が190,000人の一般開業医に対し，「第3世代」のピルが下肢の静脈血栓症リスクを約2倍にする可能性があるという，新たなエビデンスを知らせる手紙を送付した際が，ピルの重要性が強調された時期でした。具体的に定量的な情報は提供されず，手紙は一部の一般開業医に届くのに数日かかっていたので，メディアには思う存分活躍できる時間がありました。広報は，女性はピルの服用を継続すべきと発表したものの，一般開業医のひとりは，発表があった当日に12%のユーザーが服用を中止したと報告しました[12]。

その後の出来事を，直接的に女性が有用な避妊を止めたことに起因すると断定するのは不可能ですが，大きな影響があったことは確かです。イングランドとウェールズにおいて受胎は1993〜1995年に着実に減少していたのが，1996年には26,000人も増加しました。中絶も減少していましたが，1995〜1996年に13,500件となり，8%増加しました。パニック・レター1通のために，少なくとも通常より12,500件の出産が増え，13,500件の妊娠中絶が増えました。

本質的な理由はありません。静脈血栓症のリスクは，第2世代の薬に比べて倍増しているかもしれませんが，1年あたり7,000人の女性にわずか1〜2人にしかならず，相対リスク（倍増）は明らかに高いのですが，絶対リスク（1/7,000）は低いという古典的な例です。2倍になっても，それは「それほど多くない」ということです。この副作用も致命的ではありません。一方，避妊が失敗した場合，妊娠時の血栓症のリスクは4/7,000でした。医薬品安全性委員会は後に警告を取り消し，処方することに問題はないと述べましたが[13]，ピルの安全性への疑いはなかなか消えませんでした。

● **現在の避妊**

21% 緊急避妊薬を用いている16〜24歳女性の1年間での割合
（★★★☆）

セックスの多くは出産目的ではないため，カップルは妊娠を防ぐ必要があ

ります。2010年のイングランドの健康調査[F]でインタビューした16～54歳の女性の約2,400人が，どのように避妊しているかを答えてくれています[G]。

　全体として，16～54歳の女性の82％が性的にアクティブで，83％が何らかの避妊をしていました。避妊していない17％の女性の大半は，妊娠しているか，妊娠を望んでいるか，閉経後か，あるいはおそらく不妊症で，年齢によって異なりました。しかしながら，3％以上が予定外妊娠の可能性があると判断されました。なぜなら，避妊が気に入らなかったり，不満足であったり，パートナーが避妊をしたくないなど，他の理由があったからです。

　使用される避妊の種類は女性の年齢によって大きく異なり，**図42**は4つの異なる年齢層の性的にアクティブな女性の結果を示しています[14)]。ピルは性的にアクティブな女性の22％が使用しており，若い回答者の約半数近くが使用しています。同様に，男性のコンドームは性的にアクティブなカップル全体で22％が用いているのですが，再び年齢とともに急激に低下しています。対照的に，外科的方法（パートナーのいずれかの不妊手術）は，最も年齢の高いグループで半数以上が実施していますが，逆に最も若いグループではごく僅かでした。

　インプラント，注射剤，パッチ剤のいずれであっても，長期作用型可逆的避妊法（LARC）は，全体で7％，16～24歳の約20％で使用されています。LARCは，米国の公衆衛生上の優先事項であり，特に若年者と貧困女性を対象としています。セントルイスでは10,000人の女性に無料で提供され，67％がこの方法を選択しました[15)]。LARCはNHS（英国国民保健サービス）

[F] 2010年のイングランドの健康調査では，8,736件の住所をサンプルとし66％の世帯から参加の同意を得ました。世帯の全成人が同時に面接を受けました。性的な健康に関する質問は自己記入式の冊子が用いられ，16～69歳の男性90％，女性92％，合計で男性2,479人，女性3,201人が回答しました。

[G] 日本では一般社団法人日本家族計画協会が「男女の生活と意識に関する調査」を2002年から2年ごとに実施しています。同協会のHPによると，住民基本台帳から層化二段階無作為抽出で選ばれた対象者宅に訪問調査して調査票を渡して，回収する訪問留置回収という方法で行われています。ただし，イングランドの66％に比べると20％程度回答率が低く，直近では2016年に実施され3,000人の対象から有効回答数は1,263人（46.8％）でした。2014年の調査では，女性を対象にした避妊法ではコンドーム85.5％，膣外射精16.0％，オギノ式6.1％，経口避妊薬4.6％，不妊手術（女性）1.5％，基礎体温法3.1％，子宮内避妊具，洗浄法，不妊手術（男性）がそれぞれ0.4％でした。この調査は2002年から実施されているのでトレンドを知ることが可能ですが，回答数が年々減少しており，2002年は490件だったものが2014年には262件となり，調査が難しいことがうかがえます。（訳者注）

第9課　子どもを望まないセックス　　**187**

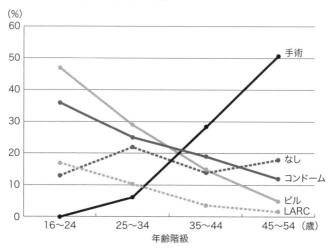

図42　性的にアクティブな女性が現在用いている避妊法

出典：2010年にイングランドの健康調査のインタビューで回答した女性
（LARC：長期作用型可逆的避妊法）

のもとでは無料ですが，米国では医療保険に加入していない場合には1,000ドル以上の費用がかかります。そのため，最も恩恵を受けるであろう大勢の人々にまでは行き渡っていません[16]。

　LARC以外の他の方法は，あまり多く使用されませんでした。コイル/子宮内装置（IUD）が5％，膣外射精2％，「自然な」方法（妊娠期間を避けてセックスのタイミングを調整する）3％，古典的な禁欲0.6％でした。緊急避妊薬（「モーニング・アフター」ピル）は，その前年に全体で7％，16～24歳の年齢層の21％で使用されていました。これは毎年，緊急避妊を求める若者の1/5を上回っています。しかし，前年に2回使用した人はわずか1％であり，習慣化されていないことを示唆しています。また，米国でも支払いの方法に問題があります。最高裁判所は，2014年に医療制度，健康保険を提供する企業に対して，中絶する可能性の状況での緊急避妊ピルの費用を支払うことは強制できないとの判決を下しました。セックスに関する健康は容易に政治的な問題になってしまいます。

● 避妊の効果

> # 55回
> 「完全」な状態で3,715回使用した際に，コンドームが破れたり外れたりした回数

　次の課では，英国におけるすべての妊娠のほぼ半数が予定外であるか，または意に反しているということを見ていきます。妊娠はおそらく驚くべきことであり，必ずしも歓迎されているわけではありません。また，性的にアクティブな女性の80％以上が避妊をしているにもかかわらず，これらの妊娠の大部分ではないにせよ，多くの場合，何らかの受胎調節がされているときに起きています。それでは，これらの種々の避妊法はどれほどの信頼性があるのでしょうか。

　自分を避妊法の「完璧なユーザー」と思うのなら，英国のウェブサイトNHS Choicesが，1年間使用した際に妊娠しなかった女性の推定割合という観点から，さまざまな避妊法の成功率を教えてくれるので，閲覧してみるとよいでしょう。これらには非常に勇気づけられます[17]。しかし，誰もが実際に完璧なわけではなく，図43は，ごく普通の誤りやすい人間で起こり得ることの，より現実的な評価を示しています。

　図43にはいくつかの重要な特徴があります。まず，成功率ではなく失敗率を報告しています。失敗率5％は，成功率95％よりも聞こえが悪い傾向があります。次に，「一般的な使用」の失敗率が含まれています。これは，忘れたり，酒酔いでしくじったりするなど，人間のもつあらゆる特性を考慮したものです。

　即座に技術を大きく2つのカテゴリーに分けることができます。1つ目は人間の技能や判断を必要とせず，理論的にも実践的にも失敗率が低いものです。たとえば，幸いなことに，男性は説明に従ってパイプカットをする必要はありません。2つ目は人為的ミスや器具の故障の可能性があまりにも明白なもの，たとえばコンドームや膣外射精などです。

　これらはNHS Choicesからウィキペディアに至るまであらゆるところで報告された基本的な情報ですが，どのように集められたのでしょうか。どのような種類の「完璧な」と「一般的な」人々が，避妊の失敗を研究すること

第9課　子どもを望まないセックス　**189**

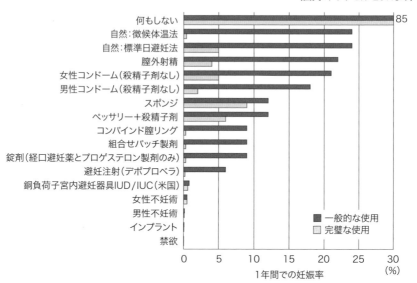

図43 完璧および一般的な使用における避妊の失敗率

(出典：トラッセル 2011より)

を許してくれるのでしょうか。これらはプリンストン大学のジェームス・トラッセル James Trussell 教授の研究に基づいていて[18]，徹底的な精査が，データと重要な判断の思慮深い組み合わせを明らかにしています。そして，彼の分析には「推測」という言葉が繰り返し登場します。

英国で最も一般的に使用されている方法，つまり，男性のコンドームおよび経口避妊薬を最初に見ていきましょう。コンドームの年間失敗率は，完璧な使用下では2%とされていますが，実際には18%であると主張されています。「完璧な使用」の数字は，ボランティアのカップルをランダムに2群に分けた実験に由来しています。1つは標準的なラテックス・コンドームを使用し，もう1つは実験バージョンのものを使いました。これらの研究のうちの3つを組み合わせて失敗率を推定し，試験条件下でのコンドーム使用に関する興味深い洞察を提供してくれています[19]。

標準的なコンドームの使用を試みた3,715人のうち，約1%（38人）はスタート地点にさえ立てませんでした。包装を解く際に16人が壊れ，10人が装着できず，3人が間違った方法でつけていました。しかし，たとえ正しく装着できても，使用中に55人（1.5%）が失敗しました。16人がセック

ス中に外れ，22人は抜く時に外れてしまいました。 コンドームが使用された2,248月経期間のセックスでは，4件の妊娠がありました。これは1%の約1/6になります。この1か月当たりの比率の12倍が，**図43**に示されている年間2%になります。

　これらの「完璧な」ユーザーが特に熟練しているわけでなく，不器用なようにもみえますが，「一般的な」使用はさらに管理が必要です。コンドームが常に使用されていたという意味ではなく，調査で女性が使っていると考えていただけのことでした。トラッセル Trussell は「全米家族成長調査（NSFG）」の実際の避妊データを使用しています。2002年のランダムに抽出された女性7,643人の調査では，コンドームのユーザーで1年後に妊娠していると回答したのは14%（7人中1人）でした。中絶を報告していない女性も合わせると，18%に上りました [20]。失敗率を上昇させる要因としては, 30歳未満, 黒人，より多くの子どもを持つ意思があること，同棲，貧困，すでに子どもがいることが含まれていました。そのような特性を持たない典型的なユーザーでは，失敗する可能性は18%よりもはるかに低かったかもしれません。おそらく「完璧な」ユーザーの2%まで低下するかもしれません。

　経口避妊薬について，完全に服用できても偶然に失敗するエビデンスはあり，年間失敗率は0.3%，300年に1回と判断されるとトラッセルは言っています。一般的な使用では，日付上の取り違え，いい加減な記憶，嘔吐などを考慮して，同じ調査では1年後に妊娠する可能性が9%と推定していました。それは11年間の服用で1件の妊娠になります。これらの率で300万人の英国女性がピルを使用していることを考えると，毎年，ピルで失敗した予定外妊娠が約27万人になることになりますが，これは多過ぎるようにも思えます。しかし，これらのリスクは平均的なものです。30歳未満の女性のほうが高く，子だくさんを望んでいたり，未婚だったり，すでに子どもがいるなら，9%の数値はこれらの「危険因子」を持つ人にとってはあまりにも低く，これらの特性を持たない多くの人々にとってあまりに高いものです。

　これらをかつての中世の中断 ―膣外射精や性交中断と比較することができます。当時の専門家は，タイミングや自制を習得していたとしても完璧な膣外射精で年間4%の失敗率があると推定していました。彼らは，精液は射精時以外は分泌されないと仮定していますが，射精前に精子が分泌されるリスクもあります。いくつかの研究ではこのエビデンスは見出されませんでし

第9課　子どもを望まないセックス　191

たが，2分以内にサンプルを検査した研究では，サンプルの37％で少なくとも運動性の精子が見つかりました[21]。この研究ではボランティア27人から40検体の射精前の液体を採取しました。10人の被験者が，僅かではあるものの測定できる量の運動性の精子を分泌していましたが，他の人では精子は認められませんでした。このことから，膣外射精が完璧に奏功する避妊法であるカップルもいる一方で，そうでないカップルもいるという結論になります。すなわち，男性に依存していて，他の状況とは異なります。

1995〜2002年のNSFG調査の平均値から，膣外射精の「一般的な使用」の失敗率は年間22％と推定されます。これは，通常の要因，つまり，若年者，貧困層などで増加しますが，さらに特に結婚歴がない女性も，おそらく子どもを持つという将来が議論されていない可能性のあるパートナーと，このような手技を交渉することの困難さがあるからかもしれません。

しかし，これらのデータはどれくらい適切でしょうか。もともとランダム化比較試験と適正な調査に基づいていましたが，**図43**の数値を得るためには多くの仮定や判断が必要であることを見てきました。そのため，★★☆☆程度とランク付けすることが適当でしょう。

さらに重要なのは，これらの数字はあなたにも当てはまるかということです。たとえば，膣外射精の一般的な使用には年間22％の失敗率があるとされていて，10年以上続けると妊娠する確率は92％と推定できることになりますᴴ。あなたがこの事態を回避しようとしたら，困りますね。

しかし，これは極端で，おそらく説得力のない事例でしょう。「年間22％の失敗率」とは，22％の男性が膣外射精に期待がもてないことを意味しますが，78％の男性は細心の注意を払っていて，射精前に精液が分泌されないことを示しています。これは，10年後にパートナーの22％が（少なくとも1回）妊娠して，残りの78％は依然として妊娠を防げることを意味します。それは92％ではなく，10年で22％の失敗です。これは，「リスク」が人々の間で大きく異なる場合に生じるややわかりにくい統計的な要点で，「平均的な」リスクは誰かが実際に経験することを表わすものではありません[22]。

あなたの避妊が上手くいくかどうかは，あなたの生殖能力，適性，年齢，

ᴴ 10年間に妊娠する確率は，「1−妊娠しない確率」＝「1−（各年に妊娠しない確率)^{10}」＝ $1-(1-0.22)^{10} = 0.92$

環境などが複雑に関係します。公表された統計は決して指針以上のものではありません。

● 中絶

90,000件　1930年代に英国で1年間に違法に行われた中絶の推定件数

　それでは，避妊が失敗した場合には，次に何をしますか。ハーブ，薬物，または機械的な手段などによる妊娠を中止することの歴史は，何千年も前に遡ります[1]。統計はわずかで信頼性も低いです。たとえば，鉛丹硬膏（diachylon）などの中絶薬は，1800年代後半から1900年代初めに「月経を早める」ために広く使われていたことが知られています。1930年代に，毎年60,000〜125,000件と大きく異なる推定値で，最高の中絶率を誇ったことが議論されました[23]。毎年60万人の出生がみられた当時で，一般に受け入れられる数値は年間約90,000件です[24]。これは，違法の中絶が妊娠の約13%で行われている可能性があります。極めて高い数値といえます。

　英国では長年にわたり議論された末に，中絶は1968年4月に合法化されました。1973年までに毎年167,000件ありましたが，そのうちの1/3は，多くはアイルランドから，中絶のために来た非居住者でした。2013年には，イングランドとウェールズで185,000件の妊娠中絶があったと記録されていますが，これはすべての妊娠の約1/5を占め[25]，違法であった1930年代の推定値の約2倍でした。ほぼすべてが3か月の妊娠期間内であり，約半数が薬剤（ミフェプリストン mifepristone）を使用した中絶でした。ちなみに，1991年には薬剤の使用はわずか4%でした。

　図44は，イングランドとウェールズに住む女性の年齢別の中絶件数の分布を示しています。ピークは22歳で，2013年には全体で15〜44歳の女性

---

[1] 最終手段は捨て子でした。古代ギリシアやローマでは，特定の場所に，オィディプスのように父親は子どもを置き去る選択をしました。ロンドンにあるコラム・ファンドリング病院はその役割を受け継ぎ，1741〜1954年に25,000人の孤児を養育しました。

図44　2013年のイングランドとウェールズの住民での中絶件数

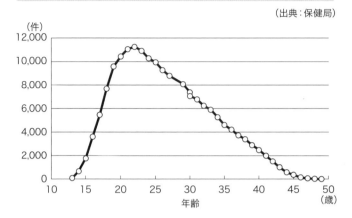

(出典：保健局)

の1.6％が中絶し，16年間で最も低い中絶率でした。第6課で見たように，15歳の若者ではすべての妊娠の半数以上を中絶しています。この数値は30〜34歳の女性で10件の妊娠中約1件だけが中絶に至るというところまで，徐々に低下しています。その後，中絶率は再び上昇し，40歳以上になると，3件の妊娠に1件が中絶に至りました。

　中絶をした女性の大多数（81％）は未婚ですが，これらのうち約2/3にはパートナーがいます。ただし，二人で意思決定したのかどうかまではわかりません。そして，1/3以上（37％）のケースでは，それが最初の中絶ではありませんでした。

　私たちは再び，これらの185,000件の個人的な話の複雑さを伝えるためには，これらの粗い統計がまったくの不適当であることに直面します。

　女性が出産を管理しようとしてきた方法は，最近までずっと謎でした。集められた微々たる統計も信頼性が低い傾向にあり，間違った質問で尋ねたことに基づいていました。今でも，避妊の効果の推定値の質は極めて粗いものです。これは平均的に物事を考えることが特に説得力がないと思える分野です。なぜなら，妊娠の可能性は個人的な行動に決定的に依存していることは驚くことではないからです。

　統計は全体像を私たちに見せてくれますが，詳細については，私たちのイマジネーションが必要です。

第10課
子どもを望むセックス
年間出生率と受胎時期

34% 過去300年のデータに基づいた35〜39歳の女性の避妊なしでの公称年間出生率（★☆☆☆）

　ジーン・トウェンギ Jean Twenge は，35歳になるまで赤ちゃんを持とうとしませんでした。それが，30歳代後半の女性のわずか1/3しか妊活1年で妊娠しておらず，さらに30％はまったく予定通りにならないと言われ，彼女はショックを受けました。自身のキャリアを大切にしている多くの女性に続いて，彼女は自問しました。「家族を持つには遅すぎたのかしら？」と。

　英国国立医療技術評価機構 UK National Institute of Health and Care Excellence（NICE）の出産に関する2013年のガイドライン[1] を参考にすると，ジーンが聞いたことのいくつかがわかります。たとえば，**図45** に示した NICE のグラフは，避妊をしていない35〜39歳の女性の年間出生率が34％です。

　確かなのでしょうか。ジーンのように幸いにも，さらに深く掘り下げてみると，そうはなりません[3]。重要な洞察は，これらの心配になる数字が歴史的なデータに基づいていることです。私たちはすでに何世紀も前から結婚前の妊娠やその他の行動を見ることで，家族再構成の研究を検討してきました。この方法の創始者は，フランスの個人すべての歴史を再構成するという壮大な野望を持ったフランスの歴史家ルイ・アンリ Louis Henry（1911〜91）でした。彼はまず手始めに1670〜1789年の革命までと，1789〜1830年の市民の登録記録から，地方の教区の歴史をまとめました。1830年には，3日間ですが，7月革命が起きています。

　アンリのデータは，避妊をせずに生活した女性の「自然出生」率を推定するために用いられました。たとえば，300年前に20〜24歳の地方のフランス人女性100人当たり約48人が毎年出産していました。その一方で，40〜44歳では100人当たり17人でした。歴史家（そして統計家）にとって非常に興味深いものです。しかし，驚くべきことに，これらの出生に関わる数値は，1600〜1649年のジュネーブの登録記録と一緒になって，1700〜1730年のカナダの結婚記録などとともに，今でも NICE と他の頻繁に引用される情報源が参照しているのです[4]。

　はたして，これらの数値は2007年のジーン・トウェンギにも当てはめら

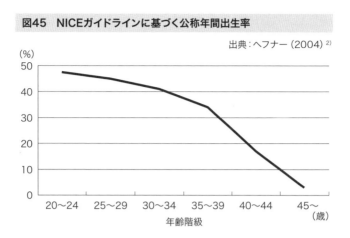

図45 NICEガイドラインに基づく公称年間出生率

出典：ヘフナー（2004）[2]

れるものだったのでしょうか。1700年代の女性の多くは，兄姉の出産で母乳授乳をしていました。これは受胎能力をなくすか下げていたかもしれません。それから，高齢の女性にはすでに6, 7人の子どもがいて，出産の合併症のために子どもが産めなくなっていた可能性があります。彼女らは最小限の医療で厳しい生活を送っていたでしょう。しかし，重要なのは，女性が子どもをさらに欲しくないなら，おそらく女性はまさにセックスを避けていたはずでしょう。

したがって，古いフランスのデータが現代の避妊法を使用していない既婚女性の出生率を表すとしても，高齢になるまで子どもを持たない現代女性の出生率に関係づけるには限界があります。35歳過ぎてから3人の子どもをもつジーンのように[5]。

しかし，妊娠するためにはセックスせざるを得ません。では，どのくらいセックスをする必要があるのでしょうか。

● **1回のセックスで妊娠する可能性**

53% 19〜26歳の平均的な女性における1回のセックスで妊娠する可能性のピークの推定値（★★★☆）

まず，専門用語から始めます。避妊をしないと仮定した場合，1か月に妊

第10課 子どもを望むセックス | 197

娠する可能性は「受胎率」として知られています。母集団によって異なりますが，通常は 15 ～ 30％です。しかし，これはあくまで平均値です。つまり，特定のカップルが，彼らが何者であるか，互いに何をしているかによって，大きく変わる可能性があります。そして，悲しいことに赤ちゃんをとても欲しがっている人や，何人かの人々では 0％になることもあります。

受胎率を推定することは簡単ではありません。何百年も前のデータを「自然な妊孕力」の説明をするために，どのように埃を取り除くのかを見てきました。しかし，現時点で助言をしたいときには，私たちは実際に子どもをつくろうとしている女性に注目するべきです。皮肉なことに，実際には歴史的なデータから，最新の分析方法を使って，おおまかに推定するのです。その方法は，確実に性行為が行われ，子どもを持つことを望んでいたと想定できる，結婚直後の出産を見ることです。ケンブリッジ・グループは，月間の妊娠可能性を推定するために 1580 ～ 1837 年のイングランドにおける教区のデータを用いて，35 ～ 39 歳の女性の出生率が 10％という結果を得ました。これは年間の出生率が 72％であることに相当します [6] [A]。これまで言われてきた 34％の出生率よりもはるかに高い値です。

受胎率を推定するためのより適切な代替方法は，意図的に人為的な避妊をしないことを選択している現代のカップルを研究することです。「日常の受胎率に関するヨーロッパ研究 European Study of Daily Fecund ability」は，7 つの自然家族計画センターに通っていた 782 のカップルを参加させた驚くべき影響力のある仕事でした。ほとんどの場合，妊娠を望んでいませんでしたが，研究の途中でしばしば彼らの意思は明らかに変化しました。女性は毎日の体温とセックスした日を記録するように求められました。

6,724 サイクルがモニターされました。これは各カップルで平均 8.5 サイクル，合計 3,175 回のセックスを含みます。合計 487 件の妊娠が認められました。これはカップル全体の 62％になります。したがって，本当に妊娠したくないのであれば，「自然計画」はあまり思い通りになったとは言えませんでした。排卵日は「3 オーバー 6」ルールによって評価されました。これ

[A] もし月ごとに妊娠する可能性が 10％なら，いずれの月でも妊娠しない可能性は 90％＝ 0.9 です。12 か月間妊娠しない可能性は，各月が独立だと仮定して $0.9^{12} = 0.28$，28％です。したがって，妊娠して 1 年後に出産する可能性は 100％ － 28％＝ 72％になります。

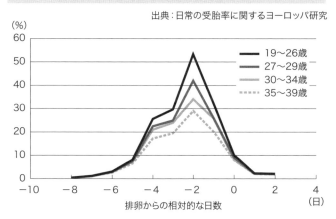

図46　1回のセックスで受胎する平均的な可能性

出典：日常の受胎率に関するヨーロッパ研究

は体温が3日間続けてそれ以前の6日間より高ければ，低体温の最終日を排卵日とみなすというものです。カップルは，受胎に繋がるサイクルで平均6.2回の「行為」を記録し，他のサイクルでは4.5回を記録しました[7]。これは第1課で示した若者の回数の中央値とほぼ同じです。

　妊娠するタイミングのピークは排卵日前後であることと長い間認識されてきました。リズムによる避妊の方法はこのタイミングを避けることです。しかし，チャンスは1か月間にどのように変わるのでしょうか。この研究では，−2が排卵の2日前に対応することとして −2，−1，0，1，2などと排卵日に関する各日の「行為」を分類することによって，これらの可能性を推定することができました。1サイクルに1回の行為しかなく，妊娠した場合は，実際に重大なイベントが起きたとするのは簡単です。しかし，このようなサイクルを観察することは通常ありません。これまでの研究では，カップルに月1回しかセックスしないように説得しようとして，それほど驚くことでもありませんが，高い脱落率に終わりました。

　次に手の込んだ統計モデルを用いて，妊娠の可能性についてカップル間の相違を加味できるように両方の年齢を考慮して，任意の日の受胎率を推定しました[8]。**図46**に結果を示します。19～26歳の女性では平均して排卵の2日前に受胎率が約53%とピークになっていましたが，このピークは35～39歳の女性では約29%に低下しています。

　受胎率は，排卵日が終わる6日間でわずか5%を超えていただけで，受胎

第10課　子どもを望むセックス　　199

能力のこの全体的な間隔は年齢には依存していませんでした。29日間のサイクル全体にわたって，特定の日に妊娠する平均的な可能性は，19〜26歳の女性で約6%，35〜39歳で4%でした。したがって，あなたがセックスを単独のランダムな行為と想定するなら（そういうことが起きるかもしれないし，そう聞いたことがあります），それらの数値は妊娠する平均的な可能性になります。しかし，平均的であっても非常に熱心な若いカップルが毎日無防備なセックスをすれば，妊娠する確率は88%であり，受胎率のピーク日の前にすでに受胎が起こり得る可能性が高いことになります[B]。

　もちろん，これらの数値はすべて平均値であり，当然ながら男性もある役割を果たしています。35歳を超える男性は，確率をかなり減らします。35歳の女性の場合，同年齢のパートナーではピーク時の確率は29%と推定されましたが，40歳のパートナーでは18%に低下します。

　また，研究者らはカップル間に大きな相違がある理由について十分な説明ができませんでした。たとえば，27〜29歳の女性では20人中1人が受胎のピーク確率が5%未満であると推定され，逆に20人中1人は相当に受胎能力があり，受胎のピーク確率が83%と推定されました。ですから，赤ちゃんをつくるためには1回のセックスで十分であるとするカップルの話は，必ずしも誇張ではありません。

　カップルの年齢が高くなれば，妊娠する可能性が低いのは明らかですが，完全に不妊なのか，あるいは歳を取るにつれて受胎能力が低下するのでしょうか。後者の場合，どの程度熱心にセックスしないと難しいのでしょうか。自然計画のカップル782組のデータは，どうしてもこれまで赤ちゃんが出来なかったカップルの割合を加味した「混合モデル mixture model」を用いて，これらの質問に答えるべく再解析が行われています[9]。実際上不妊であった割合は約1%と推定されましたが，研究では40歳までしか含まれておらず，既知の不妊の問題を持つ人々を対象外としたため，この数値は低めになったのでしょう。重要な知見は，この1%がカップルの年齢とは無関係であった

[B] 事実，ピークの前に妊娠する可能性は54%です。これは，頻繁にセックスする人々では受胎しやすい日の分布，**図46**で示したパターンが左にシフトすることを意味しています。このことは，第二次世界大戦後に復員軍人を迎えた時，第14課でとても重要な意味を持ちます。

ことで，年齢による受胎確率の低下は，カップルが完全に不妊になるのではなく，単に受精能力が低下したことが理由であると示唆されたことです。

日常的な受胎する可能性の詳細な推定値は，行動の違いによって妊娠までの時間を予測できることを意味しています。週2回のセックスで19～26歳のカップルの92%が1年以内に妊娠し，98%が2年以内に妊娠すると推定されます。一方，35～39歳では，1年以内に82%，2年以内に90%になります。

このような可能性は，カップルが週1回のセックスになると多少低下します。たとえば，19～26歳では82%の可能性になります。しかしながら，週2回から週3回に増やす利点はほとんどないので，休憩を取ることが許されます。男性が35歳から40歳になることの影響は，セックスの回数が週2回から週1回に減らしたこととほぼ同じです。

カップルの中には他のカップルよりも長く待たなければならない場合もありますが，何歳であろうと，カップル間に大きな相違があります。研究者らは，カップルは，「不妊」の標準的な尺度であっても1年後に諦めるべきではないと結論づけています。35～40歳の女性と40歳の男性のカップルが，1年間の妊活で妊娠できなくても，2年後には43%が妊娠します。

これは**図46**と大きな差があります。しかし，公平であるためにいえば，NICEは35～39歳の82%が1年以内に妊娠を期待できるという現代的な推定値を提示しています[10]。また，NICEは，今日でも何らかの関連があるかのようにフランスの農民の古い出生率を，引き続き参照し続けているのかは謎です。この分析の主な教訓は，行動が重要だということです。何年もの注意深い研究の後に，赤ちゃんが欲しいなら，セックスするのが良い考えだと確信できるでしょう。

● **男性は何人の赤ちゃんをつくれるのでしょうか？**

1704年に報告された，モロッコのスルタンだったムーレイ・イスマーイール・イヴン・シャリーフの息子の人数（★☆☆☆）

その残虐性から「血に飢えた」王と知られているモロッコのスルタン，ムー

レイ・イスマーイール・イヴン・シャリーフは1672〜1727年まで在位し，歴史上最も多くの子どもがいたと言われています。フランスの外交官ドミニク・バスノット Dominique Busnot は，彼には，1704年までに4人の妻と500人の側室で600人の息子がいたと報告しています。それは，彼が政権の座についていた32年間に約1,200人の子どもを産ませたことになります（側室の娘は誕生直後に窒息死させられていました）。私はこれを最高でも★☆☆☆の数値だと思っていますが，そのようなハーレムがあったとしても，そのように大勢の子どもを持つことは実現可能なのでしょうか。

最近の研究では，さまざまな行動の範囲下でコンピュータ・シミュレーションを用いて，この伝承の妥当性を検証しました[11]。サイクル全体の受胎能力について2つの仮定を置き，その研究の著者らはスルタンが32年間に1日2回の「セックス」をしなければならなかったと推定しています。この回数は，この期間に1,200人産ませるためには約23,000回になります。「セックス1回当たりの子ども」の全体に対する割合は5%で，この枠組みは機能します。もう1つの仮定は，彼には1日1回のセックスしか必要ではなく，成功率10%に相当することを示していました。

側室の最高齢は30歳で，私たちはこれまでににその年齢の女性との「ランダムなセックス」により受胎に及ぶのは平均6%であると推定してきました。したがって，私はスルタンが32年間に1日2回セックスをしなければならなかったのだろうと確信しました。それは無理だと思うなら，1704年にドミニク・バスノットが大袈裟な話をさらに膨らませたと結論すべきでしょう。コンピュータ・シミュレーションでは，仮に側室が約100人居れば同じ出生数を得ることが可能なので，500人も必要なかったという結果になりました。ただ当時，彼にはそのような幅広い選択肢はなかったのでしょう。

● 予定外の妊娠

Natsal調査-3で「予定外」あるいは「どうすべきか迷った」妊娠の割合（★★★☆）

セックスをして，自身あるいはパートナーが妊娠しました。あなたはど

図47　予定外妊娠についてのロンドン尺度（LUMP）

出典：Natsal調査-3のデータから

Q1　妊娠時
　0.　いつも避妊していた
　1.　時々していた
　2.　避妊していなかった

Q2　母親になること
　0.　良くないタイミング
　1.　仕方がないが良いタイミングではない
　2.　良いタイミング

Q3　妊娠直前
　0.　妊娠するつもりはなかった
　1.　妊娠しても良いという気持ちになりつつあった
　2.　妊娠したいと思っていた

Q4　妊娠直前
　1.　赤ちゃんが欲しくなかった
　2.　赤ちゃんは欲しくもあり，いらないかもという気持ちもあった
　3.　赤ちゃんが欲しかった

Q5　妊娠以前
　0.　パートナーと子どもについて話し合ったことはなかった
　1.　パートナーと話したが，しっかりと答えを出していなかった
　2.　パートナーと妊娠することに合意していた

Q6　妊娠前の健康上の準備*
　0.　何もしていない
　1.　1つはした
　2.　2つ以上した

*健康上の準備は次を含みます。葉酸サプリを摂る，禁煙あるいは節煙，
禁酒あるいはアルコール摂取を減らす，健康的な食生活，妊娠前に医学
的なアドバイスを求める。

う思いますか。それは熟慮した，慎重に計画した出来事でしたか。

　「意図しない」妊娠に関する統計は豊富にあります。英国も米国もともに約50％という数値がしばしば引用されます。しかし，「意図しない」とはどういう意味でしょうか。それは白か黒かの問題ではありません。いつか赤ちゃんを持てたらうれしいと考えてはいるが，おそらく今ではないと思うような，ある程度の相反するような感情なのかもしれません。たとえば，米国での（妊娠ではなく）出産の場合，「全米家族成長調査」の推定では，出産の23％が明確に「望ましくない」，14％が「まさに」タイミングを誤ったとしていました[12]。

　Natsal調査チームは，予定外妊娠の程度を測定するために，より微妙なスケールを開発することにより対処しようとしました。**図47**に示されてい

第10課　子どもを望むセックス　｜　203

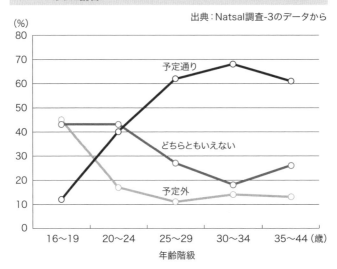

図48　各年齢での妊娠が予定外，どちらともいえない，予定通りであった割合

出典：Natsal調査-3のデータから

るのが予定外妊娠のロンドン尺度です[13]。ポイントは加算され，合計で0〜12の点数を付けることができます。尺度はさまざまな方法で細かく刻むことはできるかもしれませんが，Natsal調査では妊娠について，3点以下が「予定外」，4〜9点が「どちらともいえない」，10点以上の場合は「予定通り」としています。ですから，2点が5つあれば，1つの0点があっても，それはまだ「予定通り」とみなされます。Natsal調査-3では，過去1年の妊娠について女性に質問し，女性590人からデータを得ています[14]。スコアの中央値は10で，「平均的な」出生はまさにほぼ予定通りで，妊娠の50%は5〜12点でした。

全体として，妊娠の約16%が「予定外」，29%が「どちらともいえない」，55%が「予定通り」と分類されました。しかし，**図48**はこれが年齢に強く依存していることを示しています。16〜19歳では「予定通り」はたった12%で，それに比べて30〜34歳では68%でした。さらに，年齢が高い母親での妊娠の1/3が予定外，または「どちらともいえない」でした。したがって，これは単に若者に限っての問題ではありません。また，予定外妊娠率は，喫煙者，学歴の低い人，初体験が早い人などでも増加します。

興味深いことに，予定外妊娠全体の67%だけ妊娠中絶が記録されていま

した。残りの23％の中絶はどちらともいえない妊娠，10％が予定通りの妊娠でした。これは，大まかな推定値にすぎませんが，80件の中絶だけが記録されているので，中絶を意図しなかった妊娠と単純には結びつけて議論することは出来ないことを示しています。いくつかの出来事が際立っています。本当に独身女性の妊娠では，パートナーや同棲相手がいない場合，6人中1人が予定通りでした。これらの単純な統計の背後には，説得力のある多くの話があるに違いありません。

　これらのデータは，1年前までの出来事についての自己申告に依存しています。もちろん，感情は変化する可能性があります。当時はショックだったかもしれないことが，後知恵的に予期せぬ贈物に変わることがあります。「どちらともいえない」または「予定外」の妊娠後に生まれた赤ちゃんは，綿密に計画された結果であったことと同様に，かわいがられるかもしれません。しかし，2011年の英国のNatsal調査の推定値を当てはめると，予定通りの妊娠540,000件，どちらともいえない妊娠285,000件，予定外妊娠160,000件だったと想定されます。

　本当に驚くことばかりです。

 4月生まれに比べて9月生まれの人数が多い割合（★★★★）

　あなたが妊娠していると仮定しましょう。あなたはこの出来事が嬉しくて，赤ちゃんを心待ちにしています。私は乙女座（8月24日〜9月23日生まれ）になることに賭けましょう。

　あなたのもとにコウノトリが飛んで来るのは9月だと，私が思うのはなぜでしょうか。カップルがいつセックスしたのかを理解することに基づかなければならないので，少し長い話になります。それゆえ，妊娠する可能性が高いと見込まれます。他に何もすることのないときに，セックスをするのでしょうか。それとも，1年のうちの特定の時期に影響されるのかもしれません。と言うのは，春になると活力が上がるか，あるいは長い冬の夜を温かく保つ間に，人々は一緒になるかもしれません。

　人々が何をしているのかを直接見ることは不可能です。それでも，おそら

第10課　子どもを望むセックス 205

図49 イングランドとウェールズで生まれた赤ちゃんの出生と受胎の月別相対出生数

くある行為により結果的に起きることから推論することなら可能でしょう。ですから、赤ちゃんが生まれた時から9か月を引き算すれば、いつ決定的な行為が行われたのかを大まかに知ることが可能です。それでは、1997～2012年にイングランドとウェールズで月ごとの相対出生数を示す**図49**を見てみましょう c。

これは明らかで一貫したパターンを示しています。出生数が低い点は1～4月で、これは3～7月の受胎に対応しています。4月から活力がとても上がっているのです。それから、8月の若干の減少を除いて、出生の明らかなピーク月である9月になるまで着実に上昇し、何らかの理由で12月が特に受胎する月であることが示唆されます。実際に、イギリス最古のタブロイド紙であるデイリー・メールの「今が受胎する季節だ！」という見出しの2013年12月13日の記事によると、「We-Vibe」（世界一のカップル専用

---

c たとえば2月は12月に比べて3日（10%）も日数が短いため、月ごとの出生数で比較することはできません。5月（すなわち、2月マイナス9か月）が不毛な月であるのか、理由を調べるのは無駄なことです。だから、1日の出生率を計算し、さらにひと月が365.25/12日＝30.4日あると仮定します。

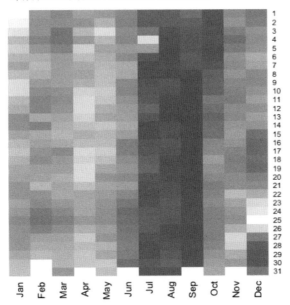

図50　1969〜1988年の米国における7,000万件の誕生日

128件は，4月31日，9月31日などありえない日付が報告されているので，除外された。濃いほど出生数は多いことを示す。

バイブレーター）についてのエキスパートであるジョー・ヘミングス Jo Hemmings は，妊娠したいなら，「夏の間に日光に当らなかったストッキングやサスペンダーを取り出せ」と言っています[16]。セントラル・ヒーティングもあることを期待しましょう。

クリスマス休暇中の明らかな性的な高揚の後，春まで着実に減少していきます。2012年，この行動は，9月に63,000件の出生に至り，4月の58,000件と比べて9％近く高いものでした。もちろん，特に準備していたカップルの中には，秋に生まれる子どもをトップ・クラスに育てようと共謀している可能性もあります。このことは後に見ることにしますが，生まれた月が遅いほど，学校では有利な点があります。しかし，このパターンは各国で共通するのでしょうか。

米国のデータを用いて，**図50**に示すように1969〜1988年の個別の誕生日を見ることができます。9月には同様のピークがあり，1〜4月にかけては低い期間があります。これらの日常のデータから休日での大きな減少

第10課　子どもを望むセックス　207

図51　イングランドの教会区における洗礼月別の相対出生数および受胎月

ベースラインは100．出典：人口と社会構造の歴史に関するケンブリッジ大学の研究グループ [17]

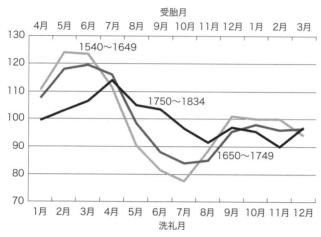

を見ることが可能です。独立記念日の7月4日頃に生まれた人数は少なく，クリスマスもかなり少なくなっています。新年直前の出生の急増は，赤ちゃんが1月に生まれた場合には税金控除は受けられないため，年内に駆け込みで出産しようとするお金目当ての親のせいだとされてきました。しかし，おそらくクリスマスを避けて出産を遅らせていた妊婦の出産が相次いだためでしょう。

　秋に出生のピークがあるのは現代的な現象です。404の英国教区の登録簿から，1540年までのまあまあ良いデータを得られます [17]。**図51**は，3世紀にわたって洗礼が行われた時期を示しています。これは現代と劇的に異なる様相です。洗礼数は，1〜4月に平均より高く，その後夏に急落していました。そして，**図51**の縦軸と**図49**の縦軸を比較すると，歴史的な変動は今よりはるかに大きく，7月より3月に50％近く多くの洗礼がありました。人工的な避妊法がなかったので，これは年間を通じて性行動の何らかの極めて大きな変化の結果であることに違いありません。5月と6月は明らかに精力的な活動あるいは突然の大胆な行動を起こす時期のようです。

　この印象的なパターンは当時の北ヨーロッパでは共通していました。その影響は，夏の農作物の収穫時期には出生数が減少し，おそらく生産性は

向上したでしょうが，寒い月の出生率の上昇は乳幼児死亡率の上昇に繋がったことに違いありません ᴰ。8 〜 11 月の受胎の低下は非常に急で，明らかに秋にはほとんどセックスをしていなかったようです。これはロンドンも例外なく同じパターンが示されていますが，夏の農作業が多忙な時期に出産を迎えることを避けたのでしょう。

　おそらく，最初の出産のこのパターンは，結婚の時期によるものでしょうか。登録簿は，5 月と 6 月あたりに結婚に大きなピークがあったことを示しています。これは就労がより緩やかな時期であるため，その後の出生は季節的なサイクルの一部として説明できます。結婚は 10 月頃にまたピークがあり，この時期は，労働者が契約を結ぶか結婚に突入するかどうかを選択しなければならない，秋の「雇用市場」の開催期間を含みます。数世紀にわたって続いていた 3 月 1 日〜 4 月 15 日の受難節（Lent：断食を意味する古ドイツ語が語源）と 12 月 3 日〜 24 日の降臨節（Advent：「到来」を意味するラテン語が語源）に結婚を禁止したことを反映して ᴱ，結婚は 8 月の夏の終わりの収穫のピークに谷があり，3 月と 12 月には非常に低い割合でした。

　しかし，セックスが盛んになるのは 6 月だけに限りません。12 月の性行動の増加も示唆されていて，「クリスマス休暇効果」が古くからあったというエビデンスなのかもしれません。そして，これは出産が 9 月にピークがある現在のパターンについて，コンドームの販売高，性感染症の感染率と中絶件数の上昇というデータからも裏付けられる，最も説得力のある説明と思われます [19]。夏冬が逆転する南半球では，オーストラリアが有用な比較対照になります。月の日数を調整した後，9 月はここでもクリスマス休暇の影響が現われていて，出生の明らかなピークになっています。しかし，3 月には 2 番目のピークがあり，クリスマスとは別の 6 月の冬の夜の効果を示

ᴰ この研究では誕生日ではなく洗礼の記録のみを用いています。しかし，15 世紀の洗礼は誕生直後に行われていました。後に洗礼は期間を置いて行われるようになり，そのことがパターンを鈍化させました。

ᴱ 16 世紀後半のイングランドでは結婚の制約は 1 年の約 1/3 に及ぶと推定されてきました。しかし，これはいささか不条理です。制約が及ぶのは，日付が特定されていない祝日の復活祭（イースター），1 年のうち，12 月から 3 月の 4 か月以外と 1 月の 1 週間でした [18]。（つまり，結婚の制約を受けないのは，12 〜 3 月の 4 か月と 1 月の 3 週間のみ）。降臨節期間中に結婚を禁止することは 17 世紀までに衰退したのは驚くことでもありません。

第 10 課　子どもを望むセックス　209

唆しています。

　英国では，冬の夜，休日，アルコール，クリスマスの親密モード，低俗なテレビを組合せた効果が，明らかに目が眩むような性的な作り話を生み出しています。しかし，9か月後に出生の突出したピークに繋がる消灯の期間について，メディアは繰り返しどう主張してきたのでしょうか。おそらく，テレビドラマの「The Killing 3」を観られないか，メールを送れなかったりして，パートナーの存在を認めざるを得ないからということになるでしょうか。過去10年間，性行動の低下について検討してきた説明を考えれば，おそらくこれは説得力がありません。

　2012年10月下旬に米国東海岸を襲ったハリケーン"サンディ"の後，2013年7月には「サンディ・ベイビー・ブームが始まる！ニュージャージー州の病院は，ハリケーンの9か月後には出生数が30%上昇すると報告している」という必然的な見出しが登場しました[20]。ハリケーンが来るたびに，まるで都市伝説のように人口統計学者によってすっぱ抜かれる同じような話があります[21]。

　災害はセックスを促すものではありませんが，単純に電力不足だったかもしれません。2009年の停電期間中，ウガンダのエフライム・カムント計画担当大臣は，「ウガンダ以外の世界中がシフト制で勤務している間，ウガンダにいる私たちは早く就寝するだろう。それで人口が増加することに私たちは不平を言う。間違ってないでしょう」と言ったと報道されました[22]。実際にアフリカはベビーブームの合理的なエビデンスを提供してきました。2008年にはタンザニアのザンジバルの電力供給ケーブルが壊れたため，供給される村とされない村が生じたため，研究者にいや応のない自然な実験が行われました。停電はその後の1か月間に及び，停電した村々で8〜10か月後に出生数の20%増加に関連していました。世帯が調査されたとき，研究者らは，停電が家庭で過ごす時間を増やして，余暇の行動を変えていたことを見いだしました[23]。おそらくかなり多くがベッドの上だったのでしょう。これら電力の供給停止期間が長く続いたことによる影響は何もアフリカだけに限りません。コロンビアでは，渇水の影響で水力発電量が減少し，1992年の大半で国全体で計画停電が実施されました。慎重な分析の結果，予想される21万人を上回って約4%増にあたる約8,500人の赤ちゃんが増加したことが示唆されています[24]。

クリスマス休暇全体に関連する影響がある場合，その祝賀気分が一晩の幸せな夜に詰め込まれた場合はどうなるのでしょうか。あなたの好ましい候補者が合衆国大統領になるとき，どうでしょうか。2008 年 11 月のオバマ大統領の勝利の夜は，2009 年 8 月に出産バブルに繋がっていたと思われましたが，もう一度これに水を差す人たちによって取り消されました。影響がないことの説明として，オバマは選挙人の数では大差で勝利したが，投票率ではもっと接戦でした。彼に投票した人口の 52％は熱狂的に感じていたかもしれませんが，残り 48％は他の予定をキャンセルするほど憂鬱だったかもしれません [25)]。

　ヨーロッパでは，政治については詳しく研究されていないのかもしれませんが，サッカーは深刻な感情を生じさせることがあります。2009 年 5 月 6 日，UEFA チャンピオンズ・リーグの準決勝 2nd レグでバルセロナ（バルサ）のアンドレス・イニエスタはチェルシー相手にアディショナル・タイムに決勝ゴールを叩き込み，決勝に進出させました。9 か月後の非公式な調査は，出生が 45％増加したことについて新聞の見出しに繋がりました [F]。いわゆる「イニエスタ世代」の誕生です。私たちはバルサに熱烈なサポーターがいることを知っていますが，イニエスタは間接的に多くの子孫を本当に生み出したのでしょうか。

　バルセロナの伝統的なサポーターであった中央カタロニアの 2 郡のカタロニア人統計学者の分析によると，2007 〜 2009 年，2011 年の平均 157 件と比べて，2010 年 2 月に 183 件の出生があったと発表しました [26)]。より洗練された分析では，もう少し少ない 26 件の出生増であったことが確認され，2 月に 14％増，3 月に 12％増と推定されました。しかし，このパターンはバルセロナ全体に反映されていなかったため，言われているようにイニエスタが多くの子どもたちを生み出していなかったように見えます。もちろん，183 人のうちのだれも，決勝ゴールでまさに生まれた少数派のひとりであるかどうかはわかりません。

[F] 決勝は準決勝 2nd レグの 3 週間後の 5 月 27 日に行われ，バルセロナがマンチェスター・ユナイテッドに 2-0 で勝ち優勝しました。優勝で盛り上がっても良いと思うのですが……。（訳者注）

第 10 課　子どもを望むセックス　　211

● いつ受胎したかで差があるのでしょうか？

28% 8月生まれに比べて10月生まれのほうがオックスフォードやケンブリッジ大学に入学する機会が増える割合

　私の誕生日は8月16日で，11月に受胎していたことになり，星座は獅子座です。したがって，私たちはこれらのことを信頼するなら，私は自信を持ち，野心的で，寛大に，忠実に，仕事に励むべきです。この占星術ビジネスの洞察は素晴らしいものです。私が正確にはどのような人間なのかをどうやって知ったのでしょうか。しかし，もう少し読んでみると，私はまた，もったいぶった，傲慢で，芝居がかって，頑固で，うぬぼれであると考えられていることがわかります。多分それはかなり迷信的でナンセンスです。

　私のように，占星術がそれほど大きな予知力を持っていないと思うならば，あなたの将来の成功または失敗が，あなたが生まれた時期にどの程度起因するのかについてショックを受けるかもしれません。毎年最も年長者が明確に身体的に有利であるため，スポーツの世界で成功することからよく知られています。しかし，あなたの子どもが学校や大学でうまく過ごして欲しいなら，いつあなたは受胎するべきでしょうか。そのようなシンプルで自由な選択（保証はされていませんが）は，高価な教育の効果を上回るかもしれません。

　私は素晴らしい自由な地元の学校で教育を受け，物心両面で支援してくれる家族に生まれて十分に幸運でした。私はいつも自分自身を冷笑を招くような特権があると考えていましたが，私の教育の見通しには明確に不利なことがありました。私の誕生日8月16日を考えると，9月1日に新学年が始まるイングランドの学校では，私は1952年9月1日から1953年8月31日までに生まれた子どもたちとひとまとめにされていました。私は学校で少なくとも2つの特徴がありました。最も長くておかしな名前を持ち，そして常にクラスの最年少でした。

　研究者たちは50年近く，各クラスの若い子どもたちは学業的にあまり出来が良くない傾向があり，このパターンが続いていることを知っていました。これは「相対的年齢効果」として知られています。若い年齢では大きな

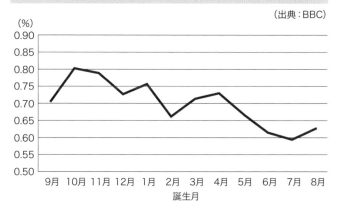

図52 2012年にオックスフォードやケンブリッジ大学に学部生として入学した学生のうち1993〜1994年の誕生月ごとの割合
(出典：BBC)

差になることがあります。7歳時にイングランドとウェールズにおいて初等教育の2学年に期待される達成レベルに届く子どもの割合を考えてみてください。9月に生まれた子どもはほぼ70%である一方で，8月に生まれた子どもでは約42%です[27]。これは集団としての効果です。また，逆の側面として，11歳までに特別教育ニーズが必要と認められる子どもは，9月生まれの子どもが10%未満であるのに対して，8月生まれでは15%になります。

16歳までにこれらの差は少し少なくなりますが，まだ目立ちます。8月に生まれた人の65%がグレードA*〜Cと同等，あるいは5つの義務教育修了試験を取得していますが，9月生まれでは71%が達成しています。しかも，8月生まれの子どもたちは，10代の若者のなかではよりリスクを背負っています。たとえば，8月生まれ以外の子どもたちよりも喫煙や大麻をより多く試し，アルコールを多く飲みます。このことはさらに知られるようになっています。

9月生まれの子どもと比較して，可哀そうな私たち8月生まれが大学に入学する可能性は低く，特にトップの教育機関に通うことはありません。事実，BBCが2012年入学の学部生についてオックスフォード大学とケンブリッジ大学に情報公開請求したとき，BBCは，たとえば8月生まれの入学者が394人だったのに対し，10月生まれが515人だったことがわかりました。全体で，年間の「コホート」の0.7%がオックスフォードまたはケンブリッジ大学に進学しているのですが，**図52**は8月生まれの0.63%と比較

して，10月生まれだと0.8%に上昇することを示しています。オックスフォードまたはケンブリッジ大学への進学は，教育上の達成度のおおまかな指標のひとつに過ぎませんが，8月生まれと比較して10月生まれが28%も相対的に有利であることは注目に値する知見です[28]。

　しかし，大学の教育には不思議な特異性があります。複数の調査によると，大学入学者のうち，8月生まれの学生は9月生まれよりも，脱落率が低くてより良い学位が得られるという点で優れているという傾向が示されてきました[29]。考えられる説明は「選択」効果です。大学に通うことができた相対的に年少の学生は，さらなる努力が必要で，それを行ってきました。そして，これは彼らのパフォーマンスが反映されたというのです。同様な効果がスポーツでも起きているようです。ドイツのサッカー・ブンデスリーガのエリートレベルでは，（彼らの同年齢のグループのなかで）「早く生まれた年長の」サッカー選手が「遅く生まれた若い」選手よりも脱落しやすいのです[30]。おそらく相対的に若い選手は，初期のハンディキャップに直面する中で成功するためには，より頑張って，より上手にならなければなりません。そして，彼らがエリートレベルに到達すれば，適者生存の風変わりなスポーツ版として，この厳しい選択メカニズムの恩恵を受けて彼らの努力が結実するのです。

　私はオックスフォード大学に進み，その後に学問の世界で及第点は与えてもらえました。それでも自分が11月に受胎したことによる生まれつきのハンディキャップの下で働いていたとは全く知りませんでした。私は全く自分自身を気の毒だとは思っていません。

第 **11** 課

性行動がもたらすもの
快楽と健康

2006年に世界保健機関（WHO）は，「性の健康とは，セクシュアリティに関して肉体的，感情的，精神的，社会的に良好な状態であり，単に疾病，機能不全，または病弱でないということではない。」という定義を承認・採択しました[1]。

　これは急進的なことを述べており，性の健康とは単に疾病や身体的な問題がないだけではないと言っています。それは心身ともに自分自身を良い状態だと感じることだとしています。また，健康な性生活は必ずしも頻繁にセックスをすることだとは言っていません。1日20分の運動や5日間の果物や野菜の摂取を勧めるようなものではなく，むしろ量より質がここでは重要なことなのです。

　セックスと私たちの幸福な健康状態との関係は複雑であり，数値で表現するのは容易ではありません。しかし，私たちは自然に身体的快感とセックスを結びつけ，身体がどのように性的高揚に反応するかを測り，セックスでより健康になるかどうかを試してみることも可能です。私たちは，セックスを楽しもうと人々が買う関連グッズを見て，彼らが性生活にどの程度満足しているかを尋ねることができます。しかし，それはそれほど完璧ではありません。多くの人がセックスのむずかしさや「機能不全」を経験し，ご存知のようにほとんど助けを求めませんが，性的不全の診断と治療に関わる小規模な産業があります。

　ところで，セックスは快楽とともに問題をもたらすことがあります。まずは，男性「器官」のサイズとそれに付随する心配事という，年中言われている下品なユーモアから始めることにしましょう。

● サイズは問題になりますか？

勃起したペニスの平均サイズ（15.24 cm）

　男性の話になると，研究者の主な関心事は射精と勃起であり，これはセックスの基本と呼べるかもしれません。もちろん，多くの男性もこれらについて気にかけています。後ほど，性機能不全についても見ていきますが，

ここでは男性のプライベートな器官の生理学について，少し風変わりな，なかにはかなり奇妙な統計に関してお話しします。

　キンゼイは生物学的な測定を好みました。鉛筆でさまざまな角度を示しながら勃起について質問し，男性の 15 ～ 20％が水平より約 45°仰角で，約 10％がほとんど垂直であると報告しました。年齢とともに下を向くことは避けられません[2]。彼はオーガズムまでのマスターベーションの時間も質問していました。大卒の白人男性グループでは中央値は 2 分で，20 人中 1 人は 10 分後でも真最中と回答していました。女性の中央値は 4 分でした。

　キンゼイはまた勃起時のペニスのサイズを推定するために，男性に自宅で測定して結果を知らせるように求めました。白人男子大学生の中央値の推定値は 6 インチでした。彼らが自身を測定したとき，6 インチになりました。この明らかに現実的な洞察にもかかわらず，多くの男性は自分のペニスが小さいと思っていたので，更衣室で自身を曝すことを快く思っていませんでした。これは「短小陰茎症候群 small penis syndrome（SPS）」として知られています。興味をそそられるレビューによると，長さ 7 cm（3 インチ）未満と定義される真の「マイクロペニス」[A] と比べて，多くの一般男性は自分が SPS だと誤解していると示唆されています[3]。研究者は，医師が，SPS を懸念する男性に対して，何が「普通」であるかを説明できることが大切だと考えています。

　キンゼイらはまた，複数の研究からペニスの一般的な長さは弛緩時に 9 ～ 10 cm（約 4 インチ），伸長時に 12 ～ 13 cm（約 5 インチ），勃起時に 14 ～ 16 cm（約 6 インチ）であり，民族差を示すエビデンスはないと結論しました。この勃起時の長さはおよそ英国 £20 紙幣または米ドル紙幣の長さに相当します。SPS に苦しむ男性にはさまざまな治療法があります。これはあなたの PC の迷惑メールフィルタでポップアップの警告が出るような類のものと思われるかもしれませんが，伸長させる器具で 1，2 cm は長くすることができるとする研究があります。

　ペニスのサイズに関する満足度について，女性誌 Elle（エル）が 2003 年

[A] ウィキペディアによると，米国では成人で 9.4 cm 以下，日本では成人で 5 cm 以下と定義されているそうです。キンゼイは民族差にエビデンスはないと言ったそうですが，国で異なるのは人種差があることの証左かもしれません。どう思いますか。ところで，硬さは問わないのでしょうか？（訳者注）

に実施したインターネット調査の結果が最も多く統計数値として引用されています。それによると 52,031 件の回答があり，回答者の平均年齢は 35 歳程度で男女ほぼ同数でした。男性の約半数（45％）がより大きなペニスを望んでいましたが，女性の 84％がパートナーのサイズに満足していました。しかし，パートナーのサイズを「小さい」と考えているグループ（女性の約6％）ではこの満足度は 32％に低下しました[4]。そこで，この調査を信じるならば，サイズの問題は女性よりも男性にとって重要です。しかし，それは女性にとっても重要であるように見える場合もあります。

　測定されるのは男性だけではありません。28 人の女性を対象とした MRI 撮影では，膣の長さは平均 6.3 cm で，幅は 4 〜 10 cm でした[5]。しかし，これは「ベースライン」の測定値です。なぜなら，セックス時のサイズは，前述の男性測定値に関連しているからです。

● 射精までの時間

　そして，適当な間隔を置いて射精に至ります。すでに精液の平均量は約 3 mL であると説明してきましたが，挿入後に射精に至るまでの時間はどのくらいなのでしょうか。これは正式には「膣内射精到達時間 intravaginal ejaculatory latency time (IELT)」として知られています。多くの男性は IELT が短すぎると感じていますが，いま一度，早漏と呼ばれるものを理解しようとするなら，何が「普通」であるかを知る必要があります。これは明らかに極めて難しい研究ですが，もちろん，これまでに試みられています。

914組のカップルに基づいた膣内射精到達時間の中央値（★★★☆）

　あるヨーロッパの大規模研究では，フランス，ドイツ，イタリア，ポーランド，英国の 44 のセンターから 1,100 組以上の夫婦を，ラジオや新聞広告を利用して募集しました。各カップルには，いつもと違う新奇な行為を試みることなく，少なくとも週 2 回のセックスを 8 週間続けるように求められました[6]。カップルにはストップ・ウォッチが与えられ，まず膣挿入時

にスタートし，射精時または射精をせずに膣から抜いた時点でストップするように依頼されました。参加者にはおそらくこれが競争ではないことは説明されていたと思います。

　研究開始前に約200人の男性が早漏premature ejaculation（PE）の経験があるため除外され，914組が「普通」として研究対象に残りました。測定されたIELTの中央値は9分でしたが，驚異的な44分というものまでありました。男性らは，事前に自分のIELTがどれくらいだと思っているかを尋ねられており，主観的な評価では中央値10分でしたので，かなり現実に近いものでした。ただし，イタリア人男性は15分と答えていたのに，実際には他国の男性と同様に9分という結果に終わりました。特にコメントはしませんが。

● セックスの健康上の利点

　セックスが健康に良い理由を挙げたリストは，インターネット上で人気があることは間違いありません。実際に，私でも少なくとも5つの理由を思いだせます。ネットで「health benefits sex」と検索するだけで10，11のサイトがヒットし，さらにはセックスが好ましい理由を21まで見つけられます。健康そうな（しかし，常に部分的に服を着た）若いカップルの画像とともに痛みを和らげる方法から長生きする方法に至るまで，同じようなテーマが再三紹介されてきました。

　では，これらの主張のいくつかを見てみましょう。私たちは，厳密な科学的検証を必要とせずに，セックスは一般的に快いと当然のこととして考えています。また，それは眠りに入るのに役立ち，女性の骨盤底筋群を鍛えることができ，高齢になるほど感覚の増強から「漏れや失禁」および「閉経後の膣萎縮」の予防まで，幅広いメリットを提供してくれるといういくつもの証拠があります。女性はまた，セックスが痛みを軽減させることを見いだしましたが，ホルモンの影響と心理学的なものとを分けることは難しいのかもしれません。

　しかし，セックスは長生きするのに役立つのでしょうか。尊敬できる研究チームによる，ウェールズのケアフィリに住む男性を対象とした頻繁に引用される研究では，1年間に100回オーガズムを得ることが，1年間に死

第11課　性行動がもたらすもの　219

亡するリスクを1/3減少することに結び付いたと推定しています。すなわち，これは約3年の延命に繋がります[7] B。その後に同じデータを使った再分析では，より多くセックスすることが心臓発作の減少と関連していましたが，一方で20年以上での脳卒中の可能性を示唆していました[8]。もちろん，相関関係は因果関係ではなく，ここまで見てきたように健康な人々がより多くのセックスをします。したがって，因果関係は逆かもしれません。研究者らはこれを考慮しようと試みましたが，明らかに私たちはセックス特有の潜在的な利点について検討する必要があります。

 若い人がセックスで消費する平均エネルギー

　繰り返しメディアは運動療法としてのセックスの利点を取り上げますが，その他の研究では内容としてエネルギー消費量がわずか21 kcalで，ミカン1個分とほぼ同じであると推定しています[9]。本当のところはどうなのでしょうか。

　第7課では，性行動に関する実験室での研究はむしろ臨床的であることを見てきました。カナダのモントリオールの研究者は21組のボランティアのカップルに，自宅で1週間に1回のセックスを1か月続けるよう指導することで，この臨床的な問題を解決しました[10]。唯一の条件は，エネルギー消費量を測定する携帯型のセンスウェア・アームバンド SenseWear arm band という機器をカップルの男女それぞれの上腕に装着し，セックスと30分間のトレッドミル・テストで両方のエネルギー消費量を比較しなければならないことでした。

　セックスは平均25分間行われ，平均エネルギー使用量は男性101 kcal，女性69 kcalでした。参加者間にセックスが極めて甘美なものから体育会的な元気な激しいものまで差があることから，範囲は男性13〜306 kcal，女性12〜164 kcalでした。具体的に言うと，たとえば85 kcalは，かなり小さな

B 発行日から，この研究論文がブリティッシュ・メディカル・ジャーナル誌のクリスマス号に掲載されたことがわかります。おふざけな記事として有名です。

グラス・ワイン約1杯，あるいはチョコレート・ビスケット1枚，または英国ウォーカーズ社のチーズパフ1袋分です。

性行動の平均的な強度は約6METs（MET：Metabolic Equivalent は運動強度を示す単位で，1単位が座ってテレビを視聴する程度）であり，これは中と強の間くらいで，おおむねサイクリングとジョギングの境界になります。しかし，腕立て伏せをすることより高い9METS まで上昇させる人々もいました。全体的に運動法として，セックスはトレッドミルの約半分ほどの効果があるという結果でしたが，参加者は（例外的な1人がいたものの）かなり楽しめると評価しました。これらの結果は平均年齢23歳の健康な若いカップルによるものでしたが，より年長者でさえ，それらのMETS 数が心臓発作を起こすほどのものではないかもしれません。

14の研究のレビューから，心臓発作のリスクがより年齢の高い人ではセックス後の数時間でほぼ3倍に上昇したと結論づけられましたが，セックスを雪掻きなどの他の類似した運動と同様に扱っていて[11]，リスクは身体の健康状態に依存していました。中年の人々1,000人が1週間に1時間のセックスを10年間続けると，およそ突然死が1件，心臓発作が2〜3件発生するという推定になります。これは考慮する意味があるように思えるかもしれませんが，興味深いことに過去の突然死の症例報告の大半は，男性が「ほとんど普段と異なる状況で，あるいは過度の食事とアルコール摂取の後で，若いパートナーとの婚外の性行動」に関連していたことを特記しておきます[12]。私にはその状況が目に見えるようです。

死の潜在的なリスクよりはそれほど劇的ではないのですが，注目に値することは，ポジティブな精神的な状態を作り出せる素晴らしいホルモンを大量に得られるという理論に基づいた，精液に曝露することが女性の気分を軽くできるという示唆です。しかし，これをどのように検証するのでしょうか。どのようにセックスの回数を制御しながら，ある女性を精液に曝露させたり，別の女性に曝露させなかったりすることができるのでしょうか。これを検証した研究者は，コンドームの使用が自然な実験のひとつになると仮定して，脳波を利用しました。つまり，コンドームを使ってパートナーとセックスする女性は，この（おそらく）精神的にポジティブな状態をもたらす栄養価の高い物質が奪われていると考えたのです。

研究では，コンドーム使用の女子学生293人を解析しました。コンドー

ムを使用しない女性が標準的なうつ病尺度で平均 8 点のスコアになりましたが，コンドームを通常または常に使用していた女性では約 12 点でした。10 点以上のスコアは軽いうつ病を示唆しています [13]。したがって，精液への曝露の有無と相関はありますが，必ずしも決定的なものであるとは言えません。精液の持つこの明らかな抗うつ特性は，他の要因によっても説明できる可能性があるからです。その効果は実は経口避妊薬から得られたのではないのでしょうか。あるいは，コンドームを使用しなかった女性はより多くのセックスをしていたか，より信頼しあった関係にあったからではないのでしょうか。研究者はこれらのすべてを考慮しようとしましたが，データは「単に示唆している」だけであることを認めざるを得ませんでした。

　これらのすべてのリストで決して説明されていないような利点が 1 つあります。医師 2 人は，ステロイド注射後に 4 日間連続しゃっくりをしていた患者の 1 人が，働くことも睡眠もできなくなったことを報告しました [14]。それが驚くべきことに，彼は最終的にしゃっくりを続けながらもセックスをすることができました。ただし，彼のパートナーがそのことをどう感じたかは言及されていません。しかし，おそらく二人の間には大きな信頼関係があったので，「突然かつ完全に止まった射精の瞬間まで」しゃっくりは続きました。医学的な結論としては，難治性のしゃっくりを止めるためにマスターベーションが試みられる可能性があるということです。副作用のほとんどない安価の治療法として。

　結局，セックスは単に楽しむだけではなく心身にも好ましいことのようです。しかし，少しだけルーチンになる可能性もあり，少し刺激的でちょっとだけ高揚することがあるかもしれません。

● より刺激的に

5% lovehoney.co.ukのサイトから男性の大人のおもちゃを購入する女性購買者の割合

　性的な問題と人々がその問題にどう対処しようとしてきたのかという話題に移る前に，人々が自分たちの性行動に少しでも何か持ち込もうしてい

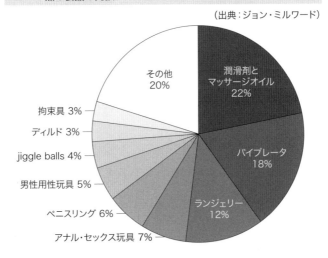

図53 5か月以上にわたりLovehoney.co.ukで購入された100万点の製品の内訳

るることを少し見てみましょう。個人的な身だしなみを整えることについて考えることは本書で扱う範囲を越えますが，おそらく性的魅力の強調と考えられるかもしれない女性のアンダーヘア脱毛の最近の動きは言及する価値があるかもしれません。最近の米国の調査では幅広く実践され，年齢による影響があると報告されています。たとえば，16〜24歳では過半数(59%)がいつも，あるいは時々ヘア無しであったのに対し，50歳超の女性ではわずか11%でした 15) C。

しかし，性的高揚への熱意は主に大人のおもちゃやその他の製品の市場が賑わっていることに現れています。データ・ジャーナリストのジョン・ミルワード Jon Millward は，ネット通販業者 Lovehoney.co.uk（「性的に幸福な人々」）から5か月間以上にわたって購入された100万点の製品を分析し，図53に示すように購入の内訳を整理しました 16) D。この詳細な内訳は一

C 調査は16〜68歳の2,451人の女性を対象として行われました。2008年にeメールを使ってさまざまな組織から，潤滑剤に関するインターネット調査に参加してくれる人を募集しました。せいぜい★★☆☆でしょう。
D 実際に販売されている信じ難い商品の詳細については jonmillward.com を参照してください。

第11課 性行動がもたらすもの 223

見の価値があります。

　ランジェリーや「潤滑剤やマッサージオイル」などの品目の人気を適正に予測することは可能です。バイブレーターは1世紀以上にわたって存在しています。しかし、女性が膣内に入れたまま日常生活を送る「jiggle balls（振動ボール）」の人気は官能SM小説フィフティ・シェイズ・オブ・グレイから出てきたもので、アナルセックスのおもちゃや「拘束具」の売れ行きは、第3課で紹介したBDSMのプレーが実際に流行していることを反映しています。

　これらのアイテムは人気のあるギフトになっています。男性客の1/3がバイブレーターを購入し、コルセットの衣装を購入する45％が男性です。おそらくそれらが自身のためということはないでしょう。

● セックスの満足度

 性的にアクティブではない女性のうち、そのことで悩んだり心配したりしている人の割合（★★★☆）

　本課の冒頭で紹介したWHOの声明は、性の健康とは単に健康に問題がないことではなく、「性的満足度」という側面から伝統的に幸福で健康な状況であることを示しています。

　『はじめに』では、シェアー・ハイトによる1970年代の米国女性のサンプルのうち、84％が「感情的に自分たちの関係に満足していない」ことを見てきました。しかし、この疑わしい★☆☆☆の統計は1992年の全米国民健康と社会生活調査（NHSLS）によって否定されました。年齢によるものの、既婚者の88％が「非常にまたは極めて」肉体的に満足しており、85％は感情的にも満足していましたが、結婚生活が長くなるほど、また年齢が高くなるほど満足度は低下していきました[17]。既婚男性が既婚女性よりも性生活に満足しているということは、ハイトなどの研究によって強化された基本となる主張です。アイルランドのセックス調査でも、これを支持するデータがあります。女性77％に対して、男性82％が性生活にすこぶる、あるいはとても楽しいと答えています[18]。しかし、最近のスペインの調査では、

図54 3タイプの国々のクラスターにおける女性と男性のセックスに対する態度の回答

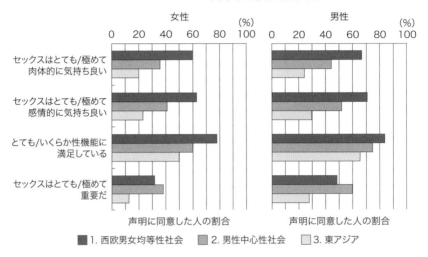

出典：性的態度と行動に関するグローバル・スタディ

男女とも95％が性生活に「非常に」満足していると答えました[19]。

　これらのヨーロッパのかなり積極的なイメージは，必ずしも他の地域・国でも同じというわけではありません。「性的態度と行動に関するグローバル・スタディ Global Study of Sexual Attitudes and Behaviors（GSSAB）[E]」は，29か国の27,500人に性生活に関する満足度の意見を求め，類似の回答をした国々のグループを見つけるために「クラスター分析」という統計的手法を用いました[20]。彼らは，**図54**で1, 2, 3で示した大きく3つのクラスター

[E] GSSABは，1992年のNHSLS調査，2005年のNHSAP調査を実施したシカゴ大学のエドワード・ローマン Edward Laumann教授を含む，立派な研究チームにより実施されました。いくつかの方法が併用されています。西側の国ではランダムに電話をかけ，中東と南アフリカでは戸別のインタビューをし，日本では郵送，そして他のアジア諸国では街頭で対象者をみつけて自記式で質問紙に回答してもらいました。2001～2002年に14万5千人の参加条件を満たす人が参加を求められ，そのうち9万7千人を超える人々が即座に拒否しました。一方で残りの2万2千人はインタビューが嫌になり途中で中止し，2万7千500人（19％）だけ最後まで回答しました。回答率は街頭で対象者を選んだ国々で最高（30％）でした。電話を切ることは簡単で，これはNatsal調査チームが参加可能対象者への準備の重要性について同じコメントをしています。何の調査なのかを知ることなしに直ちに拒否する人々を無視すれば，回答率は57％で，この調査で見つかった疾患の罹患率と，国のデータから知られている内容と一致すると，研究者は述べています。

を見いだしました。主に西欧の「1」の国々を「男女均等性社会」として，「2」の国々を「男性中心性社会」として，そこにイスラム諸国やブラジル，イタリア，韓国を入れました。さらに，中国，インドネシア，日本などの東アジア諸国を「3」の国々としました F。

地域や宗教・文化的な背景にかかわらず，女性は男性よりも満足度が低く，左のバーはすべて右のバーよりも短くなっています。主にヨーロッパの国々である「1」は，性機能の満足度はかなり高いレベルにあるという特徴があるが，「2」の国々は，特に男性にとってセックスは女性に比べて重要であり，特に女性にとってセックスの満足度が低くなっていることが顕著です。「3」の国々では，女性の満足感や性的喜びが非常に低く，特に女性にとってセックスはそれほど重要ではありません。

これらのパターンはある程度，国民の既成概念の枠にはめ込むことができるように見えますが，質問中に同一の意味の言葉を使用しようとする際に，翻訳の問題として言語的な困難さがどの程度反映されているのか，そして特に多くの街頭での質問の際に人々がそのような質問にどの程度誠実に答えようとする意志があるのかについて，どれだけ文化的な差異があったのか，というような疑問には答えてくれません。

対照的に，私たちは Natsal 調査の行った「あなたの性生活に不満はありますか？ あなたはその事について悩んだり，心配したりしていますか？」という重大な質問への回答に注目すべきです。これは，前年に性的にアクティブであると回答されたかどうかにかかわらず，全員に質問されました。表 3 に示した結果は，慎重に検討する必要があります。

性別による差はほとんどなく性的にアクティブなおよそ 7 人中 1 人が性生活に不満を訴え，およそ 10 人に 1 人は悩んでいると報告されました。調査前年にパートナーがいなかった人の回答では異なっていますが，劇的には変わっていません。男性 1/3，女性 1/5 を超える人々が，いくぶん不満足と訴えた人が増えていますが，依然として悩んだり心配したりしていると

F 「1」がオーストラリア，オーストリア，ベルギー，カナダ，フランス，メキシコ，ニュージーランド，南アフリカ，スペイン，スウェーデン，ドイツ，英国，米国。「2」がアルジェリア，ブラジル，エジプト，イスラエル，イタリア，韓国，マレーシア，モロッコ，フィリピン，シンガポール，トルコ。「3」が中国，インドネシア，日本，台湾，タイ。

表3 性的にアクティブと非アクティブな男女における性生活について不満や悩み，心配があるに該当すると答えた割合

出典：Natsal調査-3, 2010

	（前年にパートナーがいて）性的にアクティブ	
	女性	男性
性生活に不満足	11%	15%
性生活に悩んでいる，あるいは心配している	10%	9%

	（前年にパートナーがいなくて）性的に非アクティブ	
	女性	男性
性生活に不満足	22%	32%
性生活に悩んでいる，あるいは心配している	9%	15%

答えた人の割合は低いままです。実際，女性の場合，性的にアクティブであるかどうかにかかわらず，性生活について悩んだり，心配したりしている人の割合は本質的に同じです。

　性的にアクティブではない人のうち，悩んでいる人はほんの一部になっています。この「不満を漏らしてはいけない」という態度は，英国の禁欲主義あるいは人生の優先事項における理性的な視点のいずれかから来ていると考えられているのかもしれません。あるいは両方から。

● どれくらいの人が性的な問題を抱えているのでしょうか？

34% Natsal調査-3でインタビューをした女性で，調査の前年の少なくとも3か月間は性的な興味がなかったと回答した割合（★★★☆）

　Natsal調査によって女性たちの不満と悩みのレベルはかなり低いことがわかりましたが，これは人々が性生活で困っていることがないという意味ではありません。媚薬の伝統と男性機能を助けるものを除いて，ほとんどエビデンスがなくても，昔から常にそうであったと仮定しなければなりません。拡大解釈すると，男性ではセックスがしたいけれど出来ない，あるいはセックスをしてもあまりに早く終わってしまうという問題がある一方で，女性の問題である性機能不全は，興味や楽しみの欠如から生じているとい

図55 2010年のNatsal調査-3で，過去に少なくとも3か月以上続いた困難さを経験したと回答した男女の割合

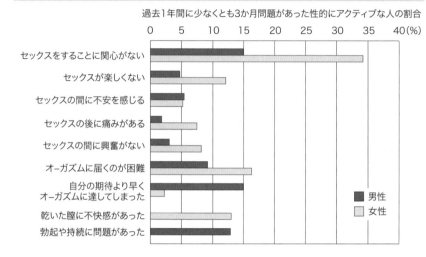

う従来の考え方が続いていました。

Natsal調査-3は，これらの固定観念を調査する機会を与えてくれます[21]。性的にアクティブな人々（調査前年に1人以上のパートナーがいたと回答した人）には，少なくとも3か月間持続していた性的問題について一連の具体的な質問が尋ねられ，図55に示すような回答が得られました。

全体として，データは固定観念を適度にサポートしています。図55の最も顕著な特徴は，セックスへの関心がないことを報告している女性が1/3いることです。興味の欠如は必ずしも「悪いこと」とは限りませんが，これらの回答者は明確に問題の1つとして経験していました。このパターンは，セックスに興奮も高揚も感じない女性が約1/12に及ぶことになります。

16人 クレリア・モッシャーの禁欲的な女性のサンプル45人のうち，常にあるいはたいてい性的なオーガズムを経験したと答えた人数

図55は，Natsal調査で約6人に1人の女性が，「興奮している/高揚しているにもかかわらず，クライマックスに到達していない（オーガズムを経験していない），あるいはクライマックスに達するのに長時間を要した」

と報告しています。女性のオーガズムは，クリトリスの刺激から，いわゆるマスターベーションは未熟な発達の徴候であるが，男性の性器の挿入によって得られたオーガズムが唯一の成熟した健全なものであると，フロイトが言明して以来，統計的な論争の話題となってきました。マスターズとジョンソンは，生理的反応で本質的な違いはなかったと反論し，1970年代にシェアー・ハイトは，キンゼイのように性的表現と達成感を明らかにするものとして，オーガズムに焦点を当てました。彼女は何の前置きもなく2番目の質問として，女性たちに「あなたはオーガズムを得られていますか。もし得られていないなら，そのために何が必要だと思いますか。」と尋ねました。頻繁に引用される彼女の統計（★☆☆☆）では，30％には男性が挿入するセックスだけでしかオーガズムを得られないと言っており，つまり，それは70％がそうではないということを意味しています。対照的に，彼女のサンプルの82％はマスターベーションをしていて，ほとんど全員がオーガズムがあると主張していました[22] G。しかし，1992年の米国NHSLSでは，女性29％がセックス中にいつもオーガズムがあると回答していました。たいていは41％，ときどきは21％，まれにあるいはないが8％でした[24] H。

　男性にも困難はあります。Natsal 調査-3 では，約15％がクライマックスに早く達し過ぎる，早漏，あるいは未熟，射精の問題を持つ男性がいることがわかりました。その一方で，勃起することや勃起した状態を維持することに困難を抱えている，いわゆる勃起不全の男性が全体の13％，約1/8もいることもわかりました。これは年齢と強い相関があります。20歳前後

G 1924年以降，ペニスを挿入するセックスだけでオーガズムを得る能力は，クリトリスと膣との距離が短いことに関係していると示唆され，1インチ (2.54 cm) が大きな分かれ目として引用されてきました。最近になって，この関係を見つけたと主張した1924～1940年のデータの再解析で，統計的な問題になりました[23]。私はメアリー・ローチ Mary Roach の「邦題：セックスと科学のイケない関係（池田真紀子訳，NHK出版）Bonk: The Curious Coupling of Science and Sex」にある女性の性的反応の解析を支持します。

H クレリア・モッシャーが1世紀前に彼女の回答者らに尋ねてきた「性行為でいつもオーガズムがありますか。」を取り上げることは意味があります。彼女は回答として，女性45人のうち16人が「いつも」あるいは「たいてい」と答え，18人はオーガズムがあったことを認めました。彼女の質問の言葉遣いは，彼女がどのような回答を期待しているかを示し，ビクトリア時代の禁欲的なセクシャリティの伝統的な考え方に染まった人々を驚かすものです。

図56　少なくとも1つ，少なくとも2つ問題があると回答した性的にアクティブな男女の割合

出典：Natsal調査-3, 2010から

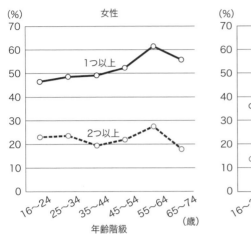
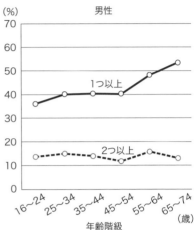

では8％でしたが，約70歳では30％に増加します。興味，喜び，興奮，高揚が欠如していると回答した男性の割合も女性の約半数であり，「興味の欠如」が早漏の割合と同様なのは特記すべきことでしょう。

22%　Natsal-3で少なくとも3か月以上続く2つ以上の性的な問題があったと回答した女性の割合（★★★☆）

図56は，**図55**に示した問題のうち，少なくとも1つまたは2つあると回答した性的にアクティブな男女の割合を年齢別に示しています。全体として，およそ女性50％と男性40％が「1つ以上の問題」（実線）があると回答し，それは年齢とともに増加しています。ただ，その割合は16〜24歳でも高く見えます。あなたが若くて性生活が完璧でないとしたら，そのような人は1人だけでないことは明らかです。女性の約22％，男性の約15％が「2つ以上の問題」（点線）があると回答しており，おそらくこのグラフの最も顕著な特徴は，点線が本質的に水平であることです。すなわち，複数の問題の発生率は若年者も高齢者も同様です。

多くの人々が身体的なことで性的問題があると回答していますが，ほと

表4　2010年のNatsal調査-3で, 16〜74歳の人々で声明に該当すると回答した割合

出典：Natsal調査-3, 2010

	女性	男性
セックスについてパートナーが同じ興味のレベルではない	28%	23%
調査前年にパートナーに性的困難があった	16%	17%
パートナーと性的な好き嫌いが一致しない	7%	10%
セックスの間にパートナーとほとんど愛情を感じない	2%	1%

んどのセックスが二人の関係として行われるため，Natsal調査-3ではパートナーについてどう感じるか質問していました。この回答は**表4**のように，性別間で著しい類似性を示しています。4組のカップル中およそ1組でパートナーよりセックスに興味を持っていて，逆にこのことは75%の人々はセックスへの興味がパートナーと同程度にあると感じています。約15%がパートナーに性的困難があると回答していますが，パートナーに愛情を感じていない人々はほとんどいません。

　これまでに指摘したように，すべての問題が報告されたとしても支援を求める人はごく少数です。性的にアクティブだった人のうち，女性17%，男性14%が，前年になんらかの方法で支援や医学的アドバイスを求めていました。また，経験している問題がより少ないにもかかわらず，若年層でその割合は高く，ここでも高齢者が性生活について不満を言わない態度を反映しています。

　Natsal調査チームは，前述のすべての質問を組み合わせた多次元性機能スコアリング法（Natsal調査-SF）を開発しました。これは予想通りに，年齢の上昇に伴って性機能の低下を示します。各年齢層内での影響のみを考慮すれば，Natsal調査は性機能と貧困に何ら関係は見いだせませんでしたが，失業，うつ，健康状態が良くない人々では性機能は悪くなりました。それらの関連性において，幸せでない場合，セックスについて話し合えない場合，調査前4週間にセックスが4回未満の場合，性感染症と診断されたことがある場合，これまで多くの性的なパートナーがいると回答した場合，意志に反するセックスを経験したことがある場合に，性的機能は低下していました。

　これらの結論は驚くようなものではないかもしれませんが，本書で議論

している多くの関連のように，何が何の原因なのかは明らかではありません。また，セックスはかなり重要とはいえ，あくまで因子のひとつであるというだけで，複雑で相互に結び付いた生活において，このような単純な因果関係が確立されることもあり得ません。

14%
性機能の改善のために薬やサプリメントを利用している55〜85歳の米国人の割合

　英国人だけが性的な問題を抱えているわけではありません。「全米社会生活，健康および加齢プロジェクト US National Social Life, Health and Aging Project（NSHAP）」は 57 〜 85 歳の人々の性生活を研究し，性的にアクティブな男女の半数が「少なくとも 1 つの面倒な性的問題」を持っていると報告しています。それは主に Natsal 調査 -3 に見られる問題と同様な問題で，欲求低下，勃起不全，クライマックスに至らないなどです [25]。

　全体として，英国人は大多数が性的問題の解決を諦めてしまっているように見えますが，米国人は諦めずに懸命に努力する可能性が高いようです。米国の調査では，55 〜 85 歳の男性の 38%，女性の 22% が 50 歳以降に性的な問題について医師の診察を受けていたと推定されています [26]。1/7 が性機能を改善するために薬やサプリメントを使用していました。おそらくバイアグラやその類の薬でしょう。

　性的機能障害は世界中に存在しますが，比較可能なデータを作成することはやりがいのあることです。以前に紹介した性的満足度のデータを収集した「性的態度と行動に関するグローバル・スタディ Global Study of Sexual Attitudes and Behaviors（GSSAB）」は，バイアグラの製造元であるファイザー社がスポンサーになっていたため，世界中の中高年層の性機能障害にも焦点を当てていたことに驚きはありません [27]。しかし，その研究報告によると，最も一般的な機能障害は通常疑われることと同じでした。男性は早漏（29 か国全体で 14%）と勃起障害（10%），女性では性的関心の不足（21%），膣の潤滑不足（16%），オーガズム到達の不可（16%）という問題でした。

　北欧は一貫して最も低い機能障害の割合を示し，男性 23%，女性 31% が

少なくとも1つの問題があると回答しましたが，これは Natsal 調査-3 の調査結果よりも低いものでした。東南アジアは最高の割合を示し，男性44%，女性55%が少なくとも1つの機能障害があると回答しました。これはかなり信頼できる調査というわけではなく，せいぜい★★☆☆です。このような質問にどのように人々が回答するかについて，多くの文化的な違いがあるかもしれません。しかし，この機能障害と満足度に関するデータとまとめると，東南アジアでは，自認されたセクシュアリティについてかなり暗澹たる展望が示唆されています。このことが，サイの角を用いた漢方薬である犀角の市場と精力を高めるための他の「療法」とが関係しているかどうかは明白ではありません。

　概して，この分野の研究全体が，定義や研究対象者の標準化がほとんどなされていないため，むしろ混乱しているようです。それゆえ，研究ごとに大きく異なる結果になります。それにもかかわらず，国際的な文献での最近のレビューでは，成人女性の40～45%と成人男性の20～30%が「少なくとも1つの明らかな性的機能障害」があり，医学的に問題があるならその治療法を開発し販売しようとする人々が登場するだろうと結ばれています[28]。しかし，いつから性的な「問題」を「疾患」として表示できるかを判断することは，長期にわたる議論の歴史があります。

● 性的な障害とは何でしょうか？

26年　性的欲求低下障害という診断名が存在した年数

　米国精神医学協会 American Psychiatric Association（APA）によって出版された診断と統計マニュアル Diagnostic and Statistical Manual（DSM）は，精神障害のバイブルといえます。それには，精神障害とは何で，何が精神障害ではないのか，あるいは診断するなら，どのように診断するのか，だれかがそうであれば，どのように決めるのかが書かれています。問題は，セクシュアリティの分野では，態度が変わると疾患になったりならなかったりすることです。

第11課　性行動がもたらすもの　233

たとえば，1952 年の最初の DSM-1 では，同性愛は生物学的見解というよりフロイト支持者によって反社会的パーソナリティ障害に数えられていました。それは，多くの組織的な運動が行われた後，1974 年の DSM-2 で「性的指向障害」に格下げされるまで，維持されていました。しかしその後，性的指向に関する葛藤によって苦痛が生じる患者に焦点が当てられ，修正されました。

　性機能障害に関しては，初期のいくつかの DSM には女性の「不感症」と男性の「インポテンツ」が含まれていましたが，1987 年の DSM-3 では性的欲求低下障害（性的関心の欠如に焦点を当てた HSDD：hypoactive sexual desire disorder）と性嫌悪障害（セックスに対する慢性的な恐れ SAD：sexual aversion disorder）と変更されました。これらの状態を持つ人が何人いるのかを推定しようとして，多くの研究が行われたのです。

　ところが，今ではそれらの診断がもはや存在しないため，統計を取るには最初に戻ってやり直すことになります。2013 年の DSM-5 では，女性の性機能障害には，性的関心／欲求障害（SIADD）とオーガズム障害が組み合わされ，男性の性機能障害には，勃起障害（それでもまだ，概して医学的問題と考えられていますが），男性性的欲求低下障害，早漏および遅漏が含まれています[29]。しかし，性的欲求に関する通常の変化が「障害」として分類されてしまうという批判を受けて，これらの診断名を付けることがさらに困難となり，少なくとも 6 か月間状態が変わらず，さらに「著しい苦痛」があることが必要となりました。「性欲過剰障害 hypersexual disorder」が提案されましたが，投票で否決されたためセックス依存症の公式な医学的診断はありません[I]。

　人々が正式な医学的診断を受けることができれば，規制当局によって承認された治療を受けられることになり，収益性の高い市場が形成されます。しかし，性機能障害の治療法すべてが当局からの承認を得ようとしているわけではありません。

[I] 国際的な医薬品の有害事象の用語集として知られる MedDRA には基本語（PT）としてコード 10066364 に「性欲過剰 hypersexuality」があります。（訳者注）

● 性的な障害を治療できるのでしょうか？

60% オランダの下水サンプルから推定した不法バイアグラの使用割合

　ホルモンの発見によって，男性に対するより強力な効き目の治療法を望む長期の怪しい探求が活気を帯びました。1920 年代にジョン・ブリンクリー John 'Goat-gland' Brinkley "ヤギの睾丸野郎" は，ヤギの睾丸を男性に移植して精力を回復させることを約束し，アメリカ中を巡りました。彼のラジオ放送は自身を悪名高くしました。患者の死に関する多くの裁判の最中に，最終的に破産する前の 1932 年，彼はカンザス州知事に選ばれる直前まで行きました。対照的に，オイゲン・シュタイナハ Eugen Steinach は，ブリンクリーのような偽医者ではなく，ウィーン生物学研究所の所長でした。シュタイナハは 1912 年，精管結紮術 J が精液を産生するために，精液を浪費する時間よりテストステロンの産生を促すことで性的能力が高まることを期待して，精管の一部あるいは全体を縛って固定する結紮を始めました K。

　また，より信頼性の高い治療法が，狭心症の高齢者を対象にしたクエン酸シルデナフィルと呼ばれる薬剤の治験中に，予期されない喜ばしい副作用として偶然発見されました。それはバイアグラという商品名で販売され，1999 年に国民保健サービス（NHS）に導入されました。その際，慎重を期して利用できるのは「医学的な問題による勃起不全」の場合のみに限定していました。これは，需要を制限するとともに，NHS が色欲を支援しているという非難に対抗するための方針でした。週 1 回の治療が適切であると考えられ，楽観的に治療費は年間総額約 1,000 万ポンドで済むだろうとされ

J 日本ではいわゆるパイプカットと言われることもありますが，切除するとは限りません。（訳者注）

K 失った若さを求める男性がシュタインナハの手術に列をなしました。フロイトは密かにシュタインナハ術を受け，ノーベル文学賞を受賞したアイルランドの詩人ウィリアム・バトラー・イェーツ W. B. Yeats も若い妻を喜ばせようとして手術を受けました。他に 70 歳のアルバート・ウィルソン Albert Wilson がいました。彼は 1921 年 7 月に「私が 20 歳若返った方法」というテーマでロンドンのアルバート・ホールで公演する予定でしたが，不幸にしてその当日に急死しました 30)。

第 11 課　性行動がもたらすもの　235

ていました。しかし，2012 年までにバイアグラの処方は 120 万件まで増え，1 回の処方は約 30 ポンド，年間総額 4,000 万ポンド[L] にも上りました[31]。

　バイアグラの特許が 2013 年に切れてから，シルデナフィルのジェネリック医薬品のコストは 90％も下がり，今では，少なくとも初回使用は OTC として購入すること[M] ができるにもかかわらず，常に密輸薬剤の闇マーケットからの購入ルートが盛んに利用され続けました。どのようなコミュニティでもどのくらいの量の密輸品が用いられているのかを知ることは困難です。しかし，オランダの研究者らは，アムステルダム，アイントホーフェン，ユトレヒトで，1 週間にこれらの都市から出てくる下水のサンプルから，バイアグラの総使用量を分析するという想像力豊かな方法を考え出しました。体内でバイアグラが分解されて作られ尿として排泄される代謝産物からバイアグラの総量を推定することができ，そのうち約 40％が法的な処方薬からであることが判明しました。このことは，過半数の 60％が違法に入手されていたことを意味します[32]。

　セックスは信じられないほど複雑なものです。二人の関係が長くなるほどセックスの回数が少なくなるということは，性的欲求と性行動が生物学的な要請から生じるだけでなく，個人的な関係や取り巻く文化によって大きく左右されることを示しています。それにもかかわらず，切り花を美しいまま長く持たせることさえもできる[33] バイアグラの驚異的な成功は，かつては精神障害と考えられていたものの多くが効率的に 1 錠の薬で治療できることを示しています。それは男性にとって悪い話ではありませんが，明らかに巨大なマーケットと製薬企業による大規模な投資にもかかわらず，女性向けのバイアグラに相当するものはありません。セックスは，生物学

[L] 2012 年 6 月ごろは 1 ポンド≒125 円だったので，50 億円程度になります。（訳者注）

[M] 日本でバイアグラは 1999 年 11 月に薬事承認されましたが，英国とは異なり保険適用にはなっていません。また，医師による診断と処方箋が必要な医療用医薬品で自費診療になります。特許切れ以降，国内でもジェネリック医薬品が登場してファイザー社を含み 11 社が販売していますが，処方箋なしで購入できる OTC はありません。さらに，当初の狭心症ではなく肺動脈性肺高血圧症の適応で，同様のシルデナフィル・クエン酸塩を成分とした異なる用量・用法の薬がレバチオという商品名で 2008 年に薬事承認されています。こちらは保険適用になっています。そのレバチオの添付文書には，副作用として発現頻度は 1％未満ですが自発性陰茎勃起，勃起増強，持続勃起症が表示されていて，重要な基本的注意として勃起が 4 時間以上持続する症状がみられた場合に直ちに医師の診断を受けるように指導することと記されています。（訳者注）

的あるいは心理的な原因によるものだという単純な分類に反します。

　最後にこれらの数値は参考になりますが，これはもちろんセラピーの本ではありません。ここまで取り上げた問題のいくつかを経験していると感じたら，本書を読むのを止めてプロの専門家に相談してください。

　WHO の声明は明快です。性的健康とは単に機能障害がないこと以上を意味します。あなたの性生活が「身体的，情緒的，精神的，社会的に良好な状態」と関連があると思うことは賞賛に値する野心です。しかし，これは容易に達成できるものではないことも明らかです。多くの人々が，人生の各段階に応じて問題を抱えています。Natsal 調査-3 の最も大きな発見のひとつは，問題を抱えている人はそれほど深刻にならない傾向があり，専門的な支援を求める人はそれほど多くないということです。この態度は，「普通の」性生活が必然的にもたらす感心な現実主義を示すものと考えられますが，同時に，治療可能な状態が治療されずにいることも意味しているのかもしれません。

　別の説得力のある成果は，性的にアクティブではない人々のうち少数の人々だけがセックスに不満を訴えており，苦痛があると回答した人はほとんどいなかったことでした。ケイ・ウェリングスは変化する態度を以下のように要約しました。

　かつてはセックスしないことが不可避な状況である時代もありましたが，それが「セックスで健康になる」というような通説に従って出来る限りセックスするという真逆のことを志向する時代になりました。かつてはセックスレスで何も問題がなかったのですが，今度はセックスレスだとあなたの体のどこかが悪いに違いないということになります。しかし，この両極端な態度・志向はどちらも，あなたが望むライフ・スタイルと結果的に意に反することになりかねません。

第12課
セックスとメディアとテクノロジー
性行動への影響

メディアはセックスについて常に利害関係をもっています。1世紀前には，猥褻であることが理由で禁止されていた書籍を，一般の人々も読めるようにするための一連の法廷闘争がありました。そのうち，英国の作家 D.H. ローレンスの小説「チャタレー夫人の恋人」の猥褻性を問う訴訟で，検察官の有名な発言，「これはあなたの妻や使用人にも読んで欲しい本の類でしょうか。」は，はるか昔のビクトリア時代の出来事のような響きさえ感じますが，少し前の 1960 年のものでした。彼，彼の妻，または彼の使用人たちは英国の官能小説フィフティ・シェイズ・オブ・グレイをどう思うのでしょうか。

その後，注目は書籍からテレビに，広告宣伝中のセックスに移り，今ではポルノ，（性的なメッセージや写真を携帯電話間で送りあう）セクスティング，SNS など，主にオンラインとスマートフォンの分野に集中しています。それによって特に若者の態度や行動，早期の性的欲求への影響について懸念されています。それは説得力のある意見です。はたして，メディアの性的なコンテンツの影響を全く受けずに，自身の感覚を形成しながら自分の性的成長を促している若者がいるでしょうか。私たちは，メディアが性行動に直接的に影響を及ぼしていると確信できるエビデンスを見つけるのには苦労することになるでしょう。ただし，他の方法で影響があることを示すエビデンスは多数あります。つまり，性行動の研究がメディアによる悪質な報道を明らかに助長しています。

● メディアにはセックス記事が溢れているでしょうか？

78% セクシーな女性を呼び物にした男性誌のサンプル1冊のなかの広告の割合

セックスの記事は売れます。おそらく 1885 年以来，W. デューク・アンド・サン社が（着衣の）女優の魅惑的な写真を載せたタバコのトレーディングカード（トレカ）を導入して売上を増やしてから，広告主は性的コンテンツの適切なレベルを標準化しようと試みてきました。カルバン・クラインのような企業は過剰に肉体を強調した広告で知られるようになり，消費者間に広告コンテンツが概してより性的になったという強い印象を与えました。

これを確認するために，ある研究では，1983 年の 6 つの米国大衆向け雑誌で合計およそ 1,000 ページの全面広告を見て，2003 年と比較してこの 20 年間に何が起きたのかが調べられました。研究者は女性向けのコスモポリタン誌とレッド誌，男性向けのエスクァイア誌とプレイボーイ誌，そしてニューズウィーク誌とタイム誌を対象に選びました [1]。男女のモデルを取り上げた広告では，互いにかなり密着していました。モデルらの親密な，あるいは極めて親密な接触は全体で 20％から 47％に上昇していました。また，肉体の露出も増えていました。挑発的な衣服を着た，部分的に服をまとった，あるいは裸の女性モデルは，全体で 28％から 49％に増えていました。さらに男性誌では 30％から 78％に増加していました。つまり，2003 年に性的な魅力を強調した女性を取り上げた男性誌の広告は，約 4/5 になりました。しかし，これは男性誌だけではありません。女性誌の男性モデルも，挑発的な衣服や，部分的に衣服を着た，あるいは裸である割合が 9％から 24％に上昇していました。

　しかし，このような過剰な性的コンテンツに人々はどのように反応するのでしょうか。セックスは人々の注目を集めるという明白なエビデンスがあります。結局，なぜこの本を選んだのか，という理由に繋がるのです。しかし，何かを手に取って見ることと，それを購入することは違います。したがって，広告主は何が実際に購入する気にさせるのかということに関心があり，膨大な量の消費者テストが実施されます。ほとんどのテストは秘密にされていますが，研究者によって実験が行われることもあります。たとえば，242 人の学生が，消臭剤の広告で肉体の露出が過激なものか，香水の広告で肉体の露出が中程度の広告のどちらかをランダムに見せられ [A]，広告，ブランドに対する自身の態度，さらにそれらを買う気にさせられたかどうかについて尋ねられました。研究者は，男女ともに明らかな裸体（露出した臀部）が不快感を生じさせ，中程度のほうが好まれることを見いだしました [2]。これはセックスが注目を引くのに役立ち，広告がより記憶に残るものの，ブランドイメー

[A]「露骨」な広告は，「自信を持て，裸になれ」という 1 行とともに，若くて魅力的な全裸の女性が賑やかなカフェで歩く姿を背後から見せたもので，「中程度」の広告は，男性の手は女性の太腿の上にあるものの，オートバイに座った若いカップルの男性が女性の首にキスしようと上体を曲げているだけの広告

ジを損なう可能性もあることを示しているようです。おそらく，より潜在意識に関わる方法を除いて，現代的で，非常に高価な自動車の広告が，性的な表現を用いていないことは注目に値します[B]。

● テレビ番組中のセックスは若者の行動に影響するでしょうか？

2% テレビでさらにセックスが見たいという人々の割合

　年配の読者は，テレビでのセックスや暴力を減らすためにキャンペーンをしたメアリー・ホワイトハウス Mary Whitehouse の英国視聴者協会 The National Viewers and Listeners Association（現メディア・ウォッチ UK）を覚えているかもしれません[C]。ホワイトハウス夫人は政府の担当部署に移動しました。英国のテレビで放送されるセックスに関する意見は，英国情報通信庁（Ofcom）の成人約 1,800 人のメディア・トラッカーによってモニターされていて，2001 年にはほぼ半数（44%）の成人がテレビでセックスが「多過ぎる」と感じていることがわかりました[4]。2013 年になると，およそ 1/4（26%）しか過剰と感じていませんでした。この不快に思う人々の減少が性的コンテンツへの欲求や寛容さによるものであるのか，あるいはテレビが少

[B] セックスを上手に利用した例として時々取り上げられるのは，米国のアックス・シャワージェルという商品の「あなたのボールを洗え」というキャンペーンでした。それはピュアで素敵な英語のアクセントで少女が「一緒に遊ぶのをより楽しくするために，男の人はどのようにボールを綺麗にできるの？」と尋ね，その後に彼女が手で 2 つの金のボールを優しくなでるというものです。しかし，明らかに性的であるというより，少なくとも他愛もないユーモアを理解する人々には滑稽で面白いと思えるように意図されています[3]。

[C] メアリー・ホワイトハウスは，番組内でスウェーデン生まれの米国の彫刻家のクレス・オルデンバーグが，「あれは私のボールとほぼ同じくらい大きい」と言ったのを聞いて，一度 BBC の会長マイケル・スワン Michael Swann にクレームをつけています。スワンは，オルデンバーグは自分の彫刻の大理石のボールを指して実際に「あれは自分のボールと同じくらい大きい」と言っていたと答えました。1977 年に BBC の司会者だったジミー・サヴィルに「健全な家族の娯楽」の賞を授与した英国視聴者協会の判定にも誤りはありました。（訳者注：没後に 1970 年代から少年少女に性的虐待を繰り返していたことが発覚したのです。）

しだけ改善されたことによるのか，はっきりしません。お盛んな2％の人々はテレビにセックスが不十分であると答えていました。

しかし，テレビやその他のオフラインの情報源に存在する性的コンテンツを見ることで，若者の行動は変わるのでしょうか。すべてのコンテンツに触れたにもかかわらず，第6課では米国でセックスの初体験の平均年齢が上昇していることを紹介しましたが，いくつかの傑出した研究はそれでも性的コンテンツが関係していると主張しています。「性的メディアの問題：音楽，映画，テレビ，雑誌における性的コンテンツに触れること　黒人と白人の若者の性行動を予想する」という明確なタイトルがついた頻繁に引用された論文によると，黒人と白人の13〜19歳の若者約1,000人の研究で，「性的なメディアの制限」を強化することは，白人の若者では2年後の性行動を増加させることに関連していましたが，黒人の若者では（タイトルにもかかわらず）関連性は認められませんでした[5]。

しかし，問題なのはもちろん，性的関心の早熟のような，性的メディアへのアクセスの増加に結び付く可能性のある要因が，確かに性行動を増加させる可能性があることです。このことは，単純な統計的回帰分析では適切に管理できません。このデータは最近になって，人々が性的メディアを視聴する群と視聴しない群にランダムに割付けられた状況を模倣しようとする「傾向スコアマッチング propensity score matching」と呼ばれる技術を用いて再解析されています[D]。これらの，より適切な方法を用いて解析したところ，メディアの視聴による明らかな影響はないことがわかりました。そして，「青年期の性行動に及ぼす最も重要な影響は，ハリウッドよりも家庭によるところの可能性が高い」と結論づけられました[6]。それでも，2014年8月までにこの「性的メディアの問題」の研究は427件の科学論文に引用され，その成果に異議を唱えたのはわずか25件でした。

いずれにしても，テレビでのセックスに関する討論は下火になっていきました。少数の娯楽番組を別にして，若者がテレビ離れをしてしまったからで

[D] 研究者らは，性的なメディアを見ると予想する要因について，同じような10代の若者を，視聴した人と視聴していない人で対照させたグループをまとめ，それぞれのグループ内で実際に観たものとその後の行動の関係を見ています。これはランダム化せずにランダム化したことに極めて近いデータを得ることができます。同じテクニックが第6課の誓約した人のデータを再分析したチームによって用いられました。

す。BBC1 視聴者の年齢の中央値は 59 歳です。若い視聴者はインターネットを娯楽に利用しています。さらに，ポルノにもまたそれを使用しています。

● ポルノグラフィーを観るのは何人でしょうか？

 ポルノサイトxnxx.comにアクセスがあった国のなかでのエジプトの順位

2009 年 2 月に女性として英国初の内務大臣になったジャッキー・スミスは，その後に経費として請求した 2 つのペイ・パー・ビュー方式の「アダルト」映画を夫が注文していたことで，公の場で恥ずかしい謝罪をしなければならない破目になりましたᴱ。当時，メディアは大騒ぎになりましたが，スミス夫人の夫はとんでもない事をしていたのでしょうか。ポルノに関する統計を見つけ出すのは，特に数え方に明確な定義がないためにとても難しいことです。たとえば，米国の最高裁判所判事のポッター・スチュワートはポルノについて「見ればわかる」と言ったことで有名になりました。

これは当初考えていたほど実体のないものではありません。ポルノグラフィーは，実際に誰が出演して何が目玉になっているかという点よりも，私たちに及ぼす影響からより多く定義されています。英国の科学者で作家のブルック・マグナンティ（別名ベル・ド・ジュール）は著書「セックス神話 The Sex Myth」で，性愛文学は芸術的価値のある興奮をあなたに与えるが，ポルノは性を好色に描写し芸術的価値のない興奮を一般の人々に与えるものですと言っています[7]。しかし，時代背景や環境とネーミングによっても大きく変わってきます。ビクトリア時代の紳士は非常にエロティックな芸術品を収集し，どうやら，古典的なテーマに基づいている限り，ほぼ社会的に許容されていました。たとえば，ギリシア神話に基づく西洋絵画のモチーフで

ᴱ スミス夫人は「自宅から離れて泊まるために，絶対に必要」と，インターネットの請求書を提出しました。しかし，彼女のインターネットのパック料金にはテレビも含まれていて，請求書には各 5 ポンドの R-18 の映画が 2 つ入っていました。彼女は 2009 年 6 月 5 日に仕事を失いました。それは結局，大臣として必要な住居になった別宅のために 116,000 ポンドを請求していたことには役に立ちませんでした。

ある「レダと白鳥」は作品名として容認されましたが，「鳥に誘惑される裸の少女」では受け入れられなかったでしょう。

ポルノに関するデータは，ポルノを攻撃するための武器として使用される傾向があります。最も膨大な統計情報は，（ネット等で性的コンテンツをフィルタリングするソフトの会社）Covenant Eyes からのもので，間違いなくポルノに敵対する相手です。この会社はインターネットで自動的に使用量をモニターして，あなたの「責任のあるパートナー」に報告する「インターネット・アカウンタビリティ」ソフトウェアを月額 9.99 ドルから販売し，それで，あなたは誰かがあなたが見ているものを監視していることを知ることになります [8]。Covenant Eyes 社から統計のひとつを取って，その起源を確認することができます。たとえば，「男性の 68%，女性の 18% が毎週少なくとも 1 回はポルノを利用していると答えています。」これは，18 〜 30 歳のデンマーク人 688 人を対象とした 2005 年の合理的で適正な調査から出てきた数値で，おそらく★★★☆の情報です [9]。しかし，これはデンマークのもので，かつ数年前のもので，特にかなり若い年齢層であり，他の研究ではかなり異なる数値が出ています。Covenant Eyes 社のようなサイトでは，実際の統計を用いていますが，ポイントを得るために高度に選択され，一般に適用すると見なされています。

特定の意見を主張しないデータの良い情報源は，Amazon の Alexa.com です。これは世界のトップウェブサイト 500 のリストを作っています。2014 年 9 月には xvideos.com が 39 位，Pornhub が 72 位でした。これらのアダルト・サイトと一般向けのサイトを比較すると，ストリーミング配信の Netflix は 78 位，動画共有サイトの vimeo.com は 100 位でした。英国では xhamster.com が 35 位で，xvideos は 39 位だったので，どちらも 36 位だった旅行情報のトリップアドバイザー Tripadvisor とほぼ同じヒット数でした。

Alexa.com は，これらのサイトへのトラフィックがどこから来たのかも報告しています。たとえば，xvideos.com の上位 5 か国は米国，日本，インド，ブラジル，メキシコで，xnxx.com の上位 5 か国（世界では 84 位）は米国，インド，エジプト，アルジェリア，イタリアでした。xnxx.com はエジプトで 14 番目に人気のあるサイトで，アルジェリアでは 10 位でした。これらは，新たにインターネットにアクセスするようになった国々で，ポルノが驚くほど拡がることになります。

しかし、これらのネットユーザーは何歳でしょうか。2008年のチャンネル4の番組「性教育」で実施されたYouGov社のよく引用される調査では、14〜17歳の子どもの58%が携帯電話、雑誌、映画、テレビでポルノをオンラインで視聴し、1/4以上の男子は少なくとも週に1回はポルノを観て、そのうち5%の男子は毎日観ていたと主張しました[10]。しかし、ここでもまたこの調査は、正直に答えている保証のない、回答者が自ら選択したオンライン・パネルに基づいています。そのため、良くても★★☆☆の情報です。

行動についての信頼性が低い自己報告に頼るのではなく、子どもたちが実際に見ていたもののデータを収集するほうがはるかに良いでしょう。ニールセンNielsenは、閲覧したすべてのウェブサイトを記録するために繋がれた45,000台の家庭用コンピュータを備えたパネルを使用しています。ただし、タブレットやスマートフォンは含まれていません。2014年3月、英国のオンデマンドのテレビサービスを管轄する規制当局（Authority for Television On Demand：ATVOD）は、ニールセンの2013年12月のパネルに基づいて「少なくとも44,000人の小学生が1か月だけアダルト・サイトにアクセスしていた」という見出しの印象的な統計の報告をしています。44,000人という数値は、おそらくごく少数の閲覧記録まで拡大したものと推測され、ニールセンはアダルト・サイトを閲覧している若者の集団は比較的小規模で、慎重に扱うべきだとして「サンプルサイズの必要最小限の基準に満たない」と警告しました。しかし、この大いに誇張された★☆☆☆の統計は、有効な年齢確認をしていない外国のポルノサイトに対し、英国からの資金流出を停止するATVODのキャンペーンに多くの注目を集めるという目的には役立ちました。

● 人々は何を見ているのでしょうか？

本書の他の箇所と同様に、犯罪と病的なものを避けたいので、いわゆるポルノの主流のみを取り上げています（それでも、主流をどう定義するのかも難しい話ですが……）。賢明にも実際に何かを見ることなしに映画で何が起こっているのかを知りたいのであれば、インターネット・アダルト・フィルム・データベース（IAFD）[11]を利用するのが便利で網羅的です。これは、米国人を中心に15万本以上の映画、13万人以上の出演者をカバーしていま

す。たとえば，2011年に女優インディア・サマー（本名ではありません）の78作品，男優ロッコ・リード（同様）の133作品も含まれていたことがわかります。

私たちはすでに，データ・ジャーナリストのジョン・ミルワードJon Millwardのセックス援助の分析を検討してきました。彼もまたIAFDを見ています。彼によると10,000人のポルノスターのサンプルでは，平均的な女優は身長5.5フィート（165.10cm），体重117ポンド（53.08kg）で，22歳頃からキャリアを開始していました[12]。彼はまたポルノ女優が各映画中で何をしたかも分析しています。たとえば，62％がアナル・セックスを，39％が（男優2人を相手に）アナル・セックスとヴァギナル・セックスを同時に行っていました。

キャリアが長いこともあります。最も多くの作品に出演している10人の男優は22年以上にわたり，それぞれ1,000人以上の女優と共演していました。対照的に，ニナ・ハートリーは1984年に始まり，記録的な938作品に出演していますが，この「業界」の女性は限定した男性パートナーらとしか共演しない傾向があるので，199人の男優としかセックスを演じていませんでした[F]。

● ポルノグラフィーにはどのような影響があるのでしょうか？

相当に多くの人が連日ポルノを視聴していても，その誰もがファンとは限りません。主流のポルノは「自由な相手との肉体的で愛情のないゲーム」という，男女の性的立場の固定観念に溢れており，出演者と視聴者の両方を搾取していると言われてきました[13]。ところで，実際にそれを見ている人々に有害なのでしょうか。ポルノが人々の態度や信念，性行動，特に性的暴力に及ぼす可能性のある影響について，これまで行われてきた膨大な量の研究をカバーすることは不可能です。しかし，このような繋がりを証明するうえで統計上の問題を示すために，私たちはいくつかの例を提示することができます。

[F] この業界に男優が少なくて，女優が多いのなら，この人数に驚くべきなのかどうかは難しいところです。（訳者注）

第12課　セックスとメディアとテクノロジー　247

例によって，統計の主な情報源は2つあります。一方は管理された条件の下での研究室での実験と，他方は人々の集団の調査です。まず，実験から。これらは1980年代に流行しました。基本的には，被験者に多くのポルノを観せて，それが被験者に及ぼす影響がどのようなものかを確かめるものです。古典的な研究では，160人の参加者を募集し，1時間のポルノ映画の6セッションを視聴させられる群と，現在放映中のテレビ・コメディを視聴する群のいずれかにランダムに割り当てられました[14]。最終的に，ポルノを観ることを強いられた人は，コメディを観た人よりも，自分のパートナーに対して身体的な外見，性的好奇心，そして性的パフォーマンスの満足度が低いと報告されました。残念ながら，研究者は実験の開始時に満足度を測らなかったため，ポルノが人々の満足度を下げたのか，米国のテレビ・ドラマのM*A*S*Hとチアーズの再放送を観ることでさらなる愛情と満足感を得たのかどうかはわかりません。その後の実験では短期的な効果が確認されましたが，結局，これらは通常とはおそらく異なるボランティアによるかなり不自然な状況です。

　それゆえ，明らかなステップは，観察データを用いて「リアル」ワールドで起きていることを説明できるか確認してみることです。しかし，もちろん，私たちは与えられたものだけでしか検討することはできません。つまり，人々にライフスタイルを変え，ポルノを観始める（または止める）ように仕向けることはできません。たとえば，米国の心理学の学生782人を対象とした最近の調査では，「性的露出度の高いポルノ作品（SEM）」の使用は，リスクの高い性行動と性的満足度の低下と関連していることが示されました[15]。その研究者は，これらの回答者は志願してきたボランティアであると認めましたが，若年成人の性的発達においてSEMの使用が「重要な役割」を果たすことがあるとそれでも結論づけています。

　これは事実かもしれませんが，データでは証明できません。おそらく，順序が逆かもしれません。性的に満足していないと感じている人は，ポルノを利用することがより多いのではないでしょうか。さらに，これらの回答には何らかの偏りがある可能性があります。すなわち，非常に世間体を気にする人は，ポルノを視聴する習慣と危険な性行動の両方を隠すかもしれないからです。いつものように，相関関係は因果関係を意味しません。

　メディアで最も注目されている質問は，青少年に対するインターネットポ

ルノの影響に関わるものです。オランダの研究者ヨヘン・ピーター Jochen Peter とパティ・フォルケンブルグ Patti Valkenburg は，この分野のリーダーです。彼らは国を代表する調査機関が設立したオンライン・パネルを用いて，自らの危険な性行動（コンドームなしのセックス）と性的に露骨なインターネットサイト（SEIM）の使用について情報を提供してくれる合計約 2,300 人の若年成人（18 歳以上）と少年 (14 〜 17 歳) を集めました。そして，6 か月後に同じメンバーに再度情報提供を求めました。この 2 回目は最初に連絡してきた人々の約 2/3 でした。

　むしろ驚くことには，最初の面接前の 6 か月間に SEIM を視聴していたと回答した若年成人と少年がわずか 30％だったことです。これは Covent Eyes 社のようなサイトで通常引用されている統計よりもかなり低い数値です。おそらく，この領域で進んだオランダ人はすっかり飽きていたのかもしれません。少年にとっては，SEIM とそれに続く危険なセックスとの間には関係がありませんでしたが，成人男性にはわずかに関連がありました。

　このことは何ら劇的でも決定的なものでもありません。しかし，研究者らは，科学的にバランスを取ることと，何か注目を集める大胆な主張をすることの 2 つの方法を試そうとしています。この場合，オランダの研究者は（かなり正確に），「SEIM を利用したことが危険な性行動を引き起こした，または引き起こすことに繋がったという意味で，私たちの結果を解釈してはならない」と述べていました。しかし，「性的に露骨なインターネット素材が危険な性行動に及ぼす影響」という，いくぶん誤解を招くような論文のタイトルをつけるという欲求には抗えなかったようです。

　しかし，ポルノに触れることが青少年に悪影響を及ぼしているということを統計的に証明しようとする試みは，批判を受けやすいからといって完全に止めてはいけません。1980 年代に最初の実験を行ったドルフ・ジルマン Dolf Zillmann は 2000 年に，暴力や性的強要に対する直接的な影響を示す必要はないと述べました。描写される特定の行動に焦点を当てるより，むしろ性的アクセスを求めたら得られる環境と，性的な結び付きの後の情動に注目すべきではないでしょうか [17]。ジルマンは，容易に搾取に繋がるポルノのまさに一面である性的な「冷淡さ」の形成に注目しました。さらにセクスティングも同様です。

● どの程度セクスティングは流行っているのでしょうか？

25% 性的な画像や写真をメールなどで送ったことがあると回答した13～18歳の割合（★★☆☆）

　若者は性的描写が露骨な題材のサイトやポルノを見るだけではなく，スマートフォンを持つことで，自分自身が SEM を作成して配布することができます。

　「セクスティング」は性的な露骨なメッセージや写真を送ることを表現するための用語として 2005 年に初めて登場しました。特に心配なのは少女が自身の写真を撮ることです。そして，その写真は広く拡散できるので，関係が終わった相手からのリベンジポルノにもなりかねません。しかし，聞くところによると，少年の写真もまた流布されることがあるそうです。

　若者のソーシャルメディアの利用は非常に急速に変化していて，研究対象となる技術を用いたアプリ等は急速に時代遅れになるため，セクスティングがどの程度広がっているのかをおおまかにも推定することが困難です。両親は（スマートフォン向けの写真共有アプリである）スナップチャットや（写真共有アプリの）インスタグラムについて心配している間に，子どもたちは他のアプリに移ってしまいます。

　これは，誰が，どのように，そして何を求められているのかという重要なこれまでとは別の分野の話になります。米国では，研究によって大きく異なる結論が発表されていて，意図的に低い推定値を得るために，いくつかの研究が行われていた可能性があります。たとえば，2009 年にはピュー・インターネットとアメリカライフ・プロジェクトが，13 ～ 19 歳の 4％のみが性的な示唆のある写真を送った経験があることがわかり，15％だけがそれを受け取ったことがあることがわかったと発表しました。これは 800 回の電話インタビューに基づいていましたが，これは回答者の若者の自宅の固定電話を使って，さらに両親から同意を得て行われたことがわかりました。特に聞かないふりをして隣の部屋に潜んでいる両親がいる状況で，セクスティングをしている青少年が過度に回答しようとすることはないと想像するのは容易です[18]。さらに，これらの 800 件の回答を得るには約 135,000 件の電話をかけ

なければなりませんでした。これらはまさに★☆☆☆の統計のようです。

2011 年に出版された査読付きの論文に掲載された調査では，若者が性的リスクのある行動を引き起こす原因としてセクスティングは大きな問題ではないことが示唆されていました。しかし，その研究でもおそらく両親がいる状況で固定電話を使用し，コンテンツの極端な定義を使用して追加されていました。その研究では，たった 2.5％の若者がヌードまたはほとんどヌードの写真やビデオに出たり作成したりしていたことがわかり，そのうち 1％のみが違法な児童ポルノとみなされるものだと報告されています [19]。

逆に高い数値を期待するなら，若者に直接質問するかボランティアを募るべきです。たとえば，キンゼイのような徹底的なサンプリングのアプローチをとることです。ある私立高校に入って行って，15 〜 18 歳の全生徒 600 人に質問するのです。このアプローチでは 20％近くが性的露出度の高い画像を送ったことがあり，40％が受け取ったことがあると回答していました [20] G。2008 年に Cosmogirl.com が協賛した 10 代の予定外妊娠を防ぐ全米キャンペーンでは，市場調査パネルを用いて 13 〜 19 歳の 10 代の若者のうち 38％が性的な示唆のあるメッセージを送ったことがあり，19％がヌードあるいはセミヌードの写真を送っていたことが報告されています [21]。

英国では，子ども向け電話相談の「チャイルドライン」は，13 〜 18 歳を対象にした 450 人の調査を実施し，その結果，全体の 60％が性的画像を求められたことがあると答え，25％が画像や動画を送ったことがあると回答したと報告しています [22]。しかし，BBC はチャイルドラインは「全国の 450 人のティーンエイジャーを調査した」と報告していましたが，実際には Survey Monkey 社を使ったオンラインアンケートだったと報告されています [23]。チャイルドラインはこれが自ら調査に応募してきたグループであり，偏ったものかもしれないことを認めていますが，実際にはそれほど大きく違った結果になっているようには見えません。

統計は一般的に幅広い年齢層に対して引用されることが顕著ですが，13 〜 17 歳は成長期の広い期間をカバーしていても，13 歳時に悩んでいたことが 17 歳には普通に性生活の一部になっているかもしれません。「全英児童虐

G スマートフォン操作に苦労している人にとって最も注目すべき統計は，送信された 1 日のテキストメッセージ数の平均が 91，最高で 300 になったことでした。

待防止協会 National Society for the Prevention of Cruelty to Children（NSPCC）」
は，15 〜 40％の若者がセクスティングに関わっているというかなり不確か
な推定値を示していますが[24]，年齢層ごとに大きな違いがあります。すな
わち，15 歳前後の約 10 学年では立ち直りが早い傾向にありましたが，13
歳くらいの第 8 学年は悩み，混乱し，場合によっては体調が悪くなりました。
これらの問題解決のための英国のアプローチは概して，警察沙汰にするので
はなく，優れたチャイルドラインと NSPCC のリソースを備えた教育と支
援を通じて行われています[25]。

　セクスティングとポルノは，若者の未熟な性行動に関する世間一般の懸念
材料のひとつであり，その懸念はメディア内の修正された画像に合わせよう
とするプレッシャーも含んでいます。女性のステレオタイプは美しい髪と挑
発的な行動をする典型的な細身で，これは，少女たちを低い自己評価，外見
への執着，自分の外見を変えたいという願望に導くと言われています。少年
たちも，性的に主導的で，とても力強い男性としてミュージック・ビデオや
他のメディアによって同様なプレッシャーを感じています。

　ご立派でかなり心配性の報告書は，有害であるという直接的なエビデンス
がないにもかかわらず，性的特徴を呼び物にしたメディアを見ることの危険
性を説明しています[26]。しかし，これらは過度に心配している大人の意見
ではありません。公共政策研究機関のシンクタンクは，英国の 18 歳 500 人
の市場調査パネルを調査し，3 人に 2 人以上の若者がセックスや人間関係に
関してあまりにも無頓着であり，若者が誤ってポルノを見ることがあまりに
もたやすく，中毒性になる可能性があり，若者の人間関係やセックス観に悪
影響を及ぼすかもしれず，少年少女に一定の行動をとるプレッシャーに繋が
りかねないことを見出しました[27]。これらは自らパネル調査に応募してき
た 18 歳のグループからの★★☆☆の数値です。 16％がゲイ／レズビアンま
たはバイセクシュアルと考えていましたが，それは高いように思えます。し
かし，あなたもこの割合をかなり多いと感じるかもしれません。

　ですから，若者たちが性的特徴を呼び物にしたメディアに早期から触れる
ことで問題が生じる可能性があることは理解できますが，より年齢の高い世
代にはゾッとするような影響を与えることでも，若者たちには，いったんは
影響を受けたとしても目覚ましい回復力があります。全体的にみると，大き
な危機状況には見えません。しかし，メディア中に，そのような話を期待し

ないでください。

● セックスの調査はメディアではどう報告されるのでしょうか?

30% 16歳前に行われた性体験の割合（デイリー・メールの
ウェブサイトであるメール・オンラインによる）（☆☆☆☆）

　セックスの調査の報道は常に，控え目にするために，センセーショナルに，そして議論の余地のある分野では，放送局は自分たちの議論に合った統計を取り上げて選びます（私もよくやるのでわかります）。

　ときには報道が間違っていることもあります。2008 年のチャンネル 4 /YouGov 社の青少年の調査では，Natsal 調査が 2010 年に行ったように，15歳のうち 30％が少なくとも時々性的にアクティブであることが判明しました [28]。また，性的にアクティブだったすべての人のうち，2/3 が 16 歳前に性行動を始めていたと報告しています [29]。ガーディアン紙は，何に対する「2/3」であるのかを誤解し，「法的な承諾年齢未満で 2/3 がセックスをしていた」と報じました。これは実際の数値の 2 倍になります [30]。

　この理由は数学が理解できないからだと思うなら，私がこの本を書いている間に何が起こったのかを考えてみてください。Natsal 調査からアン・ジョンソン，そして私は南西イングランドのチェルトナム科学フェスティバルでセックスの統計について講演しました。サンデー・タイムス紙では「10 代の若者でセックスをしている人が増えており，16 歳前に約 30％」と正確に報道していました。しかし，デイリー・メール紙はこの話題を独自の物語にしたてました。それはいくつかの誤りがありましたが，その後サンデー・タイムズ紙の発言が注目すべき見出しに変わった記事が喝采でした。それは「性体験全体の 30％は 16 歳前に起きる」というもので [31]，これは私のせいにされました [H]。

　「ケント州の道路でバイク乗りの 1/3 以上が死亡した」という見出しをより筋の通った見出し「ケント州の道路の重大事故の 1/3 以上でバイク乗りが犠牲になっている」に迅速に変えたのは，熱心な副編集者だったかもしれません。これらの誤りは，両方とも同じ論理的性質によるものであることは

第 12 課　セックスとメディアとテクノロジー　253

特記すべきです。いわゆる「転置された条件付き」であることに注意してください。ここにいくつかの命題の組合せがあります。最初の命題は適切で、2番目の命題は誤りです。

- ▶ 人々の30%が、16歳以前にセックスをしていた
- ▶ セックスの30%は、人々が16歳以前に行われていた

- ▶ 致命的な事故の1/3は、オートバイを巻き込んでいた
- ▶ オートバイの1/3が、致命的な事故にあっていた

- ▶ 乳癌女性の90%は、マンモグラフィーで陽性になる
- ▶ マンモグラフィーで陽性だった女性の90%には乳癌がある[l]

抽象的に言えば、「Bでもある A の割合」は「A でもある B の割合」として報告されることがあります。これは「検察官の誤解 Prosecutor's Fallacy」としても知られています。法的な場合の間違いであるため、命題を混同することは非常に危険です。

- ▶ 被疑者が無実なら、エビデンスの確率は 1/1,000,000
- ▶ このエビデンスでは、被疑者が無実である確率は 1/1,000,000

また、この推論における誤りは、法的な場合には暗に繰り返し起こります。デイリー・メールの本質的な問題は、「30%」がすべての人々ではなく性行動の割合としていることです。これは、たとえば「16歳になった100人のうち、30人がすでにセックスをしていた」と言えば避けられるかもしれません。

これは数学の基礎がわかっていない不理解からでしょうか。それとも論理の欠如でしょうか。おそらくどちらでもありません。推論を数字と結びつけ

[H] ちょっと考えると、デイリー・メール紙の記事は信じ難い数値であることがわかるでしょう。第1課では、英国の異性カップルは年に約9億回のセックスをしていると推測しました。したがって、実際にこのうちの30%が16歳未満に起きているとすれば、それは年間約3億回になります。14～15歳の潜在的なカップル75万組は約150万人になりますから、1年に400回、1日に1回以上セックスしなければなりません。これでは、宿題の時間がなくても不思議ではありません。さもなければ、この数値はバカげているとしか言えません。
[l] 現在の乳癌検診のパンフレットには、マンモグラフィーで陽性になった女性の約25%だけが乳癌であると記されています。

ることができないことは明らかであり，特に話題がセックスになると，数値的な議論に直面しているときに普通の常識と違う思考回路をしてしまうことがあります。数値に賢明な批判的態度を取ることができないと，その結末として意見が極端な方向にもたらされるリスクがあることです。数値は，受け入れられたり，さらには神が与えた真実の一部として崇拝されたり，あるいは「単なる統計」として拒否されたりすることもあります。おそらく舌の根も乾かぬうちに。

本課では，性的に露骨な内容を含むメディアがオフラインであろうとオンラインであろうと，特に青少年に有害であることを「証明する」ために統計を利用する多くの努力を見てきました。統計的な主張は分析されても結論に疑問が残ります。たとえば，ポルノに触れる機会の回数・時間など対象者をランダムに割付けすることができないような状況では，行動の理由はとても複雑で，これらの立派な試みはおそらく破綻したように見えます。何が起きているのかを正確に記述しようとすること以外に，統計的な議論は必然的に限られます。

これに関して確かなことは，技術の使用は私たちの生活を変化させます。1,000人の電話ユーザーの調査によると，セックスの際にスマートフォンを使用していた人の割合は9%であり[32] ↵，また同様にスマートフォンという技術を用いれば，「1分あたりの腰を動かす回数」やさらには機械的なピストン運動の回数等について測定項目に設定することなど，性的なパフォーマンスを正確に数値化して測定することが可能です。シェアー・ハイト，あなたはどこにいるのでしょうか[33]。そして，今の世界は急速に変化していて，メディアと技術の影響に関する研究は即座に時代遅れになります。出会い系のTinderやゲイのGrindrなどのアプリでは，人々が気軽に出会うことを簡単にして，それはおそらく人々の行動に影響を与えるでしょう。そして，ビッグデータを作り出すでしょう。

もちろん，若者が未熟な性欲にまかせて行動したり，ポルノに女性を出演させてお金を稼いだり，悪質な性的関係の描写をしたりなど，社会には私た

↵ ハリス・インターラクティブ社のオンライン・パネルによるものです。したがって，良くても★★☆☆です。

第12課　セックスとメディアとテクノロジー　255

ちが好まない多くの展開があるかもしれません。しかし，これらのメディアが引き起こす害について誤った「科学的」理由を用いるのではなく，おそらく私たちが適切だと感じることと食い違うことをシンプルに勇気をもって示すべきです。そして，若者たちに何が求められているのかを理解させ，もし彼らが望むなら，それを押しのける自信を持てるようにしてあげてください。

第13課
マイナスの側面：性感染症
罹患率と感染リスク

● 何人が性感染症に罹患したのでしょうか？

25% 1年間にクラミジア検査を受ける15〜24歳の若者の割合

　100年前に性感染症がどれほどの重大事であったのかは，性感染症についての王立委員会が1913年に設立されたことに反映されています。委員会は1916年に，梅毒による死者は年間たった2,000人程度であったという公式の推定値は「役に立たない」と報告しています。近親者の感情を傷つけたくないことやその他多くの梅毒による死亡時の状況により，梅毒は死亡診断書に明記されることはめったにありませんでした。そして，梅毒の罹患について，唯一のかなり信頼性の高いのは英国軍の統計でした。それは，病院での検査に基づいて，都市人口の1/10が梅毒に感染していて，淋病の患者数を「大幅に上回っている」と結論づけていました。

　委員会によると，1916年に（第一次世界大戦の最大の戦闘である）ソンヌの戦いの準備が行われ，この時までにフランスの売春婦が軍隊中で疾病を急増させたことを報告しています。1917年に約23,000人の英国兵士が治療のために入院しました。その年は，皮肉にも初の性教育映画が公開された年でもありました。カナダ製の無声映画「Whatsoever a Man Soweth（因果応報）」です。それは，梅毒に感染した女性から生まれた目の見えない子どもたちの病室を見せることで，今でも説得力のある映像になっています。しかし，この23,000人を大局的に見ると，これは1917年の英国軍の平均8日間の死傷者にまさに相当します。

　性感染症は戦時期に流行します。1931年まで遡って梅毒の記録を示す**図58**では，劇的な変化が現れています。第二次世界大戦には大きなピークがあり，女性は男性よりはるかに少なく，おそらくその多くは出征した兵士が感染していました。さらに，帰還して市民としての生活に戻ると急激に減少し，ペニシリンによる効果的な治療が感染者数を減少させました。1970年代に自由主義の支持者が登場しました。10代で妊娠している若者がこの時代に顕在化するということをすでに見てきました。しかし，HIVとエイズについての認知が安全なセックスに対する心構えを普及させたため，罹患率

図58　1931〜2013年におけるイングランドとウェールズの男女での梅毒の罹患数

出典：イングランド公衆衛生局

は1980年代後半に急落しました。現在，男性間性交渉者（MSM）によって再び増加しつつあり，その割合は新たに診断される患者数の74％を占めています。それでも，感染者数はまだ戦前の罹患率には近づいていません[A]。

淋病は梅毒の約10倍の罹患率で発生していて，**図59**は戦時期の急上昇，戦時中の合計を上回る1970年代のピーク，その後の安全な1990年代の減少という，梅毒とほぼ同様なパターンを示しています。再び，現在増加しているのは一部に検査数が増えているためですが，イングランドの公衆衛生当局は，新しく診断された患者の46％を占めるMSMの安全ではない行為が

[A] 国立感染症研究所によると，日本では古くは花柳病予防法（1928年），性病予防法（1948年）で対象疾患となり，1999年からいわゆる感染症法のもと症例が報告されています。1960年代半ばに日本も含めて世界的な再流行がありました。最近では1987年に報告数2,928をピークとする流行があったものの，その後は年間500〜900例で推移していました。それが，2013年に1,200例を超え，2017年は第1四半期1,188例，第2四半期1,535例，第3四半期1,522と激増しています。そして，MSMでの届出数は微減で，異性間との接触が原因で男性の届出が増えています。また，**図58**は診断数に男女で顕著な差があり男性のほうが多いのですが，2017年第3四半期の日本では女性も感染早期の患者動向を反映する感染性の高い早期顕症梅毒の罹患があり，継続して男女ともに多く届出られています。当然ながら人口の多い大都市のある都道府県で届出数が多いのですが，人口100万人当たりの統計も示されいて，東京，愛知，京都，大阪，岡山，広島，香川，愛媛，福岡，熊本が10人を超えています。詳細は以下のサイトを参照して下さい。
https://www.niid.go.jp/niid/ja/diseases/ha/syphilis.html（訳者注）

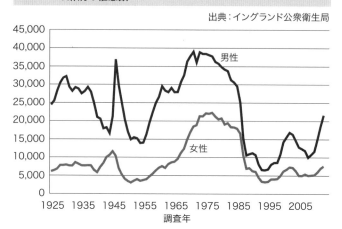

図59　1925〜2013年におけるイングランドとウェールズの男女での淋病の罹患数

出典：イングランド公衆衛生局

増えていることを示唆しています[1]。

　過去20年間の疾患罹患の上昇に伴い，性感染症の診療所を受診する人数が大きく変化しました。1990年のNatsal調査-1では，16〜44歳のおよそ30人のうち1人しか調査前5年間に診療所を訪問しなかったと回答していました。しかし，2010年のNatsal調査-3では，およそ5人中1人（女性21%，男性20%）に増えていて，MSMではほぼ半数（45%）に増加しました。MSMを除き，危険度の高い行為は増加していないため，この受診者数の増加はサービスの改善と検査を受けようとする意欲によるものです[B]。

　図60 [C]は，2013年の性感染症とHIVの診断数について「比較一覧」を示しています[D]。クラミジアは，特に若い女性に多く，明らかなトップです。

[B] 国立感染症研究所によると淋病は梅毒と異なり，定点報告対象（5類感染症）であり，指定届出機関（全国約1,000か所の泌尿器科，産婦人科等の性感染症定点医療機関）は月ごとに保健所に届け出なければならないとされています。（訳者注）
[C] パピローマ・ウイルス（HPV）はイボ（疣贅 ゆうぜい）のウイルスです。単にイボだけではなく，第3課でも言及しましたように一部のHPVの感染により子宮頸癌，口腔癌，咽頭癌のリスクが高くなることが研究結果として報告されています。また，肛門癌との関連もあると言われています。他にB型肝炎ウイルス（HBV）も性行為で感染することがあり，肝臓癌のリスクが高くなります。性行為による感染ではHIVだけではなく，HPV，HBVにも注意が必要です。（訳者注）
[D] クラミジアを除くすべてについて，これは泌尿器科で診断されたものだけを含みます。したがって，たとえば一般開業医のような他科で診断されたものは除かれます。

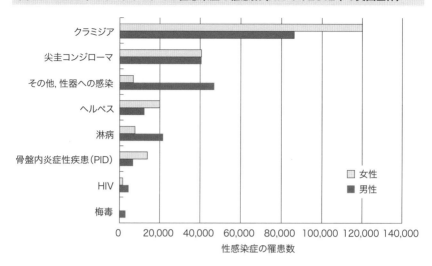

図60　2013年のイングランドでの性感染症の罹患数（HIVのみ2012年の英国全体）

人口中で疾患の感染者が多い集団があるのですが，その診断される件数は厳密にはどれだけ懸命に疾患を検査するかによって大きく左右されます。2013年には，15〜24歳の年齢層で170万件の検査が行われました。この検査は若い女性の約35％，若い男性の15％が対象となった大規模なスクリーニングの素晴らしい例です。当然，このうち139,100人，約1/12が陽性でした。時間の経過とともに傾向も変わり，クラミジアは増加し，尖圭コンジローマは頭打ちになり，ヘルペスはまだ増加していますが，これらの増加のほとんどは検査を受ける人の増加で説明されています。

　HIVは今なお重大な社会不安の対象です。しかし，1987年のエイズの「墓石」広告キャンペーンで，英国の俳優ジョン・ハート John Hurt が陰鬱な声で「AIDSを無視すれば，それはあなたの死を意味するのかもしれない」とナレーションをしました。エイズは，その切迫した恐ろしい予測のいくつかは達成してはいません。当時は他人が口をつけたグラスを使うだけで感染するかもしれないという，とんでもない噂が広がり，人々の間に感染の深刻な恐怖感がありました[2]。1988年に著名な英国人統計学者デイビッド・コックス David Cox 教授が率いる統計家チームは，1992年までにエイズ患者数を1万〜3万人と予測しました。これは限られたデータとその疾患の理解に基づいたものでしたが，彼らは最善のことを考えたうえでの結果でした[3]。それ

第13課　マイナスの側面：性感染症　　261

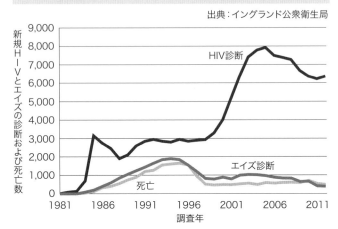

図61　1981〜2012年の英国における新規のHIVとAIDS罹患数と死者数

出典：イングランド公衆衛生局

でも彼らは，少なめの予測はより説得力があったと言っていました。実際に，彼らは適正で，1992年の累計では9,700件をわずかに上回っただけでした。

図61は年間の新規罹患者数を示しています。恐れられた異性間流行は急増することはなく，そして，効果的な治療法が登場しました。それは抗レトロウイルス療法 anti-retroviral therapy（ART）で，初期に診断された人々は，ほぼ通常の寿命を期待することができます。英国では2012年の新規HIVの罹患数は6,360件で，死亡は490件でした[4] E。最近のHIV診断の減少は，アフリカ系黒人男性と女性の報告が少ないことが主な原因ですが，他の異性間感染の診断数も他の国々で感染が少なくなった結果として減少しています。注射による麻薬使用者の新規感染数はかなり少なく6,360人のうち約

E 国立感染症研究所によると日本ではHIVは感染症法に基づき発生報告が義務づけられ，国内HIV感染発生数は厚生労働省エイズ発生動向委員会に報告され，この報告数が新規HIV感染・エイズ報告件数として公開されています。その厚生労働省エイズ発生動向委員会によると2016年でも新規HIV感染者1,011例，新規エイズ患者は437例と報告されており，新規HIV感染者数は2008年の1,126例がピークでした。ところで，2017年の新規HIV感染者のうち日本国籍例は885例で87.5％を占め，大半を占める日本国籍男性HIV感染者報告数は2007年以降横ばいが続いています。一方で外国籍男性は2年連続で増加しておりイギリスと事情が異なるのかもしれません。なお，感染経路は同性間接触が72.7％と最も多いのですが，年齢が上がるにしたがって異性間接触による男性HIV感染数が増える傾向があります。（訳者注）

120 人ですが，MSM 間での感染数は増加しています。

　英国では約 10 万人が HIV に感染していると推定されていますが，その
うち約 1/4 に相当するおよそ 22,000 人はいまだ自分が感染していることを
知りません。これらの約 40％は MSM であり，約 30％はアフリカ系の黒人
男女です。Natsal 調査-3 では，HIV 陽性者は女性 3 人と男性 6 人だけでし
たが，MSM か黒人系の民族的起源をもつか，どちらかでした。この調査が
提供する行動についての情報は，HIV の感染に気づいていない人々の人数
を推定するために用いられる，複雑な統計モデルにとって，まさに必要なも
のです。しかし，それだけではなく，統計モデルには感染する可能性の推定
も必要です。

● 感染する可能性はどのくらいでしょうか？

54人 米国海軍の1,896人のうち，フィリピンで4日間の休暇の
間に淋病に罹患した乗組員数

　10 代の若者の妊娠を予防することに責任のある立場の人々は，ヨーロッ
パの受胎率の研究に基づいた**図 46** で見てきたように，1 回の行為で妊娠す
る可能性が最大で 50％と高く，遊ぶにはかなり危険な確率であっても，そ
の数値を公表することにそれほど熱心ではありません。パートナーから疾患
が感染する可能性についても同様です。その数値が低いと想定されると，安
全でないセックスを促すことになるかもしれません。

　しかし，これらの数字で議論できないもうひとつの理由は，嗜好や行動を
含め彼らがどういった人間かが明らかではないということです。平均値を推
定することさえも難しいのですが，対象者がどのような人物かどうかは言う
までもなく，心の中に何が潜んでいて，将来どのようなリスクを冒すのかに
ついて特定しなければならないからです。どのようにでもなりますが，これ
らは間違いなくあなたの行動の道標にはなりません。

　ヴァギナル・セックスの場合，最近のレビューでは高所得国における男性
から女性への HIV 感染の平均リスクは 0.08％，女性から男性へのリスクは
その半分と言う結果[5] ですが，研究間でかなり結果が異なります。これら

第 13 課　マイナスの側面：性感染症　　**263**

は主に，一方が感染し他方が感染していない「不一致」のカップルを追跡し，感染していなかったパートナーが感染したかどうかを確認することに基づいています。これは，1回の試みで妊娠する可能性を推定することとやや類似していて，同様に複雑です。特に，カップルによってその可能性は相当に異なると思われます。すなわち，何千回の無防備なセックスをした女性のうち，その大部分は感染していませんでしたが，一方，セックスの回数が10回未満だった女性の10%が感染しています[6]。このことから見て，平均的な確率はむしろ人々を惑わせてしまいます。ですから，わずかな人々の経験を表すため，1,250回のうち1回を0.08%と報告するのは誤解を招きかねません。

アナル・セックスの場合には，入れている側から入れられている側へのHIV感染は1回の行為で1.4%と推定されています。しかし，入れられている側から入れている側への感染はやはり低く，割礼している場合は0.11%，割礼していない場合は0.62%です。したがって，アナル・セックスはヴァギナル・セックスの約20倍も危険です。

淋病はHIVよりもはるかに容易に感染します。それは受け入れる側の立場なら，感染する可能性は50%以上と推定されます。男性が女性から感染するリスクは低く，約20%と推定されています。この数値は主にかなり珍しく，再現不可能な研究に基づいています[7]。

1970年代に，西太平洋の米国空母がフィリピンのスービック湾で4日間停泊しました。乗組員はこの「休息とレクリエーション」の間に約8,000人の登録された「ホステス」がいるオロンガポ近くで過ごし，54人が淋病に罹患しました。この数値は，ホステスとセックスしたことを認めた537人の男性（1,896人の乗組員の28%）の10%になります。この537人の乗組員は平均して4回，またこのうち29人しかコンドームを使用していませんでした。たとえば，セックスを1回しかしていないと言った78人の男性のうち，4人が感染していました（5%）。

しかし，感染リスクを推定するためには，感染していたホステスが何人いたのかを知る必要があります。やや古い伝染病法のように，ホステスは2か月ごとに検査を受ける必要があり，艦船の停泊中に地元のバー200軒のうち35軒から来た511人が検査をしており，その511人のうち90人（18%）に淋病がありました。水兵が性交渉した女性とこれらの女性が同じだと仮定すると，かなり単純な統計モデルから，白人男性の場合に1回の「曝露」で

19％の感染の可能性があると推定できます。もちろん，水兵全員が自分の行動について正直であるという大きな前提もあります。すなわち，私は20％という数値は高めだろうと考えます。その後のHIVの恐怖で，このような「自然な実験」は今では起こりそうにありません。

　研究者が人々のパートナーが何人いるかにこだわっているように見える理由は，感染症が狙っているのはセックスをする人々の広範囲なネットワークだからです。あなたがフェイスブックを利用しているなら，すべてのあなたの「友達」と，その「友達の友達」などと，世界中で繋がることを考えてみてください。そして，ソーシャルネットワーク上で，単に「友達」として承認するのではなく，これらの人々が互いにセックスすることを想像してください。ウイルスやバクテリアは人々にあっという間に拡散します。

　あなたは，自分のパートナーの歴史を（怪しげな）「分離のセックス度」というサイトの電卓で，あなたが性的に繋がっている人の数について知ることができるかもしれません。たとえば，35歳の女性なら，同じ年齢の夫とのセックスしかしなかった場合，6世代なら1,078,127人，3世代なら988人という間接的なパートナーの数に驚くかもしれません。たぶんあなたの夫にいくつかの質問をする時間が必要でしょう[F]。これらはほとんど★☆☆☆の統計にしか見えませんが，英国の新聞デイリー・テレグラフは「英国人は280万人の間接的なセックス・パートナーを持っている」という素晴らしい見出しをつけました。

　もちろん，Natsal調査-3に回答した25〜34歳の人々のうち，男性10％，女性8％が，調査前年にコンドームを使用しないまま少なくとも2人以上のセックス・パートナーがいたと回答し，リスクの高いセックスをしています。この種の情報は，感染が人口中でどのように広がっていくのかを明らかにするうえで，非常に重要で不可欠な情報です。

[F] このプログラムは2009年に実施したさまざまな年齢階級においてパートナー数の推定値を提供した6,000人のYouGovの調査に基づきます。想定する「平均的」な人々のネットワークを通して，時間の経過は考慮されずに，これらの数値は掛け合わされていきます。35歳のカップルでは，「世代」ごとに平均10人のパートナーを用いて，$988 ≒ 10×10×10$，$1,078,127 ≒ 10^6$となります。

＊第 13 課では，下記の部分を割愛しました。
　そのため，図 57，図 62，表 5，表 6 は掲載していません。

【原書 p.257 〜 272】
ロンドンにはセックスワーカーは何人いますか？
セックスのために料金を支払った人は何人いますか？
セックスワーカーの市場はどのくらいの規模ですか？
何人の女性がセックスで取引をしていましたか？
どのように売春を制御していますか？
【原書 p.281 〜 286】
何人が自分の意思に反したセックスをしていましたか？
レイプに関する統計をどのように比較しますか？

第14課
男児か女児か
産み分けの精度を上げるには

● 女児より男児のほうが多く生まれるのでしょうか？

21人 イングランドとウェールズで女児20人に対して生まれた男児の数

　農民でも王様でも身分に関係なく夫婦は，常に大きくなったお腹を見て，なんらかの理由から男児か女児の一方を望みます。歴史的には特に世継ぎが欲しい王が男児を希望して，このことは男児が生まれる可能性を高める方法が世の中に多くある理由を説明しています。女性上位あるいは後背位でセックスをしたり，特にバナナをたくさん食べたりすることで，男児が生まれるかを試すことができます。一方，女児を望むならば，排卵前にセックスをしてみたらどうでしょうか。なぜなら，女児が生まれる強くて動きの遅い X 精子は，男児が生まれる弱々しい Y 精子[A] より長く生存できるからです。しかし，論文は概して，男児や女児が生まれる確率がコイン投げと同様，50：50 と結論づけています。それは確かでしょうか。

　2012 年のイングランドとウェールズでは，男児 374,346 人が生まれましたが，女児は 355,328 人だけで，男児 19,018 人が多くなっています[1]。出生の 51.3％が男児であると述べることもでき，それはむしろ偏ったコイン投げのようです。この不均衡を表す別の方法には，一般的に女児 100 人当たりに生まれる男児数として定義される出生時の「性比」があります。それは，2012 年のイングランドとウェールズでは 105.4 です[B]。大まかに 105 くらいになるので，100 人の女児に対して 5 人多く，言い換えれば女子 20 人に男子 1 人が多く生まれています。これは，届出された出生の不均衡を反映しているために「二次的」性比として知られています。「一次的」性比とは受胎時であり，男の胎児は女の胎児よりも虚弱であるため，受胎時の性比はより高くなります[2]。

[A] ヒトは男が XY，女が XX の性染色体を持っています。男の XY 染色体が分裂して，精子は X と Y のどちらか一方を持つことになります。一方で，卵子は女の XX 染色体が分裂して，ともに X を持つことになります。その結果，X 精子は卵子と受精すると XX となり女児が，Y 精子は卵子と受精すると XY となり男児が生まれます。（訳者注）
[B] $100 \times 374,346 / 355,328 = 105.4$

また，男児は誕生後も虚弱で，平均的な男児は毎年，年齢が何歳であれ次年の誕生日前に死亡する確率が同年齢の女児よりも約50％高くなっています。年間死亡率は古くから知られているように，この上乗せされた「死力 force of mortality」（次の瞬間に死亡する確率）は，男性で平均すると4歳年上の女性の年間死亡率に相当し，男性の寿命は女性より平均4年間短くなります。なんと弱い性なのでしょう。

　出生時に男児が多いことは，なんらかの神秘的な介入があるのではと深読みしたくなります。これはまさに初期の研究者が行ったことです。教区での住民登録が1538年に導入され，週間および年間でのロンドンの「死亡率明細」というかたちで，ジェームスI世がイングランドとスコットランド（そしてウェールズ）の最初の王になった直後の1604年まで，継続されました。これらには洗礼も含まれていて，1629年に洗礼を受けた赤ちゃんの性別が追加されていて，これはビッグ・データの最初の実践のひとつと言えるかもしれません。

　最初の分析は，統計家のなかのヒーローであるジョン・グラント John Graunt によって1662年に行われました。彼は，何人が毎年さまざまな理由で死亡したかを示す，巨大でみごとな統計表を作成しました。たとえば1660年に，31人が梅毒で，リンパ節結核で54人，「ペスト」で402人が死亡していました[3]。しかし，彼は，1629〜1661年にロンドンで男性139,782人と女性130,866人が洗礼を受け，全体の性比が107であり，現在の数値から大きく変わらないことも指摘しました。

　ジョン・グラントは女児13人に対して男児14人が生まれたと推定し，13人に1人多いことは一夫多妻を防ぐために必要であると結論づけました。

> 　女性に比べて，より多くの男性が非業の死をとげています。すなわち，戦死し，災難で殺され，海で溺れ，また法の裁きによって死んでいきます。さらに，より多くの男性が植民地に行き，外国を旅行します。また，18歳を超えてもオックスフォードやケンブリッジの大学生だったり，見習い工であったりして，最終的に未婚のままの男性もいます。しかし，この14番目に生まれた男の子は，一夫多妻という制度がなくてもすべての女性に1人ずつ夫を用意することが出来るため，十分に足りることを意味します。

グラントが統計家のヒーローなら，ジョン・アーバスノット John Arbuthnot はスーパーヒーローです。彼は謙虚だが，熟練した男性でした。1705 年にアン女王の医師となったことを除けば，（ガリバー旅行記の著者）ジョナサン・スウィフト，（乞食オペラの劇作家）ジョン・ゲイ，（風刺家）アレキサンダー・ポープを奮起させる友人でもあり，風刺的な活動の一環として，（擬人化された典型的な英国人像である）ジョン・ブルの姿を作り出しました。彼は年齢に対して特有のユーモアの強い感覚を持っていました。1692 年にラテン語で書かれた（オランダの数学者）クリスティアーン・ホイヘンスの偶然の法則を翻訳したとき（おそらく英語で出版された確率についての最初の本を生み出した年），序文に追加したギャンブルの例に，乱交と梅毒の高い割合について言及していました。20 歳の女性が 10 人に 1 人の割合で処女であることが難しいように，それとほぼ同じ賭け率で，同年齢の元気の良い者は淋病にかかっています。

　悲しいことに，彼は自身の著作をすべて破棄してしまったので，彼の主な遺物は 1710 年に出版された短い論文だけです。しかし，どのような論文であったのかは，統計的推測のとても初期の例であり，観察されたデータを基にした仮説についての結論を導くために確率論を用いる基本的かつ重要な考えとして，今では理解されています[4]。

　彼のデータは性比に関係していました。彼はグラントの分析を 1710 年に拡張し，82 年間，毎年女児の出生数より男児の出生数が多く，この間を通して 101 〜 116 と差があるものの，全体的な性比が 107 であることを示しました。彼は，男児である真の可能性が 50：50 であった場合，82 年間にこのように一方の側だけに出生数が多いことが観察されるのはわずかな確率であると主張しています[c]。したがって，彼は男性の死亡率が高いことに対抗するためになんらかの力が働いていると結論づけていて，「賢明な創造主の処置による思慮深い自然な損失を修復するために，女性より男性がほぼ一定の割合で授かる」としています。

　彼の有名な論文は，超自然的な介入の存在について直接的な統計的エビデ

---

[c] 確率は $1/2^{82}$ で，小数点の後に 24 個のゼロが付くほどの小さな数値です。アーバスノットのデータは経時データの解析方法に従うもので，おそらく数え間違いがあり，英国国教会に限定されていたでしょう。

ンスとして，データを用いています。タイトルは「両性の出生について観察された一定の規則性のもとでの神の摂理の議論」でした[5]。

● **女児より男児の数が実際に多かったのはいつでしょうか？**

106.5 イングランドとウェールズで報告された1838年以降の性比のうち最大であった1944年の値

　私たちが神の摂理を信じるかどうかにかかわらず，一貫して男性のほうが多く生まれていることは認めざるを得ませんが，その比率は一定ではありません。図63は，1838年から現代までのイングランドとウェールズにおける性比を示しています。私はこの動きをこれまで見たことがありませんでしたが，私が考えられる最も驚くべきグラフのひとつです[6]。これらは単なるランダムな変動ではありません。なぜなら，なんらかの理由で，過去200年間に性比が体系的に変化していたからです。また，そのパターンには非常に興味深い特徴があります。

　まず，ビクトリア時代を通じて性比は着実に低下し，1900年頃に最低に

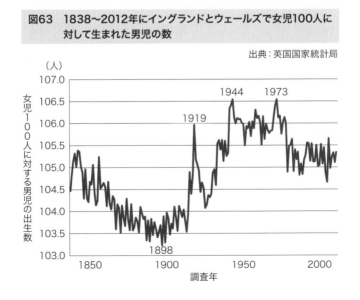

図63　1838〜2012年にイングランドとウェールズで女児100人に対して生まれた男児の数

出典：英国国家統計局

第14課　男児か女児か　271

達していることに気付きます。当然ながら，これについてはそのうちに推測的な説明を思いつきます。その後，性比は上昇し，1950 ～ 1970 年にある一定の状態に達しますが，1980 年頃以降は現在の水準まで再び低下していきます。ただ，これらの大まかな傾向中，いくつかの顕著な動きがみられます。

重要なことは，劇的なピークがいくつかあることです。第一次世界大戦中・直後（1914 ～ 18）から，1919 年に 106 と急激に上昇し，同様に第二次世界大戦中・直後（1939 ～ 45）にもピークがあり，1944 年には残存する記録中で最大値の 106.5 になりました。その後 1973 年にピークを迎えます[D]。

いったい何が起きていたのでしょうか。なぜ戦争の終わりに男児が多く生まれているのでしょうか。なんらかの神秘的な力によって，戦時下で死亡した男性たちを来るべき次の機会に備えて即座に新しい男児で置き換えようというのでしょうか。ドイツ，オーストリア，ベルギー，ブルガリア，フランス，英国，ハンガリー，イタリア，ルーマニア，南アフリカといった，戦争に参加したすべての国々において，1919 ～ 20 年に性比のピークがみられ，この奇妙な現象について広範な研究が行われてきました[7]。米国では，第二次世界大戦中・直後に最高の性比が認められ，1946 年に 105.9 を記録しています[8]。このような不思議な現象について，さまざまな（超自然的ではない）説明が示されてきました。

● 戦争の終わりにはどうして男児が多く生まれるのでしょうか？

56% 若者として「魅力的」と評価された両親から生まれた女児の割合（★☆☆☆）

他のヨーロッパ諸国でも性比は 105 ～ 107 であり[9]，平均的に男児が生まれるという強い傾向において変わりがありません。しかし，何が性比を 106

[D] 日本の戦後ベビーブームは第 1 次 1947 ～ 1949 年，第 2 次が 1971 ～ 1974 年と言われています。ところが，第 1 次ベビーブームの出生数は 2,678,792 人，2,681,624 人，2,696,638 人と過去最高なのですが，性比は 105.8, 105.8, 104.8 と英国ほど高くありません。第 2 次ベビーブームの性比は 106.7, 106.5, 106.2, 106.4 と推移しますが，性比が高かったのはむしろその前の 1968 ～ 1970 年の 3 年間で 107 を上回っていました。（訳者注）

前後で変動させるのでしょうか。

　考えられるほとんどすべての理由が，性比となんらかの関係があることが判明しています。たとえば，人種（中国人で高く，黒人で低い），母親と父親の年齢（若いほうが男児が多い），出生順序（早く生まれる子どもに男児が多い），戦争（前述のように男児が多くなる），利き手（右利きの親に男児が多い），生殖率（セックス回数が多いと男児が多くなる），化学物質への暴露，等々 10) E。

　1995 年の日本での阪神淡路大震災 F や 1960 年代の東ドイツ経済の崩壊などに続いて生じたような，親のストレスの増大は，女児の増加と関連していました。ここで生じる疑問は，この現象は男児を受胎することが少なくなるのかどうか，あるいは胎児の段階での男児の死亡が通常より増えるのかどうか，ということです。2001 年 9 月 11 日のテロによる世界貿易センタービルの破壊は，その後のニューヨークにおいて数か月間の出生性比を求めて研究

E 日本では 1906 年と 1966 年に出生数が減り，さらに性比にピークがあることが知られています。内閣府の少子化対策の取り組みを紹介するサイトでも人口ピラミッドで 1966 年に凹があることは顕著で，「丙午　ひのうえま」であることが明記されています。総務省統計局が公表している日本の出生数に関するデータでは，1905 年の出生数が男子 735,948 人，女子 716,822 人で，性比が 102.7 でした。1906 年には男子 726,155 人，女子 668,140 人で，男子は微減でも女子が前年比で 7％近くも減ったために性比が 108.7 と上昇しています。それが 1907 年になると，男子 818,114 人，女子 796,358 人と性比は再び 102.7 に戻ります。興味深いのはさらにその 2 年前後です。1904 年の性比は 105.1 と 1905 年の 102.7 より高く，1908 年の性比も 104.6 と 1907 年の 102.7 より高いのです。60 年後の 1965 年の出生数は男子 935,366 人，女子 888,331 人で，性比が 105.3 でした。それが 1966 年の出生数は男子 705,463 人，655,511 人と全体で前年比 25％以上も減少し，男子よりも女子の減少が大きかったため，性比は 107.6 と上昇します。さらに 1967 年の出生は男子 992,778，女子 942,869 人と回復し，性比も 105.3 に戻っています。ここでもさらに 2 年前後を見ると 1964 年が 105.9 と 1965 年の性比 105.3 より高く，1968 年も 107.1 と 1967 年の 105.3 より高くなっています。

　1906 年と 1966 年に確かに出生数は減っているようです。それだけで 1905 年，1907 年，1965 年，1967 年の性比がやや低いことの説明は出来るのでしょうか？　これらの年の 1 月に生まれた女子はその前年の 12 月に出生したと届け出て，12 月に生まれた女子が翌年の 1 月に出生したと届け出ていたのであれば，見かけ上は丙午の年の性比をより高くし，その反動で丙午の年の前後の性比が低くなっていたとしても納得できます。今の若い世代には，「丙午に生まれた女性は気性が荒い」という迷信を恐れただけで，50 年ほど前の日本でこのようなことが起きたことが信じられないかもしれませんが，その親の世代は戦前生まれで自分たちの娘が 1966 年に生まれたことが戸籍に残ることで，就職や結婚など，その後の差別や偏見に対して不安を持った可能性があります。次の丙午は 2026 年です。(訳者注)

する機会となりました。テロから4か月後の2002年1月に性比は100にまで落ち込み，以降9〜11か月後には変化は見られませんでした[11]。

　この結果は，妊娠中のストレスが女よりも男の胎児の流産に繋がる可能性を示唆しています。同じ研究者は，カリフォルニア州の胎児死亡の性比を直接調べて，失業率が高いときほど男の胎児死亡が比較的多いことを発見しました。研究者らは，カリフォルニアにおいて男370人の胎児死亡は，1989〜2001年の景気後退に寄与した可能性があると推定しましたが，この推定には不確実なことが多数あったに違いありません[12]。

　これらの関連の多くは，研究によって結論が矛盾していて，効果は小さくてかつ疑わしいものです。いくつかの主張されている効果は大きいものですが，さらに疑問があります。たとえば，古典的な考えは美しい親に女児がより多く生まれる傾向があるということです。これは，「トリヴァース‐ウィラード仮説 Trivers-Willard hypothesis」のエビデンスとして使用されています。それは進化により，哺乳類は親の状況によって最も好まれる性別になるように調整するという理論です。たとえば，高位のサルは低位のサルよりオスを多く産む可能性があるというものです。それで，暴力的な男性には息子がより多く[13]，エンジニアに息子がより多く，看護師は娘がより多い[14]とされてきました。さもなければ，美しい親たちには女児がいるはずで，生まれた女児たちも美しく，人生で成功するでしょう[15]。この理屈によると，あなたが醜い場合，男児なら外見が将来にそれほど大きく影響しないので，男児を持つほうが良いでしょう。納得できますか。もちろん，私も納得できません。

　しかし一見すると，魅力的な人々に娘がより多いことについて，かなり強いエビデンスがあるようです。ある研究では，若者を対象にした米国の調査への参加者に注目しました。参加者は，最初の面接で「身体的魅力」が5点満点でした（それはその時点で良い考えだったはずです）[G]。15年後には約

[F] 直近では，2011年3月11日の東日本大震災による影響の評価も，統計学を専門とする疫学者が加わった山梨大学と藤田保健衛生大学の研究チームによって，人口動態統計に基づいて厚生労働科学研究として実施されました。その成果は2015年12月発行の日本疫学会の英文誌にオンライン掲載されています。その結果，深刻な影響を受けた地域（岩手，宮城，福島）では妊娠4〜11週に分類された妊婦で出生性比が2010年群（108.8）から2011年群（99.2）と有意に減少していることが認められました（$P = 0.009$）。
Suzuki K, Yamagata Z, Kawado M, Hashimoto S. Effects of the Great East Japan Earthquake on Secondary Sex Ratio and Perinatal Outcomes. J Epidemiol. 2016；26(2)：76-83　（訳者注）

3,000人が子どもを持つようになっていて，若者として「非常に魅力的」と評価されてきた人のうち，第1子の44％だけが男児でした。それに対して，不器量な人々は標準的な52％でした。

これは明らかにとても強力な結果であり，とりわけ論文の要旨とそれに続く記述が非常に魅力的な個人が「息子を持つ可能性は26％低くなる」[H]と誤った主張をしたため，多くのメディアの目を惹くことになりました。しかし，コロンビア大学の統計学者でブロガーのアンドリュー・ゲルマン Andrew Gelman は，この分析のいくつかの奇妙な特徴を指摘しました[16]。5つのカテゴリすべてで男子の割合を見ると，第1子は次のようになります。

▶ 若者として「非常に魅力的でない」と評価された両親の場合：男児が50％
▶「魅力的でない」と評価された両親の場合：男児56％
▶「平均的」と評価された両親の場合：男児50％
▶「魅力的」と評価された両親の場合：男児53％
▶「非常に魅力的」と評価された両親の場合：男児44％

以上のように，外見が良くなるにしたがって男児の割合が減少するなどということはありませんでした。「非常に魅力的」なカテゴリだけが減少の兆候を示しました。ゲルマンは，これは都合の良い「ストーリー」展開に沿った結果が選択的に報告されたことを示唆しているだけでなく，44％という数値が性比79に相当して，これは性比としてありえないくらいの極端な数値であると主張しています。

しかし，これは戦時中・戦後に男児が多く生まれたことを説明するのに役立つのでしょうか。トリヴァース - ウィラード仮説を信じるならば，進化によって男性が不足している社会をより良くしようと，多数の男児を女性が産

[G] フランシス・ゴルトンが英国美女マップで試みたように魅力を測ることは困難です。ミリ・ヘレン (milli-Helen) という1隻の船を動かすために必要な美しさの量としての単位（伝統的なユーモラスな単位で，ギリシア叙事詩イリアスのトロイのヘレネーの故事に基づく）が提唱されています。
[H] 男児が生まれる「オッズ」について実際に26％低下することは，52/48 が 44/56 になるという意味です。だから，そのデータは，性比の明らかな26％の低下と解釈できるでしょう。

むことが可能になったと主張することができるかもしれません。この話には神を持ち込む必要はありません。ダーウィンだけで良いのです。しかし，早く結婚して直ちに妊娠した若い親に生まれた男児たちはどうでしょうか。

● なぜセックス回数が多いと男児が多く生まれるのでしょうか？

1898年 英国の性行動が最も底を打った年

これらの多くの発見とともに最も首尾一貫した説明は，ユニヴァーシティ・カレッジ・ロンドンのウィリアム・ジェームス William James 教授のものです。彼はこれまで約 40 年間，胎児の性別は受胎時の両親のホルモンレベルにより影響を受けると述べていて，受胎が早いか遅いかによって男児が多くなる傾向が高いサイクルや，排卵前後の受胎から生じる女児が多くなるなど，特に性比は月経周期でさまざまです [17]。

ジェームスは，この考え方を間接的ではあるものの強力に支持するエビデンスとして「生殖率 coital rate」の増加を挙げています。すなわち，より濃密な性行動が，若いカップルに男児が多く授かることに多少結び付いているというのです。しかし，なぜセックスが増えると男児が増えるのでしょうか。第 9 課で見てきたように受胎可能なピークは排卵日の約 2 日前でしたが，カップルが頻繁にセックスをしていた場合，女性はすでにその時までに受精が起こり得る可能性が高い状態になっているので，このピーク前のセックスで妊娠する可能性は高いのです。特に大戦中や直後には，月経周期にかかわらず短期の休暇にセックスをすることになり，あるいは復員後のパートナーとの再会の喜びから濃密な時間を過ごした可能性があります。これにより月経周期の早い時期に妊娠が起こりやすくなり，ジェームスによれば，男児になる可能性が高くなります[1]。

排卵に関連して受精日を知る必要があるため，直接的なエビデンスを得る

---

[1] ジェームスとバレンタインによるシンプルな統計モデルでは，3 日間休んだ後に毎日セックスすると，性比は平均約 112.5 になると推定されています [18]。

のは困難です。そして，いつ妊娠したのかをほぼ正確に知っているという何千人もの女性はどこで探せるのでしょうか。1つの答えがエルサレムの研究者，スーザン・ハーラップ Susan Harlap にありました。彼女は正統派のユダヤ人女性のニッダー（niddah：生理中の女性の地位に関する決まり事）の伝統がユニークな機会を提供していることに気付きました[19]。この戒律では，旧約聖書のレビ記15章19節に従い，月経終了後少なくとも1週間はセックスすることを禁忌としています。「もし女性に流出があって，彼女の身の流出が血であるならば，7日間離れていなければならない。」7日後女性は沐浴で清め（mikve），その後セックスを再開することができます。

ハーラップはこの伝統に従う女性の3,658件の出生を調べ，その回答から排卵に関連した受胎日を推定しました。彼女は，排卵前に受胎した赤ちゃんのうち53％が男性で，排卵日以降に受胎した赤ちゃんのうち50％が男児であり，排卵後2日では65％が男児であることを発見しました。このパターンは，異なる年齢と人種の背景を持つ女性でも同様でした。これは受胎日が推測できたとしても誤差を含むため，完璧な研究とは言えませんでした。しかし，彼女は排卵日との真の関係はさらに説得力があるに違いないと主張しました。

この考えを真剣に考えると，反対のことが起きるでしょう。もしセックスが少なくなると，月の最も妊娠が起こりやすい時期に受胎が生じ，女児が増えて性比が低下します。そして今，第8課で見たビクトリア朝の受胎率の不思議な低下に戻ると，避妊をしないにもかかわらず，それほど多くの赤ちゃんが生まれることをどのように防いだか，この現象が起きたことをサイモン・シュレッター Simon Szreter のような歴史家が「禁欲の文化」を発展させて，どのように議論してきたか，つまり，その当時の英国人がセックスをそれほど多くしなかったことの影響を見てみましょう。ジェームスの仮説を信じるか，なんらかの方法で「生殖率」によって性比が影響を受けることを受容するだけであれば，時間経過とともに性比の推移を示すグラフは実際に行われたセックスの頻度の代替指標として考えられることは明らかでしょう。

図63とビクトリア時代には何が起きたのか，もう一度振り返ってみましょう。着実に低下している性比は，★★★★のデータに基づいて「禁欲」という思想，すなわち単純にセックスが払底していた状態について，追加的な統計的な手助けができるかもしれません。英国での性行動が歴史的に底を

第14課 男児か女児か | 277

打ったのは 1898 年頃と推定できます。そして，セックスの頻度のピークは，戦争終結とともに帰還兵が戻った時期と結婚年齢が最低になり 10 代の妊娠が急増した 1973 年に迎えています。これは，若者において明らかに性行動の頻繁さが上がった時期でした。激情の密通は男児を増やします。これで納得していただけますか⌟。

● なぜ男子が多い国があるのでしょうか？

118人 中国で女児100人に対して生まれる男児の数

　国際的なデータは，国ごとと時間経過に伴う変化を示唆していますが，何かの事象の自然経過では，長期間にわたる出生性比が 103 〜 108 の範囲外であることは特別なことかもしれません。しかし，事象が必ずしも自然なものではなく，子どもを持つにあたり性別の好みが強い場合，血液検査や超音波検査によって胎児の性別を探知し，望まない場合（通常は女児を意味します）には中絶することもありうるかもしれません。こうした取り組みは違法ですが，1992 年の韓国では出生性比が 114 にもなり，第 3 子および第 4 子の出生では約 200 に上昇しました。これは信じられないほど高い数値で，子どもが 2 人いる家族では一度，女の胎児の半数は中絶していたことを意味します[20]。これらの極端な比率は，政府のキャンペーンや性選別を行っている医師免許を一時停止した後に減少していきましたが，2001 年にインドの州（パンジャブ州，デリー州，グジャラート州）では 114 〜 126 という高率が報告されています。

　中国において，ひとりっ子政策の遵守と息子への強い志向は，一部の地方で性比を 130 にまで上げ，毎年 100 万人以上の男児が女児より多く出生したこと，あるいは同じ意味で 100 万の女児が生まれなかったことが報告されています。ひとりっ子政策は 2013 年に終了し，以降，親のどちらかがひとりっ

⌟ 率直に言えば，アンドリュー・ゲルマンは，これをもっともらしく健康な若い母親の影響であると考えていると，私は付け加えましょう。

子であれば2人の子どもを持つことが許されましたが，2011年も世界一の高さを誇った中国の性比118が改善するかは，依然として注目されています。

英国保健省は最近，かなりデリケートな調査を実施しました。英国で生まれた子どもの性比が，両親の生まれた国に依存しているかどうかを調べたのです。2007〜2011年の約400万人近くの出生に基づくと，全体は105でした。オーストラリア，中国，フィリピンは108を超える比でしたが，英国に移民を送り出した国が160か国もあるという事実を考慮すると，これは偶然起きる範囲内です。なお，中国人とフィリピン人の米国への移住者でも高い性比が報告されていました。他の極端な場合，7か国では性比は103未満でしたが，スリランカだけが性比99.2と驚くほど低くなっていました。そして，これは男児が少ないという傾向にあり，疑念は生じませんでした[21]。しかし，重要な指標は女児の後に生まれた子どもの性別です。家族が本当は少年を望むなら，その段階で選択的に中絶に頼る可能性があります。

● 産み分けの精度を上げることは可能でしょうか？

20,000ドル 産み分けにかかる費用の概算

では，あなたには小さな女の子がいて，さらに男の子もいる完璧な家族を完成させたいとします。またはその逆を考えましょう。あなたは実現する可能性を増やすために何ができるでしょうか。最新の科学技術からバナナを多く食べるといったローテクと呼べるかどうか定かでないものまで，検討してみましょう。

体外受精 *in-vitro* fertilisation（IVF）では，受精卵は移植前に男女の性別を分類することができます。これは着床前の遺伝子診断として知られています。名前が示唆するように，それは遺伝子疾患を持つ夫婦が受精卵を選択することを可能にするために開発されたもので，英国ではこれが唯一の法的用途です。しかし，約2万ドルを持っているなら，米国の性別選択をするクリニックを見つけるべきです。そうすれば，希望通りの性別の子どもの出生がほぼ保証されます。

第14課　男児か女児か　**279**

信頼性の低い方法ですが，IVF または子宮内授精の前に男女の精子の分離を試みることもあります。マイクロソート法という方法では，90％の成功率だそうです。それはまだ連邦食品医薬品局によって承認されていませんが，1 周期に約 2 万ドルという高額な費用で，世界中のさまざまな診療所で提供されています。エリクソン法のほうが安価で，約 600 ドルで成功率は 80％，マイクロソート法と競合します。

　多数のウェブサイトが料金を支払えば排卵に関連した受精のタイミングについてのアドバイスとキットを送ってくれます。シェトルズ法は人気があり，男子が欲しいなら男子の出生を決める軽量の精子 Y は泳ぎが速く，それゆえ卵子に最初にたどり着くという考えをもとに，出来るだけ排卵に近いタイミングでセックスをすることを勧めています。これは私が前述したエビデンスとは正反対のものなので，シェトルズ法が十分に効果がなかったとしても驚くことでもないでしょう。実際にジェームスはこの方法を用いた 3 つの研究で，子どもの性別を決めようとする 131 の試みのうち，望み通りの性別だった赤ちゃんは 57 人で，74 人の赤ちゃんはそうではありませんでした。これは大成功とはいえなかったようです [22]。

　ですから，男子が欲しいと思ってウィリアム・ジェームスの議論を信じるならば，あなたの生殖力が弱い場合には，戦争が起きていると思って月経周期の早い時期に多くのセックスをしてください。妊娠するまでに時間を要するかもしれませんが，男の可能性を（ごくわずかに）高める可能性があります。おそらく，多くのバナナを食べる方法よりは優れていますが，コインの裏表で占うより，いまだにこの予測は難しいのです。

第 **15** 課
結論：性行動の興味深さ

私は伝記と歴史を好んで読みます。それは，本書の内容から明らかだった
かもしれません。なぜなら，これら伝記や歴史の観点は，現在および過去に
おいて，人々の私的な性生活を調べてみようとするプロセスと明らかに似て
いるからです。統計を見直すと，ぼんやりとした風変わりな人間的事象より
むしろ，アリや天体（またはタマバチ）を観察するように，「そこに存在する」
ある活動を参考にしてデータを検討すると，統計は容易に出来ます。

　統計の背後には3つの人間的要素があります。1つ目は研究者です。クレ
リア・モッシャー Clelia Mosher は，母親の世話をしながら，個人的で動態
的なセックスの事例を収集し，それらを論文中に潜ませました。マグヌス・
ヒルシュフェルト Magnus Hirschfeld はベルリンにある自身の研究所には戻
ろうとしませんでした。アルフレッド・キンゼイ Alfred Kinsey は重篤な疾
患にもかかわらず，強迫観念のように自身の仕事を完遂しようとしました。
シェアー・ハイト Shere Hite でさえ，★☆☆☆の統計にもかかわらず，影響
力のある書籍を制作したという業績に対しては大きな敬意を払います。

　その後，アン・ジョンソン Anne Johnson の医学研究と，ケイ・ウェリ
ングス Kaye Wellings の社会科学的アプローチという不自然な結び付きが
Natsal 調査を産み出しました。これはまったくの「健康」という検討事項か
ら必然的に始まったもので，素晴らしい永続的な成果となっています。ただ，
現在では WHO が推進する性の健康に関するより広範な定義へと着実に拡
張しています。

　感謝に値する2番目のグループは，セックスに関する調査のために，生活
上の最も個人的な詳細を提供してくれた参加者たちです。本書にかかわった
調査参加者の合計は数十万人に及ぶに違いありません。参加者たちは誰にも
話さなかったかもしれない性行動について話してくれました。パートナーの
人数を数えることはしばしば難しかったりしても，仕方のないことだと思い
ます。そして，（明らかに本物に見える）嘘発見器に繋がれたり，性体験を
思い出したり，エロティックな映画を観たり，（明らかに使用済みに見える）
コンドームが入った容器に手を入れたりしてくれたボランティアの人々を忘
れないようにしましょう。なかには，ただ研究の単位を取得しようとした心
理学の学生も含まれていたかもしれませんが，彼らでさえ，私たちの感謝に
値するでしょう。

　3番目の，はるかに重要な人間的要素は，何世紀にもわたって自分たちの

セクシャリティに向き合ってこなければならなかった膨大な数の人々です。かれらは，農民でも王族でも，自身と他者との間で欲望と難題を駆け引きしなければならなかった偉大な平等主義者たちです。男性か，女性か，時間がかかったかどうかは私にはわかりませんが，ここ半世紀は別として，当てにならない避妊法は，妊娠の危険性が女性に精神的に大きな負担を与えたであろうということを意味しています。さらに，同性愛行動を望んでいた，あるいは密かに行っていた人々は，より多くのストレスや不安に耐えなければならなかったでしょう。

　Natsal 調査の結果は英国人が，同性愛行動に寛容になり浮気に不寛容になる一方で，より性に対して冒険的になったことを示しました。ただ，この歴史的な傾向を抑圧から啓発活動への必然的な進歩と，単純に見なさないほうがよいでしょう。過去の多くの人々は，セクシャリティを表現することで非常に喜びを感じていたでしょう。その一方で，現在では「生殖」と見なされているセックス観から離れて，セックスの継続的な動向の一部として，実験の新たな機会に興味が持たれていることを統計学は示しています。しかし，ポルノグラフィー，強要，若者の未熟な性行動に由来する新たなプレッシャーも存在します。

　どのように感じ，何をするのかを決定するのは「遺伝子か，それとも環境か」に関して，研究者たちの相反する見解に私たちは何度も直面してきました。セクシャリティが生まれながらの生物学的特性であると信じるならば，過去半世紀ほどの性行動の大きな変化などは，これまで抑制されていた行動の解放と見ることができます。また，新しいセクシャリティが広まりつつある環境によって創り出されたと思うかもしれません。さもなければ，そんなことを話し合う時間は全くの無駄なことだと思うでしょう。

　私の個人的な見解は，性的な感情や性行動は，生物学，社会，機会，そして偶然が不可逆的に複雑に入り混じったものに由来しているということです。だからこそ，そこから生み出されるすべてに心が惹かれるのです。

付　録
Natsalの調査方法

23% Natsal調査-1の質問に回答することに「当惑した」人の割合

　たとえ適切なランダム・サンプルを対象にしている場合でも，参加者に対して回答に煩わされることを説得する必要があります。性的な質問が含まれていなくても，あらゆる調査の回答率は低下しつつあります。Natsal調査では，自身のデータが社会全体の健康に繋がるという利点があることを強調した，対象者への適切な紹介文が必須であることが見出されました。また，Natsal調査は，標準的な謝礼額である£15ではなく2倍の£30（1990年の年間平均は1ポンド＝257.4円，2000年の年間平均は163.3円，2010年の年間平均は135.7円なので，2010年なら約2,000円を約4,000円とすることになります）を支払うといったことも試しましたが，回答率には僅かな差しか出ませんでした。

　Natsal調査-3には，独身者とアジア人に弱点がありました[1]。しかし，重要なのは調査に参加するボランティアが，同様の年齢・性別・人種で参加を拒否した人々と，集団的に異なる性生活を送っているかどうかです。これは統計的に「情報のある欠損データ informative missing data」として知られています。何も言いたくない人がいるという事実は，彼らを説得できていたなら彼らは何を言ってくれたかについて，何かを語ってくれるのでしょうか。私の言っていることがわかりますか。

　しかし，私たちが定義上，何も情報を持っていないときに，回答を拒否する人々の性行動が異なっているかどうかの疑問をどのように解決するのでしょうか。自然なアプローチは，欠損データになった人々のサンプルに戻って，何かを見つけ出すために並外れた多大な努力をすることです。全米エイズ行動調査はまさにこれを実施しました。1990年にランダムに選んだ13,690件の電話番号に連絡をとり，66％の回答率を得ました。この回答率はこの種の調査としてほぼ通常です[2]。この調査は，連絡して拒否された人々と，17回まで連絡しても連絡が取れなかった人々について，さらに調べています。驚いたことに，このフォローアップの調査で33％の回答率を上げました。拒否した人はより保守的で，教会に行く頻度が高く，守秘義務を信用しない傾向があり，リスクの低い行動をとっている，一方，連絡を取りに

286

くかった人々は，家庭で過ごす時間が短く，セックス・パートナーがより多く，リスクの高い性行動をとっていると，推定してもよいかもしれません。

また，他の研究は，拒否する人々は性的に進歩的ではない傾向があり，連絡が困難な人々はリスクが高い行動をとる可能性があるという印象を強めるものでした。したがって，定量的には言えませんが，ある程度，これらの影響は互いに打ち消し合うことになります[3]。

これまでに回答してくれたものの，すべての質問に回答はしてくれなかった人々の特徴を研究するのは容易です。Natsal 調査-1 では，対面インタビューにおいて調査対象者のうち約 25 人中 1 人が調査用紙のデリケートな質問に記入することを拒否しました。これらの拒否した人々は，年齢が高く，理解力に問題があり，パートナー数が少なく，人種的にマイノリティであるという傾向がみられました。たとえば，アジア系の回答者の 25% が調査用紙の質問すべてには記入してくれませんでした[4]。また，インタビューでは，質問者が対象者の「当惑度」を評価しました。パートナーなし，アジア人，未熟練者はより当惑する傾向があり，リスクの低い行動をとる傾向がありました。人々が当惑することを理由して調査への参加を拒否するなら，ここでも調査においてハイリスクな行動が過大評価される可能性のあることが示唆されました。

おそらく男女で異なる反応をするでしょう。経験豊富な男性は，自身の冒険遍歴を嬉々として話すかもしれませんが，それほど回答すべきことのない人々は自覚している経験不足を「認める」ことを嫌がる可能性があります。一方で，女性は逆の反応になり，よりアクティブな人々ほど調査への参加を拒みます。これは，人々が生涯に何人のパートナーをもったかという，きわどい質問において特に顕著になる「社会的望ましさによるバイアス」と言えます。

 同性間性行動に関する回答で，対面でのインタビューより調査用紙への記入で増加した人数の割合

人々の言うことを信じられないならば，これらのデータすべてを収集することは難しくなります。ですから，調査においては信頼できる回答を得る方法を知るために多大な労力が必要です。すなわち，どのような言葉遣いで質

問を文章化するのか，面接者と同様にコンピュータを用いることの影響，そして対面によるインタビューを完全に省き全過程をオンラインで行うかどうかということさえ検討されました[5]。

　それでは，言葉遣いから始めましょう。あなたがインタビューされたとしたら，俗語（たとえば，「ひとりエッチwank」）と正式な言葉（たとえば，「マスターベーション」）のどちらがよいでしょうか。混乱の原因になるなら，専門的になるのは良いことではありません。ケイ・ウェリングスKaye Wellingsは，次のような報告をしています。「私はある男性を覚えています。彼は35歳で，子どもがいます。彼に「ヴァギナル・セックス」の意味することを尋ねたときに，彼は『ああ，いいえ，いや，いいえ，私はそんなことはしませんし，その響きが好きではありません。』と答えました。その言葉は彼にとって非常に奇妙に聞こえたことは確かです[6]。

　キンゼイKinseyは俗語を取り入れましたが，彼のアプローチ全体は回答者との個人的な関係を確立することでした。しかし，Natsal調査のチームは，必要に応じ説明を加える際には正式な用語が望ましいことを見出しました。若者の集団に焦点を当てると，概して「セックスsex」という言葉は容認されましたが，「シャグshag」[A]はされませんでした[7]。これは，面接者は，どのようなことが起きても混乱することなく対処できるように訓練された「プロのストレンジャー」であるほうがよいということを示しています。

　また，質問の順序にも配慮が必要です。キンゼイは自分の調査票の周りに点を打つことを楽しんでいましたが，現代の調査は厳密なコンピュータによるプログラムを通じて実施されます。行動は，態度に関する質問をされる以前に，調査でカバーされています。そうでなければ，調査対象者は以前に述べた意見に合うように回答を合わせるかもしれません。

　1990年のNatsal調査-1では，対面の面談と調査票への記入を含む紙ベースで，調査全体が行われていました。参加者は訓練を受けた面接者に対しても，対面でのデリケートな問題について話すのは抵抗があったかもしれませ

[A] wankやshagなど性的な表現に英語と米語の違いがあるようです。以前に，英国のオフィスで米国人が英国人ばかりのパーティーのアイデアを話し合った時に，"Let's shag!" と言ったら，英国人みなが唖然としたという話を聞いたことがあります。米国人は「踊る」という意味で使ったそうで，米国人には shaggable なんていう言葉は通じないようです。他の英語を母国語とする国ではどうなのでしょうか？（訳者注）

ん。対面で質問する時より個別の質問票に記入する時のほうが，約20％多くの人が同性との性行動を回答しました[8]。2000年のNatsal調査-2では，異性間性行動や同性間性行動，パートナーの人数，セックスへの出費，意思に反したセックスなど，よりデリケートな情報は，紙の調査票から，調査対象者がコンピュータに直接入力する方法に置き換えられました。その後，回答はロックされ，面接者も見られませんでした。2010年のNatsal調査-3では，対面でのインタビューの回答がコンピュータに直接入力されるようになりました。

　ところで，紙の調査票ではなくコンピュータを使用することの効果を，私たちはどうしたら知ることができるのでしょうか。コンピュータが新しい治療法であれば，その効果に関する公正な試験は「ランダム化比較試験」によるものです。患者は新規治療と標準治療にランダムに割り当てられ，偶然の影響を否定するために十分な患者数を組み入れることで，両群の結果の相違を介入による違いだけに基づくと考えることができるでしょう。

　セックスの研究では，ランダム化比較試験と同じ考え方が広く使われてきました。たとえば，1995年の全米青年男性全国調査 US National Survey of Adolescent Males では，約2,000人の被験者が回答の際にコンピュータまたは紙の調査票のどちらかを使用するように，ランダムに割付けられました[9] B。青年期の男性はコンピュータのほうでよりデリケートな行動を回答しました。売春婦とのセックス経験について，コンピュータでは2.5％，紙の調査票では0.7％が報告しました。男性間のセックス経験の回答は，コンピュータと紙の調査票で5.5％ vs.1.5％でした。

　他の多くの研究でも，紙の調査票に記入するよりもコンピュータを用いた時に，よりデリケートな性行動を認める傾向があることが示されました。それでも，Natsal調査チームは，Natsal調査-2を準備する際に829世帯でコンピュータと紙の調査票を比較しました。すると，矛盾が少なくなって無回答は少なくなりましたが，回答には何の影響も見出せませんでした[10]。

　調査全体をインターネットで実施するほうがかなり安価で容易ですが，オンライン・パネルは信頼性の低い結果をもたらす可能性があります。英国の疫学者でNatsal調査の主任研究者を務めたアン・ジョンソン Anne Johnson は，

B コンピュータは音声で質問する際にも使用されました。その際，被験者はコンピュータ（n = 1,361）あるいは紙（n = 368）のいずれかに4：1の比でランダム化されました。

最も問題なのは，ウェブ・パネルに参加している人々に調査の重要性と価値が伝えられないことだという印象をもっています。

　今後も慎重さが求められる私事へのアプローチをすべてコンピュータに置き換えることは困難でしょう。ただ，費用に関する制約が将来の変化を決定づけるかもしれません。

参考資料

【はじめに】 クリントン大統領は不倫をしていましたか？

1) Sanders, S. A., and Reinisch, J. M. 'Would you say you "had sex" if…?' Journal of the American Medical Association, 281(3), 20 January 1999：275-7.
2) Hite, S. The Hite Report：On Female Sexuality. Pandora, 1976.
3) Hite, S. The Hite Report on Male Sexuality. Ballantine Books, 1982.
4) Hite, S. The Hite Report：Women and Love：A Cultural Revolution in Progress. Knopf, 1987.
5) Streitfeld, D. Shere Hite and the Trouble with Numbers. Available from：http://davidstreitfeld.com/archive/controversies/hite01.html ［accessed 8 September 2014］.
6) Larkin P. 'Annus Mirabilis'. Available from：http://allpoetry.com/Annus-Mirabilis ［accessed 4 September 2014］.
7) Szreter, S., Fisher, K. Sex before the Sexual Revolution：Intimate Life in England, 1918-1963. Cambridge University Press, 2010.
8) Smith, R. The firing of Brother George. British Medical Journal, 318(7178), 23 January 1999：210.

【第1課】 セックスの回数

1) Mercer, C. H., Tanton, C., Prah, P., Erens, B., Sonnenberg, P., Clifton, S., et al. Changes in sexual attitudes and lifestyles in Britain through the life course and over time：Findings from the National Surveys of Sexual Attitudes and Lifestyles (Natsal). Lancet, 382(9907), 30 November 2013：1781-94.
2) Field, N., Mercer, C. H., Sonnenberg, P., Tanton, C., Clifton, S., Mitchell, K. R., et al. Associations between health and sexual lifestyles in Britain：Findings from the third National Survey of Sexual Attitudes and Lifestyles (Natsal-3). Lancet, 382(9907), 30 November 2013：1830-44.
3) Mercer, C. Let's talk about (real) sex. TedX talk. Available from：http://tedxtalks.ted.com/video/Lets-talk-about-real-sex-Dr-Cat ［accessed 12 October 2014］.
4) Overy, C., Reynolds, L. A., Tansey, E. M. History of the National Survey of Sexual Attitudes and Lifestyles：The Transcript of a Witness Seminar Held by the Wellcome Trust Centre for the History of Medicine at UCL, London, on 14 December 2009. Queen Mary, University of London, 2011.
5) Wellings, K., Field, J., Wadsworth, J., Johnson, A. M., Anderson, R. M., Bradshaw, S. Sexual lifestyles under scrutiny. Nature, 348(6299), 1990：276-8.
6) Overy, Reynolds and Tansey. History of the National Survey of Sexual Attitudes and Lifestyles.
7) Wadsworth, J., Field, J., Johnson, A. M., Bradshaw, S., Wellings, K. Methodology of the National Survey of Sexual Attitudes and Lifestyles. Journal of the Royal Statistical Society, series A, 156(3), 1993：07.
8) Everitt, B. S. History of Surveys of Sexual Behavior：Encyclopedia of Statistics in Behavioral Science. John Wiley & Sons, 2005, pp. 878-87. Available from：http://onlinelibrary.wiley.com/doi/10.1002/0470013192.bsa284/abstract ［accessed 12 October 2014］.
9) Fenton, K. A., Johnson, A. M., McManus, S., Erens, B. Measuring sexual behaviour：Methodological challenges in survey research. Sexually Transmitted Infections, 77(2), 1 April 2001：84-92.

10) Davis, K. Factors in the Sex Life of Twenty-Two Hundred Women. Harper and Brothers, 1929.
11) Kinsey, A. C., Pomeroy, W. B., Martin, C. E. Sexual Behavior in the Human Male. Indiana University Press, 1948.
12) Time Out. London Sex Survey 2013. Available from：http://www.timeout.com/london/sex-and-dating/sex-survey-2013-how-much-sex-is-everyone-having-anyway ［accessed 3 September 2014］.
13) Trojan U. S. SEX CENSUS Finds Sexual Diversity and Satisfaction on Rise. Available from：http://www.trojancondoms.com/ArticleDetails.aspx?ArticleId=25 ［accessed 13 October 2014］.
14) Erens, B., Burkill, S., Copas, A., Couper, M., Conrad, F. How well do volunteer web panel surveys measure sensitive behaviours in the general population, and can they be improved? A comparison with the third British National Survey of Sexual Attitudes and Lifestyles(Natsal-3). Lancet, 382(9907), 30 November 2013：S34.
15) Wellings, K., Jones, K. G., Mercer, C. H., Tanton, C., Clifton, S., Datta, J., et al. The prevalence of unplanned pregnancy and associated factors in Britain：Findings from the third National Survey of Sexual Attitudes and Lifestyles(Natsal-3). Lancet, 382(9907), 30 November 2013：1807-16.

【第2課】セックスパートナーの人数
1) Mercer, C. H., Tanton, C., Prah, P., Erens, B., Sonnenberg, P., Clifton, S., et al. Changes in sexual attitudes and lifestyles in Britain through the life course and over time：Findings from the National Surveys of Sexual Attitudes and Lifestyles(Natsal). Lancet, 382(9907), 30 November 2013：1781-94.
2) Robinson, C., Nardone, A., Mercer, C., Johnson, A. M. 'Sexual health', Chapter 6 of Health Survey for England 2010. Available from：http://www.hscic.gov.uk/catalogue/PUB03023/heal-surv-eng-2010-resp-heal-ch6-sex.pdf ［accessed 18 September 2014］.
3) Wadsworth, J., Johnson, A. M., Wellings, K., Field, J. What's in a mean? An examination of the inconsistency between men and women in reporting sexual partnerships. Journal of the Royal Statistical Society, series A, 159(1), 1996：111.
4) Brewer, D. D., Potterat, J. J., Garrett, S. B., Muth, S. Q., Roberts, J. M., Kasprzyk, D., et al. Prostitution and the sex discrepancy in reported number of sexual partners. Proceedings of the National Academy of Sciences, 97(22), 24 October 2000：12385-8.
5) Wadsworth et al. What's in a mean?
6) Conrad, F. G., Brown, N. R., Cashman, E. R. Strategies for estimating behavioural frequency in survey interviews. Memory, 6(4), 1 July 1998：339-66. Brown, N. R., Sinclair, R. C. Estimating number of lifetime sexual partners：Men and women do it differently. Journal of Sex Research, 36(3), 1 August 1999：292-7.
7) Boniface, S., Shelton, N. How is alcohol consumption affected if we account for underreporting? A hypothetical scenario. European Journal of Public Health, 26 February 2013：1076-81.
8) Baldwin, M. W., Holmes, J. G. Salient private audiences and awareness of the self. Journal of Personal and Social Psychology, 52(6), 1987：1087-98.
9) Alexander, M. G., Fisher, T. D. Truth and consequences：Using the bogus pipeline to ex-

amine sex differences in self-reported sexuality. Journal of Sex Research, 40(1), 1 February 2003 : 27-35.

10) Wrigley, E. A., Schofield, R. S. The Population History of England 1541-1871. Cambridge University Press, 1989.

11) Johnson, A. M., Mercer, C. H., Erens, B., CoS., Wellings, K., et al. Sexual behaviour in Britain : Partnerships, practices, and HIV risk behaviours. Lancet, 358(9296), 1 December 2001 : 1835-42.

12) Blow, A. J., Hartnett. K. Infidelity in committed relationships, ii : A substantive review. Journal of Marital and Family Therapy, 31(2), 1 April 2005 : 217-33.

13) Hite, S. The Hite Report : Women and Love : A Cultural Revolution in Progress. Knopf, 1987.

14) Wolfe, L. The Cosmo Report. Arbor House, 1981.

15) Wiederman, M. W. Extramarital sex : Prevalence and correlates in a national survey. Journal of Sex Research, 34(2), 1 January 1997 : 167-74.

16) Mark, K. P., Janssen, E., Milhausen, R. R. Infidelity in heterosexual couples : Demographic, interpersonal, and personality-related predictors of extradyadic sex. Archives of Sexual Behaviour, 40(5), 1 October 2011 : 971-82.

17) Higgins, R. and Meredith, P.'Ngā tamariki—Māori childhoods—Māori children's upbringing. Te Ara : The Encyclopedia of New Zealand, updated 23-May-13 Available from : http://www.TeAra.govt.nz/en/nga-tamariki-maori-childhoods/page-2.

18) Bellis, M. A., Hughes, K., Hughes, S., Ashton, J. R. Measuring Paternal Discrepancy and its public health consequences. Journal of Epidemiology and Community Health, 59(9), 1 September 2005 : 749-54.

19) Bellis et al. Measuring Paternal Discrepancy.

20) Wilson, B., Smallwood, S. The proportion of marriages ending in divorce. Population Trends, 13, 2008 : 28.

21) Office for National Statistics. What Percentage of Marriages End in Divorce?

22) Office for National Statistics. What Percentage of Marriages End in Divorce? Available from : http://www.ons.gov.uk/ons/rel/vsob1/divorces-in-england-and-wales/2011/sty-what-percentage-of-marriages-end-in-divorce.html [accessed 5 September 2014].

23) Nemesis, S. Female Divorce Risk Calculator. Just Four Guys. Available from : http://www.justfourguys.com/female-divorce-risk-calculator/ [accessed 21 October 2014] .

24) Wilson, B., Stuchbury, R. Do partnerships last? Comparing marriage and cohabitation using longitudinal census data. Population Trends, 139, Spring 2010. Available from : http://www.ons.gov.uk/ons/rel/population-trends-rd/population-trends/no--139--spring-2010/index.html [accessed 5 September 2014].

25) Office for National Statistics. Divorces in England and Wales, 2012. Available from : http://www.ons.gov.uk/ons/rel/vsob1/divorces-in-england-and-wales/2012/stb-divorces-2012.html [accessed 5 September 2014].

26) Owen, J., Fincham, F. D. Effects of gender and psychosocial factors on'friends with benefits' relationships among young adults. Archives of Sexual Behavior, 40(2), 1 April 2011 : 311-20.

27) Bisson, M. A., Levine, T. R. Negotiating a friends with benefits relationship. Archives of Sexual Behavior, 38(1), 1 February 2009 : 66-73.

【第3課】男女間のセックス

1) Brillinger, D. R. John W. Tukey：His life and professional contributions. Annals of Statistics, 30(6), December 2002：1535-75.

2) Brillinger, John W. Tukey.

3) Kinsey, A. C., Pomeroy, W. B., Martin, C. E. Sexual Behavior in the Human Male. Indiana University Press, 1948.

4) Gebhard, P. H., Johnson, A. B., Kinsey, A. C. The Kinsey Data：Marginal Tabulations of the 1938-1963 Interviews Conducted by the Institute for Sex Research. Indiana University Press, 1979.

5) Kinsey Institute. Data & Codebooks [Research Program]. Available from：http://www. kinseyinstitute.org/research/kidata.html [accessed 4 September 2014].

6) Kinsey Institute. Data & Codebooks.

7) Kinsey Institute. Data & Codebooks.

8) Kinsey et al. Sexual Behavior in the Human Male.

9) Kinsey, A. C. Sexual Behavior in the Human Female. Indiana University Press, 1953.

10) Mercer, C. H., Tanton, C., Peah, P., Erens, B., Sonnenberg, P., Clifton, S., et al. Changes in sexual attitudes and lifestyles in Britain through the life course and over time：Findings from the National Surveys of Sexual Attitudes and Lifestyles(Natsal). Lancet, 382(9907), 30 November 2013：1781-94.

11) Linda, S. T., Schumm, L. P., Laumann, E. O., Levinson, W., O'Muircheartaigh, C. A., Waite, L. J. A study of sexuality and health among older adults in the United States. New England Journal of Medicine, 357(8), 23 August 2007：762-74.

12) Kinsey et al. Sexual Behavior in the Human Male.

13) Kinsey et al. Sexual Behavior in the Human Male.

14) Elliot L. Sex on Campus：The Details Guide to the Real Sex Lives of College Students. Random House, 1997.

15) Kinsey et al. Sexual Behavior in the Human Male.

16) Simon, W., Kraft, D., Kaplan, H. Oral sex：A critical overview. AIDS and Sex：An Integrated Biomedical and Behavioural Approach. Oxford University Press, 1990.

17) Neret, G. Erotica Universalis. Taschen Books, 1994.

18) Van der Velde, T. H. Ideal Marriage, Its Physiology and Technique. 1928. Available from：http：//www. goodreads. com/book/show/1200322. Ideal_Marriage_Its_Physiology_and_Technique [accessed 4 September 2014].

19) Szreter, S., Fisher, K. Sex before the Sexual Revolution：Intimate Life in England, 1918-1963. Cambridge University Press, 2010.

20) Brooks, X. Michael Douglas on Liberace, Cannes, cancer and cunnilingus. The Guardian Online. Available from：http://www.theguardian.com/film/2013/jun/02/michael-douglas-liberace-cancer-cunnilingus?guni=Article:in%20body%20link [accessed 14 October 2014].

21) Owen, D. H., Katz, D. F. A review of the physical and chemical properties of human semen and the formulation of a semen simulant. Journal of Andrology, 26(4), 8 July 2005：459-69.

22) Morrissey, T. E. A complete breakdown of the nutritional content of semen. Jezebel. Available from：http://jezebel.com/a-complete-breakdown-of-the-nutritional-content-of-semen-953356816 [accessed 11 October 2014].

23) McBride, K. R., Fortenberry, J. D. Heterosexual anal sexuality and anal sex behaviors：A

review. Journal of Sex Research, 47(2-3), 24 March 2010 : 123-36.

24) Gebhard et al. The Kinsey Data.

25) Hite, S. The Hite Report.

26) Wolfe, L. The Cosmo Report. Arbor House, 1981.

27) Hunt, M. M. Sexual Behavior in the 70s. Playboy Press, 1974.

28) Michael, R. T., Gagnon, J. H., Laumann, E. O., Kolata, G. Sex in America : A Definitive Survey. Little, Brown & Co., 1994.

29) Mercer et al. Changes in sexual attitudes and lifestyles in Britain.

30) Chandra, A., Copen, C. E., Mosher, W. D. Sexual behavior, sexual attraction, and sexual identity in the United States : Data from the 2006-2010 National Survey of Family Growth. International Handbook on the Demography of Sexuality. Springer, 2013, pp. 45-66.

31) McBride and Fortenberry. Heterosexual anal sexuality.

32) Sandnabba, N. K., Santtila, P., Alison, L., Nordling, N. Demographics, sexual behaviour, family background and abuse experiences of practitioners of sadomasochistic sex : A review of recent research. Sex and Relationship Therapy, 17(1), 1 February 2002 : 39-55.

33) Smith, A. M. A., Rissel, C. E., Richters, J., Grulich, A. E., de Visser, R. O. Sex in Australia : The rationale and methods of the Australian Study of Health and Relationships. Australia and New Zealand Journal of Public Health, 27(2), 2003 : 106-17.

34) Richters, J., de Visser, R. O., Rissel, C. E., Grulich, A. E., Smith, A. M. A. Demographic and psychosocial features of participants in bondage and discipline,'sadomasochism'or dominance and submission(BDSM) : Data from a national survey. Journal of Sexual Medicine, 5(7), 1 July 2008 : 1666-68.

35) Wismeijer, A. A. J., van Assen, M. A. L. M. Psychological characteristics of BDSM practitioners. Journal of Sexual Medicine, 10(8), 1 August 2013 : 1943-52.

36) Hoxton Dungeon Suite. Packages. 2014. Available from : http://www.hoxtondungeonsuite. co.uk/packages/ [accessed 11 October 2014].

37) Millward, J. Down the Rabbit Hole : An Analysis of One Million Sex Toy Sales. Available from : http://jonmillward.com/blog/studies/down-the-rabbit-hole-analysis-1-million-sex-toy-sales/ [accessed 21 October 2014].

38) Huntingdon Health Promotion and HIV Support Team. 69 Ideas to Help You Enjoy Safer Sex. Huntingdonshire Community Health Services, 1989.

39) Glamour magazine. 50 Amazing Sex Facts You Never Knew(Promise). Available from : http://www.glamourmagazine.co.uk/features/relationships/2009/10/02/50-sex-facts-you-never-knew [accessed 4 September 2014].

40) Heiman, J. R., Long, J. S., Smith, S. N., Fisher, W. A., Sand, M. S., Rosen, R. C. Sexual satisfaction and relationship happiness in midlife and older couples in five countries. Archives of Sexual Behavior, 40(4), 1 August 2011 : 741-53.

41) Hunt. Sexual Behavior in the 70s.

42) Cochran, W. G., Mosteller, F., Tukey, J. W. Statistical problems of the Kinsey Report. Journal of the American Statistical Association, 48(264), December 1953 : 673.

43) Kinsey et al. Sexual Behavior in the Human Male.

44) Ericksen, J. A., Steffen, S. A. Kiss and Tell : Surveying Sex in the Twentieth Century. Harvard University Press, 2009.

45) Jones, J. H. Alfred C. Kinsey : A Life. W. W. Norton & Co., 2004.

46) Ericksen, J. A. With enough cases, why do you need statistics? Revisiting Kinsey's methodology. Journal of Sex Research, 35(2), 1 May 1998 : 132-40.

47) Gebhard et al. The Kinsey Data.

【第4課】同性間のセックス

1) Wolff, C. Magnus Hirschfeld : A Portrait of a Pioneer in Sexology. Quartet Books, 1986.

2) Bullough, V. L. Science in the Bedroom : A History of Sex Research. Basic Books, 1994.

3) Isherwood, C. Christopher and His Kind. Random House, 2012.

4) Ford, C. S., Beach, F. A. Patterns of Sexual Behavior. Harper & Row, 1972.

5) Foucault, M. The History of Sexuality : An Introduction. Knopf Doubleday, 2012.

6) Kinsey, A. C., Pomeroy, W. B., Martin, C. E. Sexual Behavior in the Human Male. Indiana University Press, 1948.

7) Kinsey, A. C. Sexual Behavior in the Human Female. Indiana University Press, 1953.

8) Voeller, B. Some uses and abuses of the Kinsey scale. Homosexuality, Heterosexuality : Concepts of Sexual Orientation, 1990 : 35.

9) Voeller, B. Some uses and abuses of the Kinsey scale.

10) Voeller, B. Some uses and abuses of the Kinsey scale.

11) Billy, J. O., Tanfer, K., Grady, W. R., Klepinger, D. H. The sexual behavior of men in the United States. Family Planning Perspectives, 25(2), April 1993 : 52-60.

12) Michacl, R. T., Gagnon, J. II., Laumann, E. O., Kolata. G. Sex in America : A Definitive Survey. Little, Brown & CO. 1994.

13) Mercer, C. H., Tanton, C., Prah, P., Erens, B., Sonnenberg, P., Clifton, S., et al. Changes in sexual attitudes and lifestyles in Britain through the life course and over time : Findings from the National Surveys of Sexual Attitudes and Lifestyles(Natsal). Lancet, 382(9907), 30 November 2013 : 1781-94.

14) Office for National Statistics. Sexual Identity in the UK. Available from : http://www.ons.gov.uk/ons/rel/integrated-household-survey/integrated-household-survey/january-to-december-2012/info-sexual-identity.html [accessed 4 September 2014].

15) Gates, G. J. How Many People are Lesbian, Gay, Bisexual and Transgender? Williams Institute. Available from : http://williamsinstitute.law.ucla.edu/research/census-lgbt-demographics-studies/how-many-people-are-lesbian-gay-bisexual-and-transgender/ [accessed 4 September 2014].

16) Ward, B. W., Dahlhamer, J. M., Galinsky, A. M., Joestl, S. S. Sexual orientation and health among US adults : National Health Interview Survey, 2013. National Health Statistical Reports,(77), 2014 : 1-12.

17) New York Times. How Many Americans Are Lesbian, Gay or Bisexual? Available from : http://well.blogs.nytimes.com/2014/07/21/how-many-americans-are-lesbian-gay-or-bisexual/ [accessed 5 October 2014].

18) Copas, A. J., Wellings, K., Erens, B., Mercer, C. H., McManus, S., Fenton, K. A., et al. The accuracy of reported sensitive sexual behaviour in Britain : Exploring the extent of change, 1990-2000. Sexually Transmitted Infections, 78(1), 1 February 2002 : 26-30.

19) Prah, P., Copas, A. J., Mercer, C. H., Clifton, S., Erens, B., Phelps, A., et al. Consistency in reporting sensitive sexual behaviours in Britain : Change in reporting bias in the second and

third National Surveys of Sexual Attitudes and Lifestyles(Natsal-2 and Natsal-3). Sexually Transmitted Infections, 90(2), March 2014 : 90-93.

20) Wellings, K., Field, J., Johnson, A. M., Wadsworth, J. Sexual Behaviour in Britain : The National Survey of Sexual Attitudes and Lifestyles. Penguin Books, 1994.

21) Mercer et al. Changes in sexual attitudes and lifestyles in Britain through the life course and over time : Findings from the National Surveys of Sexual Attitudes and Lifestyles(Natsal).

22) Chandra, A., Copen, C. E., Mosher, W. D. Sexual behavior, sexual attraction, and sexual identity in the United States : Data from the 2006-2010 National Survey of Family Growth. International Handbook on the Demography of Sexuality. Springer, 2013 : 45-66.

23) Blair, J. A. Probability sample of gay urban males : The use of two-phase adaptive sampling. journal of Sex Research, 36(1), 1 February 1999 : 39-44.

24) Rosenberger, J. G., Reece, M., Schick, V., Herbenick, D., Novak, D. S, Van der Pol, B., et al. Sexual behaviors and situational characteristics of most recent male-partnered sexual event among gay and bisexually identified men in the United States. Journal of Sexual Medicine, 8(11), 1 November 2011 : 3040-50.

25) Bailey, J. V., Farquhar, C., Owen, C., Whittaker, D. Sexual behaviour of lesbians and bisexual women. Sexually Transmitted Infections, 79(2), 1 April 2003 : 147-50.

26) Mercer, C. H., Bailey, J. V., Johnson, A. M., Erens, B., Wellings, K., Fenton, K. A., et al. Women who report having sex with women : British national probability data on prevalence, sexual behaviors, and health outcomes. American Journal of Public Health, 97(6), 1 June 2007 : 1126-33.

27) Maier, T. Can Psychiatrists Really'Cure'Homosexuality? Available from : http://www.scientificamerican.com/article/homosexuality-cure-masters-johnson/ [accessed 18 October 2014].

28) Kallmann, F. J. Twin and sibship study of overt male homosexuality. American Journal of Human Genetics, 4(2), June 1952 : 136-46.

29) Whitam, F. L., Diamond, M., Martin, J. Homosexual orientation in twins : A report on 61 pairs and three triplet sets. Archives of Sexual Behavior, 22(3), 1 June 1993 : 187-206.

30) Wiederman, M. W. Understanding Sexuality Research. Wadsworth, 2001.

31) Bailey, J. M., Dunne, M. P., Martin, N. G. Genetic and environmental influences on sexual orientation and its correlates in an Australian twin sample. Journal of Personal and Social Psychology, 78(3), 2000 : 524-36.

32) Whitam et al. Homosexual orientation in twins. Eckert, E. D., Bouchard, T. J., Bohlen, J., Heston, L. L. Homosexuality in monozygotic twins reared apart. British Journal of Psychiatry, 148(4), 1 April 1986 : 421-5.

33) Hines, M. Gendered development. In : Lerner R. M., Lamb, M. E.(eds). Handbook of Child Development and Developmental Science, 7th edn. John Wiley & Sons, 2015.

34) Reimers, S. The BBC internet study : General methodology. Archives of Sexual Behavior, 36(2), 1 April 2007 : 147-61.

35) Manning, J. T., Fink, B. Digit ratio(2D : 4D), dominance, reproductive success, asymmetry, and sociosexuality in the BBC internet study. American Journal of Human Biology, 20(4), 1 July 2008 : 451-61.

36) Grimbos, T., Dawood, K., Burriss, R. P., Zucker, K. J, Puts, D. A. Sexual orientation and the second to fourth finger length ratio : A meta-analysis in men and women. Behavioural

Neurosciences, 124(2), April 2010：278-87.

37) Coates, J. M., Gurnell, M., Rustichini, A. Second-to-fourth digit ratio predicts success among high-frequency financial traders. Proceedings of the National Academy of Sciences, 106(2), 13 January 2009：623-8.

38) Schwerdtfeger, A., Heims, R., Heer, J. Digit ratio(2D：4D)is associated with traffic violations for male frequent car drivers. Accident Analysis and Prevention, 42(1), January 2010：269-74.

39) Collaer, M. L., Reimers, S., Manning, J. T. Visuospatial performance on an internet line judgment task and potential hormonal markers：Sex, sexual orientation, and 2D：4D. Archives of Sexual Behavior, 36(2), 1 April 2007：177-92.

40) Blanchard, R., Bogaert, A. F. Homosexuality in men and number of older brothers. American Journal of Psychiatry, 153(1), January 1996：27-31.

41) Blanchard, R. Fraternal birth order and the maternal immune hypothesis of male homosexuality. Hormones and Behaviour, 40(2), September 2001：105-14.

42) Lalumière, M. L., Blanchard, R., Zucker, K. J. Sexual orientation and handedness in men and women：A meta-analysis. Psychological Bulletin, 126(4), July 2000：575-92.

43) Blanchard, R., Lippa, R. A. Birth order, sibling sex ratio, handedness, and sexual orientation of male and female participants in a BBC internet research project. Archives of Sexual Behavior, 36(2), 1 April 2007：163-76.

44) Gathorne-Hardy, J. Alfred C. Kinsey：Sex the Measure of All Things. Pimlico, 1999.

【第5課】孤独なセックス

1) Laqueur, T. W. Solitary Sex：A Cultural History of Masturbation. Zone Books, 2003.

2) Pepys, S. Diary. Available from：http://www.pepys.info/ ［accessed 4 September 2014］.

3) Marten, J. Onania, or, The Heinous Sin of Self-Pollution, and All Its Frightfull Consequences in Both Sexes. 1723.

4) Taylor, B. Too much. London Review of Books, 6 May 2004：22-4.

5) Tissot, S. A. D. Onanism：or, A Treatise upon the Disorders Produced by Masturbation：or, The Dangerous Effects of Secret and Excessive Venery, trans. A. Hume. Ecco Print Editions, 1766.

6) Acton, W. The Functions and Disorders of the Reproductive Organs. Lindsay and Blakiston, 1857.

7) Bullough, V. L. Science in the Bedroom：A History of Sex Research. Basic Books, 1994.

8) Ellis, H. Studies in the Psychology of Sex, vol. 1, The Evolution of Modesty；The Phenomena of Sexual Periodicity；Auto-Erotism. Available from：http://www.gutenberg.org/ebooks/13610 ［accessed 5 October 2014］.

9) Hunt, A. The great masturbation panic and the discourses of moral regulation in nineteenth-and early twentieth-century Britain. Journal of the History of Sexuality, 1998：575-615.

10) Brockman, F. S. A study of the moral and religious life of 251 preparatory school students in the United States. The Pedagogical Seminary, 9(3), 1 September 1902：255-73. Ericksen, J. A., Steffen, S. A. Kiss and Tell：Surveying Sex in the Twentieth Century. Harvard University Press, 2009.

11) Laqueur, Solitary Sex.

12) The Quack Doctor. La Vida Vibrator. Available from : http://thequackdoctor.com/index.php/la-vida-vibrator/ [accessed 30 October 2014].

13) Gebhard, P. H., Johnson, A. B., Kinsey, A. C. The Kinsey Data : Marginal Tabulations of the 1938-1963 Interviews Conducted by the Institute for Sex Research. Indiana University Press, 1979.

14) Ellis, Studies in the Psychology of Sex, vol. 1, The Evolution of Modesty.

15) Bullough, Science in the Bedroom.

16) Szreter, S., Fisher, K. Sex before the Sexual Revolution : Intimate Life in England 1918-1963. Cambridge University Press, 2010.

17) Davis, K. Factors in the Sex Life of Twenty-Two Hundred Women. Harper and Brothers, 1929.

18) Jones, J. H. Alfred C. Kinsey : A Life. W. W. Norton & Co., 2004.

19) Kinsey, A. C., Pomeroy, W. B., Martin, C. E. Sexual Behavior in the Human Male. Indiana University Press, 1948.

20) Gebhard, The Kinsey Data.

21) Jones, Alfred C. Kinsey : A Life.

22) Kinsey, A. C. Sexual Behavior in the Human Female. Indiana University Press, 1953.

23) Masters, W. H., Johnson, V. E. Human Sexual Response. Ishi Press International, 2010.

24) Hite, S. The Hite Report : On Female Sexuality. Pandora, 1976.

25) Wolfe, L. The Cosmo Report. Arbor House, 1981.

26) Michael, R. T., Gagnon, J. H., Laumann, E. O., Kolata. G. Sex in America : A Definitive Survey. Little, Brown & Co., 1994.

27) Wellings, K., Field, J., Johnson, A. M., Wadsworth, J. Sexual Behaviour in Britain : The National Survey of Sexual Attitudes and Lifestyles. Penguin Books, 1994.

28) Gerressu, M., Mercer, C. H., Graham, C. A., Wellings, K., Johnson. A. M. Prevalence of masturbation and associated factors in a British national probability survey. Archives of Sexual Behavior, 37(2), 1 April 2008 : 266-78.

29) Mercer, C. H., Tanton, C., Prah, P., Erens, B., Sonnenberg, P., Clifton, S., et al. Changes in sexual attitudes and lifestyles in Britain through the life course and over time : findings from the National Surveys of Sexual Attitudes and Lifestyles(Natsal). Lancet, 382(9907), 30 November 2013 : 1781-94.

30) Gerressu et al. Prevalence of masturbation and associated factors in a British national probability survey.

31) Herbenick, D., Reece, M., Sanders, S., Dodge, B., Ghassemi, A., Fortenberry, J. D. Prevalence and characteristics of vibrator use by women in the United States : Results from a nationally representative study. Journal of Sexual Medicine, 6(7), 1 July 2009 : 1857-66.

32) Millward, J. Down the Rabbit Hole : An Analysis of One Million Sex Toy Sales. Available from : http://jonmillward.com/blog/studies/down-the-rabbit-hole-analysis-1-million-sex-toy-sales/ [accessed 21 October 2014].

33) Mail Online. NHS recommends pupils have an'orgasm a day'to reduce risk of heart attack and stroke. Available from : http://www.dailymail.co.uk/news/article-1199132/NHS-recommends-pupils-orgasm-day-reduce-risk-heart-attack-stroke.html [accessed 4 September 2014].

34) NoFap, Partake in the Ultimate Challenge. NoFap. Available from : http://www.nofap.org/

［accessed 4 September 2014］.
35）Voon, V., Mole, T. B., Banca, P., Porter, L., Morris, L., Mitchell, S., et al. Neural correlates of sexual cue reactivity in individuals with and without compulsive sexual behaviours. PLoS ONE, 9(7), 11 June 2014：e102419.
36）Mail Online. Regular porn users show same brain activity as drug addicts. Available from：http://www.dailymail.co.uk/news/article-2428861/Porn-addicts-brain-activity-alcoholics-drug-addicts.html ［accessed 21 October 2014］.

【第6課】 性行動のはじまり

1）Copas, A. J., Wellings, K., Erens, B., Mercer, C. H., McManus, S., Fenton, K. A., et al. The accuracy of reported sensitive sexual behaviour in Britain：Exploring the extent of change 1990-2000. Sexually Transmitted Infections, 78(1), 1 February 2002：26-30. Prah, P., Copas, A. J., Mercer, C. H., Clifton, S., Erens, B., Phelps, A., et al. Consistency in reporting sensitive sexual behaviours in Britain：change in reporting bias in the second and third National Surveys of Sexual Attitudes and Lifestyles(Natsal-2 and Natsal-3). Sexually Transmitted Infections, 90(2), March 2014：90-93.
2）Hurwitt, M. Michael Schofield obituary. The Guardian, 27 April 2014. Available from：http://www.theguardian.com/law/2014/apr/27/michael-schofield ［accessed 5 September 2014］.
3）Schofield, M., Bynner, J., Lewis, P., Massie, P. The Sexual Behaviour of Young People. Penguin Books, 1976.
4）Channel 4. Highlights from YouGov's'Sex Education'Survey：Sexperience. Available from：http://sexperienceuk.channel4.com/teen-sex-survey ［accessed 5 September 2014］.
5）YouGov. Survey Report：Channel 4 Sex Survey Results. Available from：http://d25d2506sfb94s.cloudfront.net/today_uk_import/YG-Archives-lif-ch4-sexed-090910.pdf ［accessed 5 September 2014］.
6）Upchurch, D. M., Lillard, L. A., Aneshensel, C. S., Li, N. F. Inconsistencies in reporting the occurrence and timing of first intercourse among adolescents. Journal of Sex Research, 239(3), 1　August 2002：197-206.
7）Centers for Disease Control and Prevention. YRBSS：Youth Risk Behavior Surveillance System-Adolescent and School Health. Available from：http://www.cdc.gov/HealthyYouth/yrbs/index.htm ［accessed 5 September 2014］.
8）Centers for Disease Control and Prevention. Youth Risk Behavior Surveillance：United States, 2013. Morbidity and Mortality Weekly Report, vol. 63, no. 4. Available from：http://www.cdc.gov/mmwr/pdf/ss/ss6304.pdf ［accessed 5 September 2014］.
9）Copen, C. E., Chandra, A., Martinez, G. Prevalence and Timing of Oral Sex with Opposite-Sex Partners among Females and Males Aged 15-24 Years：United States, 2007-2010. National Health Statistics Reports, no. 56(8/2012). Available from：http://www.cdc.gov/nchs/data/nhsr/nhsro56.pdf ［accessed 5 September 2014］.
10）Halpern-Felsher, B. L., Cornell, J. L., Kropp, R. Y., Tschann, J. M. Oral versus vaginal sex among adolescents：Perceptions, attitudes, and behavior. Pediatrics, 115(4), 1 April 2005：845-51.
11）Lifeway. True Love Waits. Available from：http://www.lifeway.com/n/Product-Family/True-Love-Waits ［accessed 5 September 2014］.

12) Brückner, H., Bearman, P. After the promise : The STD consequences of adolescent virginity pledges. Journal of Adolescent Health, 36(4), April 2005 : 271-8.

13) Rosenbaum, J. E. Patient Teenagers? A comparison of the sexual behavior of virginity pledgers and matched nonpledgers. Pediatrics, 123(1), 1 January 2009 : e110-20.

14) Culp-Ressler, T. Federal Funds Awarded to Abstinence-Only Education Programs. Available from : http://thinkprogress.org/health/2012/10/10/987411/federal-funds-abstinence-only-programs/ [accessed 5 September 2014].

15) HBSC. Health Behaviour in School-Aged Children. Available from : http://www.hbsc.org/ [accessed 5 September 2014].

16) Wellings, K., Nanchahal, K., Macdowall, W., McManus, S., Erens, B., Mercer, C. H., et al. Sexual behaviour in Britain : Early heterosexual experience. Lancet, 358(9296), 1 December 2001 : 1843-50.

17) Palmer, M. J., Clarke, L., Wellings, K. Is 'sexual competence' at first heterosexual intercourse associated with subsequent sexual health? Abstract. Available from : http : //epc2014.princeton.edu/abstracts/140569 [accessed 5 September 2014].

18) Abma, J. C., Martinez, G., Copen, C. E. Teenagers in the United States : Sexual activity, contraceptive use, and childbearing, National Survey of Family Growth 2006-2008. Vital Health Statistics, 23(30), June 2010 : 1-47. Guttmacher Institute. American Teens' Sexual and Reproductive Health. Available from : http://www.guttmacher.org/pubs/FB-ATSRH.html [accessed 5 September 2014].

19) Sexual behaviour of young people. Editorial. British Medical Journal, 2(5456), 31 July 1965 : 247-9.

20) Martinez, G., Copen, C. E., Abma, J. C. Teenagers in the United States : Sexual activity, contraceptive use, and childbearing, 2006-2010 : National Survey of Family Growth. Vital Health Statistics, 23(31), October 2011 : 1-35.

21) HBSC. Health Behaviour in School-Aged Children.

22) Office for National Statistics. Conceptions in England and Wales, 2012. Available from : http://www.ons.gov.uk/ons/rel/vsob1/conception-statistics--england-and-wales/2012/2012-conceptions-statistical-bulletin.html [accessed 5 September 2014].

23) Office for National Statistics. Conceptions in England and Wales, 2012.

24) Bell, J., Clisby, S., Craig, G., Measor, L., Petrie, S., Stanley, N. Living on the Edge : Sexual Behaviour and Young Parenthood in Rural and Seaside Areas. University of Hull. Available from : https://www.education.gov.uk/publications/eOrderingDownload/RW8.pdf [accessed 2 October 2014].

25) Office for National Statistics. Conceptions in England and Wales, 2012.

26) United Nations Statistics Division. Millennium Indicators : 5.4. Adolescent Birth Rate per 1,000 Women. Available from : http://mdgs.un.org/unsd/mdg/Metadata.aspx?IndicatorId=o&SeriesId=761 [accessed 17 October 2014].

27) Wellings, K., Collumbien, M., Slaymaker, E., Singh, S., Hodges, Z., Patel, D., et al. Sexual behaviour in context : A global perspective. Lancet, 368(9548), 17 November 2006 : 1706-28.

【第7課】性行動への欲求

1) Degler, C. N. What ought to be and what was : Women's sexuality in the nineteenth cen-

301

tury. American Historical Review, 79(5), December 1974 : 1467.

2) Platoni, K. The sex scholar. Stanford Magazine, 2010. Available from : http://alumni.stanford.edu/get/page/magazine/article/?article_id=29954 [accessed 5 September 2014].

3) Mosher C., Hygiene and Physiology of Women : Stanford Digital Repository Available from : http://purl.stanford.edu/sr010vc5273 [accessed 5 September 2014].

4) Mosher, C. D. The Mosher Survey : Sexual Attitudes of 45 Victorian Women. Arno Press, 1980.

5) Acton, W. The Functions and Disorders of the Reproductive Organs. Lindsay and Blakiston, 1857.

6) Cook, H. The Long Sexual Revolution : English Women, Sex, and Contraception 1800-1975. Oxford University Press, 2005.

7) McCance, R., Luff, M., Widdowson, E. Physical and emotional periodicity in women. Journal of Hygiene, 37(04), 1937 : 571-611.

8) Reproduced from McCance, R., Luff, M., & Widdowson, E. Physical and emotional periodicity in women. Epidemiology and Infection, 37(4), 1937 : 571-611 c Cambridge University Press

9) McCance, R. A., Widdowson, E. M. McCance and Widdowson's The Composition of Foods. Royal Society of Chemistry, 2002.

10) Szreter, S. Fertility, Class and Gender in Britain, 1860-1940. Cambridge University Press, 2002.

11) Caruso, S., Agnello, C., Malandrino, C., Lo Presti, L., Cicero, C., Cianci, S. Do hormones influence women's sex? Sexual activity over the menstrual cycle. Journal of Sexual Medicine, 11(1), 1 January 2014 : 211-21.

12) Regan, P. C. Rhythms of desire : The association between menstrual cycle phases and female sexual desire. Canadian Journal of Human Sexuality, 5, 1966 : 145-56.

13) Michael, R. T., Gagnon, J. H., Laumarm, E. O., Kolata, G. Sex in America : A Definitive Survey. Little, Brown & Co., 1994.

14) Fisher, T. D., Moore, Z. T., Pittenger, M.-J. Sex on the brain? An examination of frequency of sexual cognitions as a function of gender, erotophilia, and social desirability. Journal of Sex Research, 49(1), 19 April 2011 : 69-77.

15) Hofmann, W., Vohs, K. D., Baumeister, R. F. What people desire, feel conflicted about, and try to resist in everyday life. Psychological Science, 23(6), 1 June 2012 : 582-8.

16) Spector, I. P., Carey, M. P., Steinberg, L. The Sexual Desire Inventory : development, factor structure, and evidence of reliability. Journal of Sexual and Marital Therapy, 22(3), 1996 : 175-90.

17) Pittman, G. E. Who is Sir Francis Galton?. Available from : http://www.galtoninstitute.org.uk/Newsletters/GINL0006/francis_galton.htm [accessed 5 September 2014].

18) Cooper-White, M. It's Better To Be Average—and 16 Other Surprising Laws of Human Sexual Attraction. Available from : http://www.huffingtonpost.com/2013/09/05/17-facts-about-human-sexual-attraction_n_3817941.html [accessed 5 September 2014].

19) Fletcher, G. J. O., Simpson, J. A., Thomas, G., Giles, L. Ideals in intimate relationships. Journal of Personal and Social Psychology, 76(1), 1999 : 72-89.

20) Singh, D. Adaptive significance of female physical attractiveness : Role of waist-to-hip ratio. Journal of Personal and Social Psychology, 65(2), 1993 : 293-307.

21) Streeter, S. A., McBurney, D. H. Waist—hip ratio and attractiveness：New evidence and a critique of 'a critical test'. Evolution and Human Behaviour, 24(2), March 2003：88-98.

22) Danamo's Marilyn Monroe Pages. Marilyn Monroe—Facts & Info. Available from：http://www.marilynmonroepages.com/facts/ ［accessed 4 October 2014］.

23) Healthy Celeb. Jessica Alba Height Weight Body Statistics. Available from：http://healthy-celeb.com/jessica-alba-height-weight-body-statistics/3143 ［accessed 4 October 2014］.

24) Regan, Rhythms of desire.

25) Domingue, B. W., Fletcher, J., Conley, D., Boardman, J. D. Genetic and educational assortative mating among US adults. Proceedings of the National Academy of Sciences, 111(22), 3 June 2014：7996-8000.

26) Roach, M. Bonk：The Curious Coupling of Sex and Science. Canongate Books, 2008.

27) Plaud, J. J., Gaither, G. A., Hegstad, H. J., Rowan, L., Devitt, M. K. Volunteer bias in human psychophysiological sexual arousal research：To whom do our research results apply? Journal of Sex Research, 36(2), 1 May 1999：171-9.

28) Bloemers, J., Gerritsen, J., Bults, R., Koppeschaar, H., Everaerd, W., Olivier, B., et al. Induction of sexual arousal in women under conditions of institutional and ambulatory laboratory circumstances：a comparative study. Journal of Sexual Medicine, 7(3), March 2010：1160-76.

29) Woodard, T. L., Diamond, M. P. Physiologic measures of sexual function in women：A review. Fertility and Sterility, 92(1), July 2009：19-34.

30) Borg, C., De Jong, P. J. Feelings of disgust and disgust-induced avoidance weaken following induced sexual arousal in women. PLoS ONE, 7(9), 12 September 2012：e44111.

31) England, L. R. Little Kinsey：An outline of sex attitudes in Britain. Public Opinion Quarterly, 13(4), 21 December 1949：587-600.

32) Stanley, L. Sex Surveyed, 1949-1994：From Mass-Observation's 'Little Kinsey' to the National Survey and the Hite Reports. Taylor & Francis, 1995.

33) Pew Research Center's Global Attitudes Project. Global Views on Morality. Available from：http://www.pewglobal.org/2014/04/15/global-morality/ ［accessed 17 October 2014］.

34) Platoni, K. The sex scholar.

【第8課】パートナーの決定：カップルの成立

1) Szreter, S., Fisher, K. Sex before the Sexual Revolution：Intimate Life in England 1918-1963. Cambridge University Press, 2010.

2) Dunnell, K. Family Formation 1976. Her Majesty's Stationery Office, 1979. Available from：http://www.popline.org/node/448624 ［accessed 16 October 2014］.

3) Pew Research Center's Global Attitudes Project. Global Views on Morality. Available from：http://www.pewglobal.org/2014/04/15/global-morality/ ［accessed 17 October 2014］.

4) Wrigley, E. A., Schofield, R. S. The Population History of England 1541-1871. Cambridge University Press, 1989.

5) Wrigley, E. A. English Population History from Family Reconstitution, 1580-1837. Cambridge University Press, 1997.

6) Ruggles, S. The limitations of English family reconstitution：English population history

from family reconstitution 1580-1837. Continuity and Change, 14(1), May 1999：105-30.

7) Wrigley, English Population History from Family Reconstitution.

8) Hair, P. E. Bridal pregnancy in earlier rural England further examined. Population Studies, 24(1), March 1970：59-70.

9) Hitchcock, T. Sex and gender：Redefining sex in eighteenth-century England. History Workshop Journal, 1996(41), 1 January 1996：72-90.

10) Registrar-General. The Registrar-General's Statistical Review of England and Wales for the Years 1938 and 1939. His Majesty's Stationery Office, 1947.

11) Szreter and Fisher, Sex before the Sexual Revolution.

12) Wrigley, English Population History from Family Reconstitution.

13) Office of Population Censuses and Surveys. Birth Statistics：Historical Series 1837-1983. England and Wales. Series FM1, no 13. Her Majesty's Stationery Office, 1983.

14) Wrigley, English Population History from Family Reconstitution.

15) Laslett, P., Oosterveen, K. Long-term trends in bastardy in England. Population Studies, 27(2), 1 July 1973：255-86.

16) Fletcher, J. Moral and educational statistics of England and Wales. Journal of the Statistical Society of London, 12(3), 1 August 1849：189-335.

17) Office for National Statistics. Births in England and Wales, 2012. Available from：http://www.ons.gov.uk/ons/rel/vsob1/birth-summary-tables--england-and-wales/2012/stb-births-in-england-and-wales-2012.html#tab-Live-births-within-marriage-civil-partnership ［accessed 5 September 2014］.

18) OECD Family Database. Births outside Marriage and Teenage Births Jan 2013. Available from：http://www.oecd.org/els/family/SF2_4_Births_outside_marriage_and_teenage_births Jan2013.pdf ［accessed 16 October 2014］.

19) Office for National Statistics. Marriages in England and Wales(Provisional), 2012. Available from：http://www.ons.gov.uk/ons/rel/vsob1/marriages-in-england-and-wales--provisional-2012/stb-marriages-in-england-and-wales--provisional---2011.html ［accessed 5 September 2014］.

20) International Business Times UK. Playboy model Cathy Schmitz, 24, marries Austrian billionaire, 81. Available from：http://www.ibtimes.co.uk/austrian-billionaire-marries-playboy-model-cathy-schmitz-celebrity-couples-huge-age-gaps-1465721 ［accessed 17 September 2014］.

21) Wilson, B., Smallwood, S. Age differences at marriage and divorce. Population Trends, 132, December 2007：17-25.

22) Beaujouan, É., Ní Bhrolcháin, M. Cohabitation and marriage in Britain since the 1970s. Population Trends, 145(1), September 2011：35-59.

23) Wrigley, English Population History from Family Reconstitution.

24) Office for National Statistics. Marriages in England and Wales(Provisional), 2012

25) Office of Population Censuses and Surveys. Birth Statistics：Historical Series 1837-1983. England and Wales. Series FM1, no 13. Her Majesty's Stationery Office, 1983.

26) Office for National Statistics. Births in England and Wales, 2012.

【第9課】子どもを望まないセックス

1) Youssef, H. The history of the condom. Journal of the Royal Society of Medicine, 86(4),

April 1993：226-8.
2) Szreter, S. Fertility, Class and Gender in Britain, 1860-1940. Cambridge University Press, 2002.
3) Alcott, W. A. The Physiology of Marriage. J. P. Jewett & Co., 1856.
4) Cook, H. The Long Sexual Revolution：English Women, Sex, and Contraception 1800-1975. Oxford University Press, 2005.
5) Brown, J. W., Greenwood, M., Wood, F. The fertility of the English middle classes：A statistical study. Eugenics Review, 12(3), October 1920：158-211.
6) Szreter, Fertility, Class and Gender in Britain, 1860-1940.
7) Lewis-Faning, E. Report on an Enquiry into Family Limitation and Its Influence on Human Fertility during the Past Fifty Years. His Majesty's Stationery Office, 1949.
8) Szreter, S., Fisher, K. Sex before the Sexual Revolution：Intimate Life in England 1918-1963. Cambridge University Press, 2010.
9) Szreter, Fertility, Class and Gender in Britain, 1860-1940.
10) Maisel, A. Q. The Hormone Quest. Random House, 1965.
11) Cook, The Long Sexual Revolution.
12) Furedi, A. Social consequences：The public health implications of the 1995'pill scare'. Human Reproduction Update, 5(6), 1 November 1999：621-6.
13) BBC News. U-turn over Pill Scare. 7 April 1999. Available from：http://news.bbc.co.uk/1/hi/health/313848.stm [accessed 18 September 2014].
14) Robinson, C., Nardone, A., Mercer, C., Johnson, A. M. Health Survey for England 2010, Chapter 6, Sexual Health. Available from：http://www.hscic.gov.uk/catalogue/PUB03023/heal-surv-eng-2010-resp-heal-ch6-sex.pdf [accessed 18 September 2014].
15) Eisenberg, D., McNicholas, C., Peipert, J. F. Cost as a barrier to long-acting reversible contraceptive(LARC)use in adolescents. Journal of Adolescent Health, 52(4), supplement, April 2013：S59-63.
16) Trussell, J., Henry, N., Hassan, F., Prezioso, A., Law, A., Filonenko, A. Burden of unintended pregnancy in the United States：Potential savings with increased use of long-acting reversible contraception. Contraception, 87(2), February 2013：154-61.
17) NHS Choices. How Effective Is Contraception? Contraception Guide. Available from：http://www.nhs.uk/Conditions/contraception-guide/Pages/how-effective-contraception.aspx [accessed 5 September 2014].
18) Trussell, J. Contraceptive failure in the United States. Contraception, 83(5), May 2011：397-404.
19) Walsh, T. L., Frezieres, R. G., Peacock, K., Nelson, A. L., Clark, V. A., Bernstein, L., et al. Effectiveness of the male latex condom：Combined results for three popular condom brands used as controls in randomized clinical trials. Contraception, 70(5), November 2004：407-13.
20) Kost, K., Singh, S., Vaughan, B., Trussell, J., Bankole, A. Estimates of contraceptive failure from the 2002 National Survey of Family Growth. Contraception, 77(1), January 2008：10-21.
21) Killick, S. R., Leary, C., Trussell, J., Guthrie, K. A. Sperm content of pre-ejaculatory fluid. Human Fertility, 14(1), March 2011：48-52.
22) Whitby, A. Averages Deceive：Birth Control Is Better than the NYT Credits. Available

from：http://andrewwhitby.com/2014/09/15/averages-deceive-birth-control-is-better-than-the-nyt-credits/［accessed 20 October 2014］.

23）Szreter, S. Fertility, Class and Gender in Britain, 1860-1940.

24）British Medical Association. Report of Committee on Medical Aspects of Abortion. British Medical Association, 1936.

25）Department of Health. Abortion Statistics, England and Wales. Available from：https://www.gov.uk/government/collections/abortion-statistics-for-england-and-wales［accessed 5 September 2014］.

【第10課】子どもを望むセックス

1）National Institute for Health and Care Excellence. Fertility, Introduction, Guidance and Guidelines. Available from：https://www.nice.org.uk/guidance/CG156/chapter/introduction［accessed 5 September 2014］.

2）Twenge, J. M. The Impatient Woman's Guide to Getting Pregnant. Simon and Schuster, 2012. BBC. The 300-Year-Old Odds of Having a Baby. 18 September 2013. Available from：http://www.bbc.co.uk/news/magazine-24128176［accessed 5 September 2014］.

3）Heffner, L. J. Advanced maternal age：How old is too old? New England Journal of Medicine, 351(19), 2004：1927-9.

4）Heffner. Advanced maternal age. Menken, J., Trussell, J., Larsen, U. Age and infertility. Science, 233(4771), 26 September 1986：1389-94.

5）Twenge, J. How long can you wait to have a baby? The Atlantic, August 2013. Available from：http://www.theatlantic.com/magazine/archive/2013/07/how-long-can-you-wait-to-have-a-baby/309374/［accessed 19 September 2014］.

6）Wrigley, E. A. English Population History from Family Reconstitution, 1580-1837. Cambridge University Press, 1997.

7）Colombo, B., Masarotto, G. Daily fecundability. Demographic Research, 6 September 2000. Available from：http://www.demographic-research.org/Volumes/Vol3/5/default.htm［accessed 25 January 2012］.

8）Dunson, D. B., Colombo, B., Baird, D. D. Changes with age in the level and duration of fertility in the menstrual cycle. Human Reproduction, 17(5), 1 May 2002：1399-403.

9）Dunson, D. B., Baird, D. D., Colombo, B. Increased infertility with age in men and women. Obstetrics and Gynecology, 103(1), January 2004：51-6.

10）National Institute for Health and Care Excellence. Fertility, Introduction, Guidance and Guidelines.

11）Oberzaucher, E., Grammer, K. The case of Moulay Ismael：Fact or fancy? PLoS ONE, 9(2), 14 February 2014：e85292.

12）Mosher, W. D., Jones, J., Abma, J. C. Intended and Unintended Births in the United States, 1982-2010. US Department of Health and Human Services, Centers for Disease Control and Prevention, National Center for Health Statistics, 2012.

13）Wellings, K., Jones, K. G., Mercer, C. H., Tanton, C., Clifton, S., Datta, J., et al. The prevalence of unplanned pregnancy and associated factors in Britain：Findings from the third National Survey of Sexual Attitudes and Lifestyles(Natsal-3). Lancet, 382(9907), 30 November 2013：1807-16.

14）Wellings et al., The prevalence of unplanned pregnancy and associated factors in Britain.

15) Office for National Statistics. Births in England and Wales by Characteristics of Birth 2, 2012. Office for National Statistics, 2013. Available from : http://www.ons.gov.uk/ons/rel/vsob1/characteristics-of-birth-2--england-and-wales/2012/sb-characteristics-of-birth-2.html [accessed 5 September 2014].

16) Mail Online. Tis the season to conceive! December most likely time to fall pregnant. Available from : http://www.dailymail.co.uk/femail/article-2522048/Tis-season-conceive-December-common-month-year-pregnant.html [accessed 5 September 2014].

17) Wrigley, E. A., Schofield, R. S. The Population History of England 1541-1871. Cambridge University Press, 1989.

18) Hair, P. E. Bridal pregnancy in earlier rural England further examined. Population Studies, 24(1), March 1970 : 59-70.

19) Wellings, K., Macdowall, W., Catchpole, M., Goodrich, J. Seasonal variations in sexual activity and their implications for sexual health promotion. Journal of the Royal Society of Medicine, 92(2), February 1999 : 60-64.

20) Mail Online. Sandy baby boom begins! New Jersey hospitals report that the number of deliveries are up by 30% nine months after the hurricane. Available from : http://www.dailymail.co.uk/news/article-2376861/Hurricane-Sandy-baby-boom-begins-New-Jersey-hospitals-report-number-deliveries-30-months-later.html [accessed 21 September 2014].

21) CNN. Is the post-Sandy baby boom real? 2013. Available from : http://www.cnn.com/2013/07/24/us/sandy-baby-boom/index.html [accessed 21 September 2014] . Science Daily. Blackout baby boom a myth, Duke professor says. Available from : http://www.sciencedaily.com/releases/2004/05/040512044711.htm [accessed 21 September 2014].

22) BBC. Uganda Blackouts'Fuel Baby Boom'. 12 March 2009. Available from : http://news.bbc.co.uk/1/hi/world/africa/7939534.stm [accessed 5 September 2014].

23) Burlando, A. Power outages, power externalities, and baby booms. Demography, 51(4), August 2014 : 1477-500.

24) Fetzer, T., Pardo, O., Shanghavi, A. An Urban Legend?! Power Rationing, Fertility and its Effects on Mothers. Centre for Economic Performance, 2013, report no. dp1247. Available from : http://ideas.repec.org/p/cep/cepdps/dp1247.html [21 September 2014].

25) Tachibana, C. Obama baby boom turns out to be a bust. Available from : http://www.nbcnews.com/id/32286000/ns/health-behavior/t/obama-baby-boom-turns-out-be-bust/ [accessed 5 September 2014].

26) Montesinos, J., Cortes, J., Arnau, A., Sanchez, J. A., Elmore, M., Macia, N., et al. Barcelona baby boom : Does sporting success affect birth rate? British Medical Journal, 347, 17 December 2013 : f7387-f7387.

27) Crawford, C., Dearden, L., Greaves, E. When You are Born Matters : Evidence for England. Institute of Fiscal Studies Report R80, 2013. Available from : http://www.ifs.Org.uk/comms/r80.pdf [accessed 5 September 2014].

28) Rosenbaum, M. Birth Month Affects Oxbridge Chances. BBC. 2013. Available from : http://www.bbc.co.uk/news/uk-politics-21579484 [accessed 5 September 2014].

29) Crawford et al., When You are Born Matters.

30) Baker, J., Schorer, J., Cobley, S. Relative age effects. Sportwissenschaft, 40(1), 1 March 2010 : 26-30.

【第11課】性行動がもたらすもの

1) World Health Organization. Sexual Health. Available from : http://www.who.int/topics/sexual_health/en/ [accessed 5 November 2014].

2) Kinsey, A. C., Pomeroy, W. B., Martin, C. E. Sexual Behavior in the Human Male. Indiana University Press, 1948.

3) Wylie, K. R., Eardley, I. Penile size and the'small penis syndrome'. BJU International, 99(6), June 2007 : 1449-55.

4) Lever, J., Frederick, D. A., Peplau, L. A. Does size matter? Men's and women's views on penis size across the lifespan. Psychology of Men and Masculinity, 7(3), 2006 : 129-43.

5) Barnhart, K. T., Izquierdo, A., Pretorius, E. S., Shera, D. M., Shabbout, M., Shaunik, A. Baseline dimensions of the human vagina. Human Reproduction, 21(6), June 2006 : 1618-22.

6) Giuliano, F., Patrick, D. L., Porst, H., La Pera, G., Kokoszka, A., Merchant, S., et al. Premature ejaculation : results from a five-country European observational study. European Urology, 53(5), May 2008 : 1048-57.

7) Smith, G. D., Frankel, S., Yarnell, J. Sex and death : are they related? Findings from the Caerphilly cohort study. British Medical Journal, 315(7123), 20 December 1997 : 1641-4.

8) Ebrahim, S., May, M., Shlomo, Y. B., McCarron, P., Frankel, S., Yarnell, J., et al. Sexual intercourse and risk of ischaemic stroke and coronary heart disease : the Caerphilly study. Journal of Epidemiology and Community Health, 56(2), 1 February 2002 : 99-102.

9) Casazza, K., Fontaine, K. R., Astrup, A., Birch, L. L., Brown, A. W., Bohan Brown, M. M., et al. Myths, presumptions, and facts about obesity. New England Journal of Medicine, 368(5), 30 January 2013 : 446-54.

10) Frappier, J., Toupin, I., Levy, J. J., Aubertin-Leheudre, M., Karelis, A. D. Energy expenditure during sexual activity in young healthy couples. PLoS ONE, 8(10), 24 October 2013 : e79342.

11) Dahabreh, I. J., Paulus, J. K. Association of episodic physical and sexual activity with triggering of acute cardiac events : Systematic review and meta-analysis. Journal of the American Medical Association, 305(12), 23 March 2011 : 1225-33.

12) Levine, G. N., Steinke, E. E., Bakaeen, F. G., Bozkurt, B., Cheitlin, M. D., Conti, J. B., et al. Sexual activity and cardiovascular disease : A scientific statement from the American Heart Association. Circulation, 125(8), 28 February 2012 : 1058-72.

13) Gallup, G. G. J., Burch, R. L., Platek, S. M. Does semen have antidepressant properties? Archives of Sexual Behavior, 31(3), 1 June 2002 : 289-93.

14) Peleg, R., Peleg, A. Case report : Sexual intercourse as potential treatment for intractable hiccups. Canadian Family Physician, 46, August 2000 : 1631-2.

15) Herbenick, D., Schick, V., Reece, M., Sanders, S., Fortenberry, J. D. Pubic hair removal among women in the United States : Prevalence, methods, and characteristics. Journal of Sexual Medicine, 7(10), 1 October 2010 : 3322-30.

16) Millward, J. Down the Rabbit Hole : An Analysis of One Million Sex Toy Sales. Available from : http://jonmillward.com/blog/studies/down-the-rabbit-hole-analysis-1-million-sex-toy-sales/ [accessed 21 October 2014].

17) Michael, R. T., Gagnon, J. H., Laumann, E. O., Kolata, G. Sex in America : A Definitive Survey. Little, Brown & Co., 1994.

18) Layte, R., McGee, H., Quail, A., Rundle, K., Cousins, G., Donnelly, C., et al. The Irish Study of Sexual Health and Relationships Main Report. Royal College of Surgeons in Ireland Psychology Reports, 1 October 2006. Available from : http://epubs.rcsi.ie/psychol-rep/35.

19) Ruiz-Muñoz, D., Wellings, K., Castellanos-Torres, E., Álvarez-Dardet, C., Casals-Cases, M., Pérez, G. Sexual health and socioeconomic-related factors in Spain. Annals of Epidemiology, 23(10), October 2013 : 620-28.

20) Laumann, E. O., Paik, A., Glasser, D. B., Kang, J.-H., Wang, T., Levinson, B., et al. A cross-national study of subjective sexual well-being among older women and men : Findings from the Global Study of Sexual Attitudes and Behaviors. Archives of Sexual Behavior, 35(2), 1, April 2006 : 143-59.

21) Mitchell, K. R., Mercer, C. H., Ploubidis, G. B., Jones, K. G., Datta, J., Field, N., et al. Sexual function in Britain : Findings from the third National Survey of Sexual Attitudes and Lifestyles(Natsal-3). Lancet, 382(9907), 30 November 2013 : 1817-29.

22) Hite, S. The Hite Report : On Female Sexuality. Pandora, 1976.

23) Wallen, K., Lloyd, E. A. Female sexual arousal : Genital anatomy and orgasm in intercourse. Hormones and Behaviour, 59(5), May 2011 : 780-92.

24) Michael et al., Sex in America : A Definitive Survey.

25) Lindau, S. T., Schumm, L. P., Laumann, E. O., Levinson, W., O'Muircheartaigh, C. A., Waite, L. J. A study of sexuality and health among older adults in the United States. New England Journal of Medicine, 357(8), 23 August 2007 : 762-74.

26) Lindau et al., A study of sexuality and health among older adults in the United States.

27) Nicolosi, A., Laumann, E. O., Glasser, D. B., Moreira Jr, E. D., Paik, A., Gingell, C. Sexual behavior and sexual dysfunctions after age 40 : The global study of sexual attitudes and behaviors. Urology, 64(5), November 2004 : 991-7.

28) Lewis, R. W., Fugl-Meyer, K. S., Corona, G., Hayes, R. D., Laumann, E. O., Moreira Jr, E. D., et al. ORIGINAL ARTICLES : Definitions/Epidemiology/Risk Factors for Sexual Dysfunction. Journal of Sexual Medicine, 7(4, pt 2), 1 April 2010 : 1598-607.

29) IsHak, W., Tobia, G. DSM-5 changes in diagnostic criteria of sexual dysfunctions. Reproductive System and Sexual Disorders, 2, 2013 : 122.

30) Anon. The hand of fate : Mr. A. Wilson's death on eve of thyroid lecture. The Register(Adelaide), 5 July 1921 : 8.

31) Department of Health. NHS availability of erectile dysfunction drugs : proposed changes. Available from : https://www.gov.uk/government/consultations/nhs-availability-of-erectile-dysfunction-drugs-proposed-changes [accessed 5 September 2014].

32) Venhuis, B. J., De Voogt, P., Emke, E., Causanilles, A., Keizers, P. H. J. Success of rogue online pharmacies : Sewage study of sildenafil in the Netherlands. British Medical Journal, 349, 2 July 2014 : g4317-g4317.

33) Siegel-Itzkovich, J. Viagra makes flowers stand up straight. British Medical Journal, 319(7205), 31 July 1999 : 274.

【第12課】セックスとメディアとテクノロジー

1) Reichert, T., Carpenter, C. An update on sex in magazine advertising : 1983 to 2003. Journal of Mass Communication Quarterly, 81(4), 1 December 2004 : 823-37.

2) Wyllie, J., Carlson, J., Rosenberger, P. J. Examining the influence of different levels of sexual-stimuli intensity by gender on advertising effectiveness. Journal of Marketing Management, 30(7-8), 8 January 2014 : 697-718.

3) This is not advertising. Axe Detailer—Cleans Your Balls. 2011. Available from : http://thisisnotadvertising.wordpress.com/2011/07/11/axe-detailer-cleans-your-balls/ [accessed 6 September 2014].

4) Ofcom. UK Audience Attitudes to Broadcast Media. 2014. Available from : http://stake-holders.ofcom.org.uk/market-data-research/other/tv-research/attitudes-to-broadcast-media/ [accessed 6 September 2014].

5) Brown, J. D., L'Engle, K. L., Pardun, C. J., Guo, G., Kenneavy, K., Jackson, C. Sexy media matter : Exposure to sexual content in music, movies, television, and magazines predicts black and white adolescents' sexual behavior. Pediatrics, 117(4), 1 April 2006 : 1018-27.

6) Steinberg, L., Monahan, K. C. Adolescents' exposure to sexy media does not hasten the initiation of sexual intercourse. Developmental Psychology, 47(2), 2011 : 562-76.

7) Magnanti, D. B. The Sex Myth : Why Everything We're Told is Wrong. Weidenfeld and Nicolson, 2012.

8) Covenant Eyes | The Leaders in Accountability Software. Porn Stats. 2014. Available from : http://www.covenanteyes.com/pornstats/ [accessed 6 September 2014].

9) Hald, G. M. Gender differences in pornography consumption among young heterosexual Danish adults. Archives of Sexual Behavior, 35(5), 1 October 2006 : 577-85.

10) Channel 4. Highlights from YouGov's 'Sex Education' Survey : Sexperience. Available from : http://sexperienceuk.channel4.com/teen-sex-survey [accessed 5 September 2014].

11) Internet Adult Film Database. Available from : http://www.iafd.com [accessed 6 September 2014].

12) Millward, J. Deep Inside : A Study of 10,000 Porn Stars. 2014. Available from : http://jonmillward.com/blog/studies/deep-inside-a-study-of-10000-porn-stars/ [accessed 6 September 2014].

13) Peter, J., Valkenburg, P. M. The influence of sexually explicit internet material on sexual risk behavior : a comparison of adolescents and adults. Journal of Health Communication, 16(7), August 2011 : 750-65.

14) Zillmann, D., Bryant, J. Pornography's impact on sexual satisfaction. Journal of Applied Social Psychology, 18(5), 1 April 1988 : 438-53.

15) Morgan, E. M. Associations between young adults' use of sexually explicit materials and their sexual preferences, behaviors, and satisfaction. Journal of Sex Research, 48(6), December 2011 : 520-30.

16) Peter and Valkenburg. The influence of sexually explicit internet material on sexual risk behavior.

17) Zillmann, D. Influence of unrestrained access to erotica on adolescents' and young adults' dispositions toward sexuality. Journal of Adolescent Health, 27(2), 1 August 2000 : 41-4.

18) Lenhart, A. Teens and Sexting. Pew Research Center's Internet & American Life Project. Available from : http://www.pewinternet. org/2009/12/15/teens-and-sexting/ [accessed 6 September 2014] .

19) Mitchell, K. J., Finkelhor, D., Jones, L. M., Wolak, J. Prevalence and characteristics of youth sexting : A national study. Pediatrics, 5 December 2011 : peds. 2011-1730.

20) Strassberg, D. S., McKinnon, R. K., Sustaíta, M. A., Rullo, J. Sexting by high school students : An exploratory and descriptive study. Archives of Sexual Behavior, 42(1), January 2013 : 15-21.

21) National Campaign to Prevent Teen and Unplanned Pregnancy. Sex and Tech. 2008. Available from : http://thenationalcampaign.org/resource/sex-and-tech [accessed 6 September 2014].

22) NSPCC. ChildLine Tackling Sexting with Internet Watch Foundation. Available from : http://www.nspcc.org.uk/news-and-views/media-centre/press-releases/2013/childline-internet-watch-foundation/childline-tackling-sexting-internet-watch-foundation_wdn98995.html [accessed 6 September 2014].

23) BBC. Teenagers Face'Sexting'Pressure. 16 October 2013. Available from : http://www.bbc.co.uk/news/uk-24539514 [accessed 6 September 2014].

24) NSPCC. A Qualitative Study of Children, Young People and'Sexting'. 2012. Available from : http://www.nspcc.org.uk/Inform/resourcesforprofessionals/sexualabuse/sexting-research_wda89260.html [accessed 6 September 2014].

25) ChildLine. Sexting : Online and Mobile Safety. 2014. Available from : http://www.childline.org.uk/explore/onlinesafety/pages/sexting.aspx [accessed 6 September 2014].

26) Papadopoulos, L. Sexualisation of Young People : A Review. 2010. Available from : http://webarchive.nationalarchives.gov.uk/+/http://www.homeoffice.gov.uk/documents/sexualisation-of-young-people.pdf [accessed 10 December 2014].

27) IPPR. Young People, Sex and Relationships : The New Norms. 2014. Available from : http://www.ippr.org/publications/young-people-sex-and-relationships-the-new-norms [accessed 6 September 2014].

28) YouGov. Survey Report : Channel 4 Sex Survey Results. Available from : http://d25d2506sfb94s.cloudfront.net/today_uk_import/YG-Archives-lif-ch4-sexed-090910.pdf [accessed 5 September 2014].

29) Channel 4. Highlights from YouGov's'Sex Education'Survey.

30) Hill, A.'Streetwise'British teenagers are ignorant about sex, survey reveals. The Guardian, 7 September 2008. Available from : http://www.theguardian.com/education/2008/sep/07/sexeducation.youngpeople [accessed 25 September 2014].

31) Spiegelhalter, D. Numbers and the Common-Sense Bypass : Understanding Uncertainty. 2014. Available from : http://understandinguncertainty.org/numbers-and-common-sense-bypass [accessed 25 September 2014].

32) Jumio. Where Do You Take Your Phone? Available from : https://www.jumio.com/2013/07/where-do-you-take-your-phone/ [accessed 10 November 2014].

33) Spreadsheets. Spreadsheets—#1 Sex App. Available from : http://spreadsheetsapp.com/ [accessed 10 November 2014].

【第13課】マイナスの側面：性感染症

1) Public Health England. Sexually Transmitted Infections(STIs) : Annual Data Tables. 2014. Available from : https://www.gov.uk/government/statistics/sexually-transmitted-infections-stis-annual-data-tables [accessed 7 September 2014]. Public Health England. Sexually transmitted infections and chlamydia screening in England, 2013. Health Protection Report, 8(24). Available from : https://www.gov.uk/government/uploads/system/uploads/

attachment_data/file/345181/Volume_8_number_24_hpr2414_AA_stis.pdf [accessed 7 September 2014].

2) Cox, D., Anderson, R., Johnson, A., Healy, M., Isham, V., Wilkie, A., et al. Short-Term Prediction of HIV Infection and AIDS in England and Wales. Her Majesty's Stationery Office, 1988.

3) Poor data hamper prediction on AIDS. New Scientist. 1988. Available from : http://books. google.co.uk/books?id=1M3e82yGmZMC&pg=PA14&lpg=PA14&dq=AIDS+projections +david+cox&source=bl&ots=FQIHuJ4_5N&sig=UOmMlx53kyZXbm3W6TYfZhwyFdQ &hl=en&sa=X&ei=VenQU8noIbPA7Aa264CABw&ved=0CDYQ6AEwAg#v=onepage& q=AIDS%20projections%20david%20cox&f=false [accessed 7 September 2014].

4) Public Health England. HIV in the United Kingdom : 2013 Report. Available from : https://www.gov.uk/government/publications/hiv-in-the-united-kingdom [accessed 7 September 2014].

5) Boily, M.-C., Baggaley, R. F., Wang, L., Masse, B., White, R. G., Hayes, R. J., et al. Heterosexual risk of HIV-1 infection per sexual act : Systematic review and meta-analysis of observational studies. Lancet Infectious Diseases, 9(2), February 2009 : 118-29.

6) Downs, A. M., De Vincenzi, I. Probability of heterosexual transmission of HIV : Relationship to the number of unprotected sexual contacts. European Study Group in Heterosexual Transmission of HIV. Journal of Acquired Immune Deficiciency Syndromes and Human Retrovirology, 11(4), 1 April 1996 : 388-95.

7) Hooper, R. R., Reynolds, G. H., Jones, O. G., Zaidi, A., Wiesner, P. J., Latimer, K. P., et al. Cohort study of venereal disease, 1 : The risk of gonorrhea transmission from infected women to men. American Journal of Epidemiology, 108(2), 1 August 1978 : 136-44.

【第14課】男児か女児か

1) Office for National Statistics. Births in England and Wales, 2012. Office for National Statistics, 2013. Available from : http://www.ons.gov.uk/ons/rel/vsob1/birth-summary-tables- -england-and-wales/2012/stb-births-in-england-and-wales-2012.html#tab-Live-births- within-marriage-civil-partnership [accessed 5 September 2014].

2) MacDorman, M., Kirmeyer, S., Wilson, E. Fetal and perinatal mortality, United States, 2006. National Vital Statistics Reports, 60(8), August 2012 : 1-22.

3) Graunt, J., Petty, S. W. Collection of Yearly Bills of Mortality, from 1657 to 1758 Inclusive. A. Miller, 1759.

4) Campbell, R. B. John Graunt, John Arbuthnot, and the human sex ratio. Human Biology, 73(4), 2001 : 605-10.

5) Arbuthnot J. An argument for Divine Providence, taken from the constant regularity observ'd in the births of both sexes. By Dr. John Arbuthnot, phystian in ordinary to Her Majesty, and Fellow of the College of Phystians and the Royal Society. Philosophical Transactions, 1 January 1710 : 186-90.

6) Office for National Statistics. Births in England and Wales by Characteristics of Birth 2, 2012. Available from : http://www.ons.gov.uk/ons/rel/vsob1/characteristics-of-birth- 2--england-and-wales/2012/sb-characteristics-of-birth-2.html [accessed 5 September 2014].

7) James, W. H. The variations of human sex ratio at birth during and after wars, and their po-

tential explanations. Journal of Theoretical Biology, 257(1), 7 March 2009：116-23.

8) Mathews, T. J., Hamilton, B. E. Trend analysis of the sex ratio at birth in the United States. National Vital Statistics Reports, 53(20), 14 June 2005：1-17.

9) Hesketh, T., Xing, Z. W. Abnormal sex ratios in human populations：Causes and consequences. Proceedings of the National Academy of Sciences, 103(36), 5 September 2006：13271-5.

10) James, W. H. The human sex ratio. Part 1：A review of the literature. Human Biology, 1987：721-52.

11) Catalano, R., Bruckner, T., Marks, A. R., Eskenazi, B. Exogenous shocks to the human sex ratio：The case of September 11, 2001 in New York City. Human Reproduction, 21(12), December 2006：3127-31.

12) Catalano, R., Bruckner, T., Anderson, E., Gould, J. B. Fetal death sex ratios：A test of the economic stress hypothesis. International Journal of Epidemiology, 34(4), 1 August 2005：944-8.

13) Kanazawa, S. Violent men have more sons：Further evidence for the generalized Trivers—Willard hypothesis(gTWH). Journal of Theoretical Biology, 239(4), 21 April 2006：450-9.

14) Kanazawa, S., Vandermassen, G. Engineers have more sons, nurses have more daughters：An evolutionary psychological extension of Baron-Cohen's extreme male brain theory of autism. Journal of Theoretical Biology, 233(4), 21 April 2005：589-99.

15) Kanazawa, S. Beautiful parents have more daughters：A further implication of the generalized Trivers—Willard hypothesis(gTWH). Journal of Theoretical Biology, 244(1), 7 January 2007：133-40.

16) Gelman, A. Letter to the editors regarding some papers of Dr. Satoshi Kanazawa. Journal of Theoretical Biology, 245(3), 2007：597-9. Gelman, A., Weakliem, D. Of beauty, sex and power. American Scientist, 97(4), 2009：310-16.

17) James, W. H. The human sex ratio. Part 2：A hypothesis and a program of research. Human Biology, 1987：873-900.

18) James, W. H., Valentine, J. A further note on the rises in sex ratio at birth during and just after the two world wars. Journal of Theoretical Biology, 363, 21 December 2014：404-11.

19) Harlap, S. Gender of infants conceived on different days of the menstrual cycle. New England Journal of Medicine, 300(26), 28 June 1979：1445-8.

20) Hesketh and Xing, Abnormal sex ratios in human populations：Causes and consequences.

21) Department of Health. Birth Ratios in the United Kingdom. 2013. Available from：https://www.gov.uk/government/publications/gender-birth-ratios-in-the-uk ［accessed 7 September 2014］．

22) James, The human sex ratio. Part 1：A review of the literature.

【付録】Natsal の調査方法

1) Erens, B., Phelps, A., Clifton, S., Mercer, C. H., Tanton, C., Hussey, D., et al. Methodology of the third British National Survey of Sexual Attitudes and Lifestyles(Natsal-3). Sexually Transmitted Infections, 90(2), March 2014：84-9.

2) Turner, H. A. Participation bias in AIDS-related telephone surveys：Results from the National AIDS Behavioral Survey(NABS)non-response study. Journal of Sex Research, 36(1), 1 February 1999：52-8.

3) Dunne, M. P., Martin, N. G., Bailey, J. M., Heath, A. C., Bucholz, K. K., Madden, P. A., et al. Participation bias in a sexuality survey : Psychological and behavioural characteristics of responders and non-responders. International Journal of Epidemiology, 26(4), 1 August 1997 : 844-54.

4) Copas, A. J., Johnson, A. M., Wadsworth, J. Assessing participation bias in a sexual behaviour survey : Implications for measuring HIV risk. AIDS, 11(6), May 1997 : 783-90.

5) Fenton, K. A., Johnson, A. M., McManus, S., Erens, B. Measuring sexual behaviour : Methodological challenges in survey research. Sexually Transmitted Infections, 77(2), 1 April 2001 : 84-92.

6) Overy, C., Reynolds, L. A., Tansey, E. M. History of the National Survey of Sexual Attitudes and Lifestyles : The Transcript of a Witness Seminar Held by the Wellcome Trust Centre for the History of Medicine at UCL, London, on 14 December 2009. Queen Mary, University of London, 2011.

7) Mitchell, K., Wellings, K. Talking about Sexual Health : Interviews with Young People and Health Professionals. Health Education Authority, 1998.

8) Copas, A. J., Wellings, K., Erens, B., Mercer, C. H., McManus, S., Fenton, K. A., et al. The accuracy of reported sensitive sexual behaviour in Britain : Exploring the extent of change 1990-2000. Sexually Transmitted Infections, 78(1), 1 February 2002 : 26-30.

9) Turner, C. F., Ku, L., Rogers, S. M., Lindberg, L. D., Pleck, J. H., Sonenstein, F. L. Adolescent sexual behavior, drug use, and violence : Increased reporting with computer survey technology. Science, 280(5365), 8 May 1998 : 867 73.

10) Johnson, A. M., Copas, A. J., Erens, B., Mandalia, S., Fenton, K., Korovessis, C., et al. Effect of computer-assisted self-interviews on reporting of sexual HIV risk behaviours in a general population sample : A methodological experiment. AIDS, 15(1), 5 January 2001 : 111-15.

転載画像出典一覧

図10 （p55） From Sexual Behavior in the Human Male by Alfred Kinsey, Wardell B. Pomeroy, Clyde E. Martin, 1948. Courtesy of The Kinsey Institute for Research in Sex, Gender, and Reproduction.

図11 （p57） Portrait of Kinsey. Photograph by William Dellenback. Courtesy of The Kinsey Institute for Research in Sex, Gender, and Reproduction.

図12 （p59） From Sexual Behavior in the Human Male by Alfred Kinsey, Wardell B. Pomeroy, Clyde E. Martin, 1948. Courtesy of The Kinsey Institute for Research in Sex, Gender, and Reproduction.

図16 （p83） Magnus Hirschfeld and Li Shiu Tong in Nice in 1934. The Hirschfeld Institute

図22（p109） Title page of Onania：Or, The Heinous Sin of Self-Pollution, 1712. Wellcome Collection.

図30（p142） One of Clelia Mosher's reports from 1892. Stanford University Library.

図31（p143） Portrait of Clelia Mosher. Courtesy of the Stanford University Archives.

図32（p146） Pattern of sexual desire over the menstrual cycle. Reproduced from McCance, R., Luff, M., & Widdowson, E. Physical and emotional periodicity in women. Epide miology and Infection, 37(4), 1937：571-611 ©Cambridge University Press

図37（p170） Bastardy map of England and Wales from 1842. Statistical Society of London. It is reprinted with permission from the Royal Statistical Society.

図57 Diagram showing the fluctuation of primary venereal sores from 1860 to 1889. Royal Statistical Society. （日本語版では割愛）

While every effort has been made to contact copyright-holders of illustrations, the author and publishers would be grateful for information about any illustrations where they have been unable to trace them, and would be glad to make amendments in further editions.

謝辞

　本書は，英国の独立系出版社であるプロフィール・ブックスのアンドリュー・フランクリン（社長）とセシリー・ゲイフォード，そしてロンドンの博物館であるウェルカム・コレクションのカーティ・トピワラとともにランチをしていたときに思い付いたものです。ウェルカム・コレクションでの間近に迫った性科学研究所の展示会では，統計に関する本がみごとに調和して陳列されていましたし，このような素晴らしいタイトルの本を書くチャンスをとても魅力的に感じました。しかし，その思いは，本を実際に書き終えることとは別問題でした。ですから，私は，私が受けたすべての支援と励ましに非常に感謝しています。特に，魅力的な歴史を紹介してくれたサイモン・スレッチャー，Natsal 調査について詳細に話してくれたケイ・ウェリングスとアン・ジョンソン，性比について助言をくれたジョン・バレンタインとウィリアム・ジェームス，魅力的なプロジェクトについて議論してくれたジョン・ミルワード，セックス・ワーカーについての洞察ではベリンダ・ブルックス・ゴードン，性自認の原因に関する最新のエビデンスに関してメリッサ・ハインズ，デリケートな資料の読解と解説についてはフィリップ・オスメント です。

　調査データとして，家族成長の全国調査はカシー・コーペンが最新報告を，また，Natsal 調査はキャサリン・マーサー，カイル・ジョーンズ，ソアジグ・クリフトンが寛大にも未発表データを提供してくれ，さらに私の執筆内容が言い過ぎていないかどうか確認してくれました。また，ジェームス・フィリップスが大英図書館の素晴らしい歴史的価値のあるものを掘り起こしてくれたこと，ケンブリッジ大学図書館が嫌な顔をせずに貴重な蔵書を提供してくれたことに，私は感謝の気持ちを表したい。おかげで，最もはっきりしなかった公式統計も時間がかからずに明らかにすることができました。さらに，最もいかがわしいサイトや素材を検索することをブロックしなかったインターネットのプロバイダーにも感謝しなければならないでしょう。

　私の代理人であるジョニー・ペッグはいつも通りに私を世話してくれました。ウェルカム・コレクションとプロフィール・ブックスの皆さんは，私のペンが止まると励ましてくれました。特にセシリー・ゲイフォードには，仕事の枠を超えて編集してくれ，男子生徒のような稚拙な箇所を丁寧に削

除してくれたことにとても恩義を感じています。

　マシュー・テーラーは私の文章をいつも細心の注意で整理してくれました。また，フローラ・ウィリス，ペニー・ダニエル，そしてドゥルー・ジェリソンは，考えられる最も親切な方法で，私に示唆をくれました。

　ナイス・アンド・シリアス社の人々は，本書に関連する素敵なアプリを制作してくれました。彼らと一緒に仕事ができたことをうれしく思います。

　ケンブリッジ大学の同僚たちはいつも協力的でした。また，当然のことながら，このような仕事に没頭する機会を与えてくれたウィントン・キャピタル・マネージメントのデビッド・ハーディングにもとてもお世話になりました。

　最後に常に勇気づけ，あまり良いアイデアではないにしても一度も否定しなかった私の家族，妻のケイト，娘のケイトとロージーに感謝したいと思います。

　本書でのすべての誤りや誤った解釈は，当然，私の責任です。

索引

＊原書の索引同様，同一の言葉に限らず内容で，脚注からも選択しています

英数字

☆☆☆☆（レベル0）　10
★☆☆☆（レベル1）　8
★★☆☆（レベル2）　8
★★★☆（レベル3）　6
★★★★（レベル4）　6
7年目の浮気　46
10代の性行動調査（チャンネル4）　127,
　246, 253
10代の妊娠・出産　134-40
10代の妊娠防止キャンペーン　251
16歳以前のセックス　124-5
　　ヨーロッパの15歳　131
BDSM　72-3
bogus pipeline　39
Bonk　153, 229
Covenant Eyes社　245
exposure threat　39
HIV/AIDS
　1980年代　36, 74
　総　数　262
HIV感染，平均リスク　263
iPad，セックス減少の原因　22
LGBTの人数（米国）　92
Lovehoney.co.uk　73, 223
MSM → 男性間性交渉者
Natsal → 性行動とライフスタイルに関
　する全英調査
NHS Choices　189
nofap.org　120
Sexual Behavior in the Human Female　58
Sexual Behavior in the Human Male　58, 75
Sexual Behaviour of Young People　126
shag（性交）　288
Tinder　49, 255
True Love Waits　129
WHO，性の健康　216, 237
YMCA調査　112
YouGov　25
　性行動の市場調査　253
　ポルノ使用の世論調査　246
　若者の市場調査　127

あ行

愛情行為　74

アイデンティティ（性）90-2
アイルランド
　セックスに対する満足感　224
　独身者　41
アイルランド研究（性の健康と関係につい
　て）　41
アクトン，ウィリアム
　性的な欲求　144
　マスターベーション　111
アックス・シャワー・ジェル　242
アナル・セックス　2, 67-70, 96, 98, 224, 247
アーバスノット，ジョン　270
アボカド　71
アルコール販売量の推定　38
アルコット，ウィリアム　183
アンダーヘア脱毛　223
アンリ，ルイ　196
イシャーウッド，クリストファー　83
遺伝，性自認の原因として　103
イボ（性器，疣贅）260
医薬品，性機能障害治療　235
イングランド健康調査，デザイン　187
インターネット・アダルト・フィルム・デー
　タベース（IAFD）246
ヴァギナル・セックス　58-61
ヴァン・デ・ヴェルデ，テオドール　69
ウィドウソン，エルシー　145-7, 159
ウェストとヒップの比　150
ウェブサイト，ポルノグラフィー　245
ウェリングス，ケイ　22, 36, 138, 237, 288
ウソ発見器　39
美しさの単位　275
うつ病尺度　222
英国医薬品安全性委員会　186
英国国家統計局
　10代の出生　135
　10代の妊娠　136
　10代の妊娠と貧困　138
　結婚時の平均年齢　177
　結婚と出生の平均年齢　177
　結婚と離婚の件数　45
　出生月　206
　性自認　91
　性　比　271
　妊娠中絶　193

妊娠中の花嫁　168
　　離婚率　47
英国情報通信庁Ofcom　242
英国保健省による性比　279
衛生的な性行動　74
エネルギー消費量，セックス　220
エリクセン，ジュリア　77
エリス，ハヴロック　85, 113
エル Elle 雑誌　217
鉛丹硬膏（diachylon）　193
延命（セックスによる）　219
王立人口委員会　184
オーガズム
　　女性のマスターベーション　9
　　性的絶頂への到達　58
　　ティソと体力消耗　110
　　到達しにくさ　228, 230
オーストラリアのセックス調査，デザイン
　　72
オーラル・セックス　62-6
　　オーラル・セックスは「セックスした」
　　　ことになるか　1, 12
　　青少年　129
　　同性間性行動　97, 100
オックスフォードとケンブリッジ大学，入
　　学　212
大人のおもちゃ　222
オナニア　109
オナン　109
オバマ，バラック大統領　130, 211
オンデマンド・テレビの規制当局
　　（ATVOD）　246

か行
カイ二乗検定　78-80
学業成就，誕生月の影響　212
カサノヴァ　182
家族の再構成　164,5
　　結婚年齢　174
　　私生児　168
　　妊婦の花嫁　165
各国の10代の年間出生率　139
各国の機能障害　233
各国の婚前セックスの態度　163
各国の私生児率　171

各国のセックスの満足度　225
各国の性比　279
各国の性的態度　158, 225
カップルの成立　161-80
可能性
　　受胎率　199
　　避妊失敗率　192
乾いた膣　228
間接的なパートナー　265
感染症，感染リスク　263
キスに費やされる時間　74
客観性が欠如した研究者　12
緊急避妊薬　188
キンゼイ，アルフレッド　54-9, 75-8
キンゼイ研究
　　★★☆☆の例　8
　　アナル・セックス　67
　　陰茎サイズ　217
　　オーラル・セックス 62
　　婚外セックス　42
　　婚前セックス　163
　　セックス回数　25
　　体　位　61
　　調査結果　56
　　調査用紙　55
　　データ収集方法　57
　　同性愛経験者　87
　　動物との性体験　75
　　フェミニストからの批評　77
　　マスターベーション　115
　　リトル・キンゼイ　156
キンゼイ・スケール　86, 102
緊縛，懲罰，サディズム，マゾヒズム
　　（BDSM）　72
緊縛，支配，従属，マゾヒズム（BDSM）
　　72
禁　欲
　　誤った認識　184
　　禁欲と性比　278
　　避妊法としての禁欲　184
クック，ヘラ　183
クラフト-エビング，リヒャルト・フォン
　　85
グラマー誌　74
クラミジア　260-1

319

グラント，ジョン　269
グリーンウッド，メジャー　184
クリスマス
　　出生への影響　207
　　受胎への影響　207, 209
クリトリスとオーガズム　229
クリントン，ビル大統領　1, 12, 62, 119
クロムウェル，オリバー　165, 169
クロムウェル，トーマス　84, 164
ゲ　イ
　　兄の影響　105
　　自認の割合　90-2
　　全人口に対する割合　87
傾向スコア　130, 243
ゲイツ，ビル　18
下水でバイアグラ測定　236
結　婚
　　件　数　45
　　存　続　47
　　年　齢　173
　　年齢差　174
結婚前のセックス　162-3
結婚前の妊娠　163-8
欠損データ（情報のある）　286
ゲバード，ポール　56, 88
ゲルマン，アンドリュー　275, 278
ケロッグ，ジョン・ハーヴェイ　107
嫌悪感と性的興奮　155
健康上の利点（セックスの）　219-22
言行不一致　130
検察の誤解　254
犬儒学派ディオゲネス　108
睾　丸　223
　　左右の位置　56
　　睾丸（雄牛）　185
公共政策研究機関　252
広告中の性的要素　240
公式死亡率　269
公衆衛生（英国）
　　HIV/AIDS　262
　　疾患診断　261
　　梅　毒　259
　　淋　病　260
肛門性交　→　アナル・セックス
国際連合，性と生殖の健康　139

コクラン，ビル　54
誤　差　6
コスモポリタン，セックス関連広告　241
コスモポリタン調査　25
　　アナル・セックス　68
　　浮　気　42
　　体　位　61
　　デザイン　62
　　マスターベーション　116
戸籍本庁
　　婚前妊娠　167
　　非嫡出子　169
コックス，デイビッド　262
子づくりの最多人数　202
子どもを望むセックス　195-214
子どもを望まないセックス　181-94
コホートモデル　71
コラム・ファンドリング病院　193
ゴルトン，フランシス　150, 275
婚外セックス　42
コンドーム使用の失敗率　190
コンドームの発明　182
困難さ
　　性行動を知ること　4
　　なぜ性行動が変わったかを話すこと　70
コーンフレーク　111

さ行
サヴィル，ジミー　242
最高裁判所（米国）　188
サッチャー，マーガレットとNatsal　23
サプリメント　232
自慰行為　→　マスターベーション
シェトルズ（性別選択のための）　280
ジェームス，ウィリアム　276
自己フェラチオ　115
私生児　168-72
自然実験
　　ザンジバルの停電　210
　　精液への暴露　221
実　験
　　BBCによるディジット比　104
　　インタビュー方法　289
　　ウェブ・パネル　26
　　嫌悪と興奮　155

320

広告中のセックス関連記事　242
コンドーム使用　191
失敗率，避妊　190
謝　礼　286
セックスを考えること　148
性的興奮度の測定　153
偽（にせ）のウソ発見器　39
ポルノグラフィーの閲覧　248
四分位数，定義　18, 29, 30
ジャガー，ミック　44
シャグ，インタビュー用語として　288
射　精
カロリー数　66
時　間　218
精子の数　28
量　28, 110
射精前の精液の分泌　192
しゃっくり　222
就学児童の健康行動調査（HSBC）
デザイン　131
避妊法の使用　132
獣姦（動物との性交渉）　76
宗教裁判所　166
受胎　→　妊娠
受胎調節　182-3
受胎率，定義　198
受胎率に関するヨーロッパ研究　198
シュタイナハ，オイゲン　235
出　生
出生数　179
月別相対出生数　206
米国の1日相対出生数　207
衝動的な性行動　119
ジョンソン，アン　39, 253, 289
人口と社会構造の歴史のためのケンブリッ
ジのグループ　164
妊娠可能性　198
月別相対出生数　206
心臓発作
セックスによって減少する　220
セックスによって増加する　221
スコフィールド，マイケル　126
シュレッター，サイモン
禁欲・自制　185, 277

シュレッター，サイモンとフィッシャー，
ケイト
オーラル・セックス　64
結婚に至ったマーヴィス　167
研究デザイン　64
婚前セックス　162
膣外射精　185
マスターベーション　114
捨て子　193
スペイン風邪　177
スペインでのセックスの満足度　224
スポンジ，避妊具として　182
スミス，ジャッキー　244
精　液
1回あたりの量　28
エネルギーの喪失　110
カロリー数　66
曝露の影響　221
性感染症　257-65
性感染症診療所，受診者　260
性感染症に関する王立委員会　258
性器のイボ　260-1
性機能スコアリング　231
性器へのキス　62
性器を用いない性行動　140
性研究所　83
性嫌悪障害（SAD）　234
性行動とライフスタイルに関する全英調査
（Natsal）
アナル・セックスの定義　68
一貫性の検討　26
オーラル・セックスの定義　64
協力依頼状　26
すぐれた調査の例　7
性的にアクティブの定義　19
性的パートナーの定義　13
初体験の適格性の定義　133
性行動とライフスタイルに関する全英調査
（Natsal-1）
16歳以前の初体験　125
インタビュー方式（面談方法）　289
オーラル・セックス　65
サッチャーによって取り下げられた資金
23
性感染症診療所　260

321

セックス回数　21
態　度　157
デザイン　24
同性間の性行動経験　93
パートナー数の中央値　35
性行動とライフスタイルに関する全英調査
（Natsal-2）
　16歳以前の初体験　125
　インタビュー方式（面談方法）　289
　オーラル・セックス　65
　セックス回数　21
　態　度　157
　デザイン　24
　同時期のパートナー　42
　同性間性行動の経験　93
　パートナーの人数の中央値　35
　マスターベーション　117
性行動とライフスタイルに関する全英調査
（Natsal-3）
　16歳以前の初体験　125
　アナル・セックス　69
　インタビュー方式（面談方法）　289
　ヴァギナル・セックス　60
　オーラル・セックス　65
　謝　礼　286
　性感染症診療所　260
　性生活に対する満足度　227
　セクシャル・アイデンティティ（性自認）
　　90
　セックス回数　17, 20, 21
　セックスに関する問題　230
　セックスに伴う困難さ　228
　セックスをしていない人　40
　態　度　157
　調査参加勧誘文　305
　デザイン　16
　同性間の性行動経験　93
　同性パートナー　95
　なぜ★★★☆なのか　27
　初体験年齢　123
　パートナー数の中央値　35
　パートナーのセックスの印象　231
　パートナーの人数　32-3
　マスターベーション　116
　予定外妊娠　202

性行動とライフスタイルに関する全英調査
　（Natsal-SF）　231
性行動への欲求　141-60
性自認，要因　101-6
精子の数（射精時）　28
青少年　122
青少年に対するポルノグラフィーの影響
　247
青少年のセックス
　英国青少年の初体験　125
　米国青少年の初体験　128
　欧州青少年のセックス　131
精神障害の診断と統計マニュアル（DSM）
　233
性生活についての苦悩　227
生存曲線　49-51
生存時間解析　124
性的関心/欲求障害（SIADD）　234
性的機能障害　235
性的高揚　150-5
　性的興奮度の測定　153
　性的高揚の欠如　228
性的態度　155-9
性的態度と行動に関するグローバル・スタ
　ディ（GSSAB）
　問　題　232
　満足度　225
性的満足度　224-7
性的魅力　150-2
性的欲求　144-9
性的欲求インベントリ　149
性の健康　215-37
性の政治学　12
性の問題に関する研究のための委員会
　（CRPS）　57, 76
性　比　267-80
　影　響　274
　受胎時期　276
　両親の魅力　275
性別選択　279
誓　約　128
性欲過剰障害　234
性欲低下障害　234
セクシャリティの源　283
セクスティング　253-6

322

世情調査 156
セックス回数 16-28
　妊娠に必要な回数 197
セックスしていない人 40
セックス中のスマホ使用 255
セックス調査の研究者 282
セックスに伴う問題 227-37
セックスの延命効果 219
セックスのことを考える 148
セックスパートナー
　Natsalによる定義 13
　いない人 40
　間接的なセックスパートナー 265
　困難な人 230
　男性は女性よりも多く報告する 34
　同時に複数 42
　人　数 32-4
セックスへの関心の欠如 228
セフレ（セックスだけの友人）48
全英児童虐待防止協会 252
全英出生率委員会 184
尖圭コンジローマ 260-1
占星学 205，212
戦争の終わりに多く生まれる男児 272
全米エイズ行動調査 286
全米家族成長調査（NSFG）47
　オーラル・セックス 129
　デザイン 96
　同性間性行動 96-9
　初体験の適格性 133
　避妊の失敗 191
　予定外妊娠 203
全米ゲイ・タスクフォース 88
全米青年期健康長期研究 127
全米国民健康調査（NHIS），性自認 92
全米国民健康と社会生活調査（NHSLS）
　アナル・セックス 68
　オーガズム 229
　婚外セックス 43
　セックスのことを考える 148
　デザイン 68
　同性間性行動 89
　配偶者の好み 152
　マスターベーション 116
　満足感 224

全米社会生活，健康および加齢プロジェク
　ト（NSHAP）
　ヴァギナル・セックス 61
　セックスに関わる問題 225
　デザイン 60
全米青年男性全国調査 308
全米総合的社会調査 89
全米男性調査，デザイン 89
全米性的健康と行動調査（NSSHB），性行
　動 74
洗礼月 208
相関関係，因果関係ではない 220,248
総出生率 179
双生児
　研究での選択バイアス 102
　性自認の一致 101-3
　家庭環境の異なる兄弟 103
相対的年齢効果 212-4
早　漏 219,228,232

た行
体位，歴史 61
第3の性 83
第一次世界大戦
　後に生まれた子ども 177
　後の性感染症 258
　後の性比 272
体外受精（IVF），性別選択 299
第二次世界大戦
　後に生まれた子ども 176
　後の結婚年齢 174
　後の性感染症 258
　後の性比 272
　配　給 147
タイムアウトTime Out 調査 25
ダグラス，マイケル，口腔癌 66
他人に性器をこすりつける 74
ダン，ブラウン 85
男根中心的な考え 166
短小陰茎症候群 217
男　色 85
男性間性交渉者（MSM）90
　性行動 100
　用語ができた理由 99
　罹患率 260

323

父親不明 44
腟外射精
　オナン 109
　失敗率 192
　避妊のため 183-5
腟内射精到達時間（IELT） 218
腟の長さ 218
チャイルドラインと性的画像 251
チャタレー夫人の恋人 240
中央値，定義 18,28-30
中国のひとりっ子政策 278
中　絶 193-4
　10代の中絶 136
　性別選択の中絶 278
　調査で認められた中絶の割合 26
　予定外妊娠 202
調　査
　最初に公表されたセックス調査結果 11
　資金源での違い 7
調査方法
　インターネットパネル 25,39,74,100,
　　218,289
　インタビュー 16,24,58,90,96,126
　一貫性のチェック 26,93,125,289
　回答の信頼度 37,127,287
　コンピューター支援，入力 16,24,41,
　　91,96,289
　参加者の特性，特徴 41,287
　質問の単語選び 67,185,226,288
　守秘（義務） 7,38,39,286
　電話によるインタビュー 7,41,72,158,
　　225,251,286
　バイアスの縮小 24
　ランダム・サンプリング 6,16,23,57,
　　76,99,126,156
長時間作用型可逆的避妊（LARC） 187
ディジット比 104
ティソ，サミュエル・オーギュスト 110
停電，受胎に対する影響 210
ディリー・メール 119,206,254
適格性，初体験時 131
デグラー，カール 142
データの集計方法と解析方法 78-80
デービス，キャサリン・ベメント
　セックスの回数 24

同性間性行動 86
　マスターベーション 114
テューキー，ジョン 54,56,76
テレビでのセックス関連番組 242
トウェンギ，ジーン 196
同居・同棲 172-7
統計の限界 12
同性間
　セックス 81-106
　結　婚 48
　性行動 92-101
同性パートナーシップ（民事的） 48
動物との性交渉 76
独身者，英国 41
特定のパートナー以外の関係 42
トラッセル，ジェームス 190
トリヴァース＝ウィラード仮説 274
トロージャンTrojan全米セックス調査 26

な行
ナチス 106
ニコルソン，ジャック 34
偽（にせ）のパイプライン実験 39
ニールセンのパネル 246
妊　娠
　可能性 198
　避　妊 182-3
　負　担 283
　予定外 202-5
妊娠に対する月の影響 205-11
妊孕性
　合計特殊出生率 178
　自　然 168,198
　ビクトリア時代 176,277
　歴史的資料からの推定 198
年　齢
　初産年齢 177
　結婚における年齢差 173
　結婚年齢 173
　初婚年齢と初産年齢との差 177
　初体験年齢 123-7
ノーフォーク，私生児率 170

は行
バイアグラ 232,236

バイアス
　系統的バイアス　7
　欠損データによるバイアス　286
　社会的望ましさによるバイアス　38,
　　70,287
　セックス調査でのバイアス　24-7
　選択バイアス　45,102
　調査ボランティアのバイアス　154
バイセクシュアル自認の割合　89-92
ハイト，シェア　9-10
　オーガズムについて　229
　研究者として　282
　婚外セックスの割合　43
　数値の評価　10
　調査への批判　68
　マスターベーション　116
　満足度　224
梅　毒　259
バイブレーター　113,119,224
排卵日と受胎率　198
排卵日と胎児の性別　276
ハインズ，メリッサ　103
暴露脅威　39
ハザード曲線　49-51
初体験
　生存時間解析　124
　適格性　131
　年　齢　123-7
ハーラップ，スーザン　277
ハリケーンの影響　210
バルセロナの勝利，妊娠への影響　211
ピープス，サミュエル　108
ビクトリア女王　85,144,176
左ききと性自認との関連　105
ヒト・パピローマ・ウイルス（HPV）62
避　妊　179,182-93
　効　果　189
　失敗率　190
避妊薬，避妊具　182
ピュー研究所グローバル公開意見調査
　婚前交渉　163
　デザイン　158
ビューティ，ウォーレン　34
ヒルシュフェルト，マグヌス　82-4,89,
　106,114,282

ピルの失敗率　190
ピルの副作用　186
頻度ツリー　98
ファインマン，リチャード　54
ファロッピオ，ガブリエレ　182
フィフティ・シェイズ・オブ・グレイ　73,
　224,240
フーコー，ミシェル　85
フェミニストのキンゼイ批評　77
父性の不一致　44
　選択バイアス　45
不貞，不倫，浮気　42
不　妊　201
ブリティッシュ・メディカル・ジャーナル
　134
ブリンクリー，ジョン　235
プレイボーイ誌，セックス関連広告　241
プレイボーイ誌の調査
　アナル・セックス　68
　デザイン　68
　動物との性交渉　76
フロイト，ジークムント
　シュタイナハ手術　235
　女性のマスターベーション　115
　同性間セックス　101
　オーガズム　229
　ヒルシュヘルトの印象　106
フレッチャー，ジョゼフ　169
平均，定義　18,28-30
米国海軍　264
米国青少年リスク行動監視システム　128
米国での10代の妊娠と予定外妊娠を防ぐた
　めのキャンペーン　251
米国統計学会　76
米国におけるLGBTの人数　92
ペニス（陰茎）
　サイズ　216
　実験で測定する　153
　何かを挿入する　115
ヴォーラー，ブルース　88,98
ホーソン効果　5
ボール
　私のボールと同じくらい　242
　私のボールを綺麗に　242
勃起障害　228,234,236

ホモセクシャルティ（同性愛）
　各国の態度　158
　合法化　95
　障害として　234
ポルノグラフィー　244-9
　ウェブサイト　245
　閲覧の影響　247-9
　衝撃的なマスターベーション　120
　ポルノの利用　244
　若者とポルノ　245
ポルノサイト Alexa.com　245
ホルモン
　研究　185
　男性治療用　235
　妊娠中の動向　104
ホワイトハウス，メアリー　242

ま行

マーサー，キャサリン　22
マーテン，ジョン　110
マイクロソート法（性別選択用）　280
サイラス，マイリー　129
マグナンティ，ブルック　244
マスターズとジョンソン
　同性愛の治療　101
　マスターベーション　116
　オーガズム　229
マスターベーション（自慰行為）　107-20，
　288
ミフェプリストン（医学的流産のための）
　193
ミルワード，ジョン
　ポルノ映画　247
　アダルトグッズ　223
ミレニアム開発目標，生殖医療　138
無性愛者　41
メディア　239-56
　誤り，チャンネル4　127
　危害を証明する困難さ　255
　性行動に対する影響　242
　セックスに関する誤報道　253

モード（最頻値），定義　17
モステラー，フレッド　54
モッシャー，クレリア　142-3，158
　オーガズム　228
　研究者として　282
　避妊法　183
モロッコのスルタン　202
モンロー，マリリン　152

や行

山羊の睾丸野郎　235
ユダヤ，性の慣例・伝統　277
予定外妊娠　202-5
予定外妊娠のロンドン尺度　203
予定外妊娠防止キャンペーン　251

ら行

ラスレット，ピーター　168
ランダム化（無作為化）　289
離婚件数　45
離婚する可能性の計算　47
リスク
　静脈血栓症のリスク　186
　絶対リスクと相対リスク　186
　避妊失敗のリスク　190
リズムによる避妊方法　199
リトル・キンゼイ　156
淋病
　感染リスク　264
　罹患数　260
ルインスキー，モニカ　1，62
ルソー，ジャン-ジャック　111
冷淡さとポルノグラフィー　249
レズビアン
　自認する人の割合　90-2
　性行動　100
ロックフェラー財団　57，78
ロンドン予定外妊娠尺度　203

わ行

ワイルド，オスカー　82

著者略歴

David Spiegelhalter

　デビッド・シュピーゲルハルター氏は，ケンブリッジ大学統計研究所にあるウィントン財団が設立した「リスクについての一般の理解に関する研究」分野の教授であり，チャーチル・カレッジの評議員を務めています。彼の専門は医学統計，特に臨床試験・医療技術評価・薬剤の安全性に対するベイズ手法の応用です。

　リスクとエビデンスに関わるコミュニケーションについて，ウィントン・センターの議長を務め，リスクや統計的なエビデンスが社会でどのように教えられ，議論されるかの手法を改善することに取り組んでいます。学校などで多くの講演を行い，組織や政府機関にリスクに関わるコミュニケーションについて助言し，現代のリスクの問題に関する常連の解説者になっています。彼はBBC4のドキュメンタリー「テイルズ・ユー・ウィン：チャンスの科学」と米国科学振興協会からKavliジャーナリズム賞を受賞した「数による気候変動」を発表し，2011年にはBBC1のウィンター・ワイプアウトのエピソードで7位になりました。

　彼は200以上の査読付きの論文を執筆し，6つの教科書の共著者です。Profile Booksの（マイケル・ブラストランドとの共著）ノーム・クロニクル The Norm Chronicles に続いて本書を出版しています。リスク管理研究所の名誉研究員，王立カレッジ・オブ・フィジシャンの名誉研究員であり，2005年に王立協会の評議員に選出されました。さらに2017年には王立統計協会の会長に就任しています。彼はブリストルの小児の心臓手術，ハロルド・シップマンの殺人事件，および乳房インプラントのスキャンダルなど多くの公的な調査にも貢献しています。

　医学統計での貢献から2006年に大英帝国四等勲爵士を，2014人には大英帝国二等勲爵士，いわゆるナイトの称号を授与されてSirの称号が付与されました。

　彼のツイッター（@d_spiegel）には19,000人を超えるフォロワーがおり，以下のホームページで彼の活動を知ることができます。

http://www.statslab.cam.ac.uk/Dept/People/Spiegelhalter/davids.html

翻訳者略歴

石塚 直樹（いしづか なおき）

三重県生まれ。

1988 年　東京理科大学大学院工学研究科修了。

2002 年　東京大学医学系研究科保健学博士。

生物統計学を専門として，日本臨床腫瘍研究グループデータセンター，国立国際医療研究センターなど，公的な研究機関において大規模臨床研究に従事。また，企業における臨床開発部門での業務経験を持つ。

現在，公益財団法人がん研究会有明病院臨床研究開発センター勤務。熊本大学客員准教授，九州大学非常勤講師。

イラスト　きつ まき

デザイン　紅谷 一雄

編　集　森永 智子

統計学はときにセクシーな学問である

2018 年 8 月 29 日発行

著　者　デビッド・シュピーゲルハルター

翻訳者　石塚 直樹

発行者　須永 光美

発行所　ライフサイエンス出版株式会社

〒 103-0024　東京都中央区日本橋小舟町 8-1
TEL 03-3664-7900（代）　FAX 03-3664-7734
http://www.lifescience.co.jp/

印刷所　三報社印刷株式会社

Printed in Japan
ISBN 978-4-89775-372-0 C0033
© ライフサイエンス出版 2018

JCOPY 〈（社）出版者著作権管理機構 委託出版物〉
本書の無断複写は著作権法上での例外を除き禁じられています。
複写される場合は，そのつど事前に（社）出版者著作権管理機構（電話 03-3513-6969，FAX 03-3513-6979，e-mail : info@jcopy.or.jp）の許諾を得てください。